尽 善 尽 美　　弗 求 弗 迪

SDBE管理实践丛书

SDBE
企业活力机制

令出一孔，力出一孔，利出一孔

胡荣丰 江辉 廖成龙 著

电子工业出版社
Publishing House of Electronics Industry
北京·BEIJING

内 容 简 介

方向大致正确，组织充满活力。华为在激活组织，发挥群体奋斗方面，有着系统的机制设计和长期的实践经验。华为组织充满活力的背后是企业文化、组织设计、人力资源体系建设和价值链管理的综合结果。

本书立足华为组织活力的底层逻辑，从群体奋斗文化、驱动组织发展、人力资源管理、组织绩效设计、个人绩效管理、目标协同作战、全面激励管理、薪酬体系设计、组织充满活力等维度系统地阐述了华为激活组织和个人的内在奥秘与方法论，同时结合具体案例和实战工具，旨在帮助读者更好地理解华为"令出一孔，力出一孔，利出一孔"的底层逻辑。

本书可作为企业中高层管理者、组织与人才体系专家、绩效薪酬专家以及管理咨询人员的参考用书。

未经许可，不得以任何方式复制或抄袭本书之部分或全部内容。
版权所有，侵权必究。

图书在版编目（CIP）数据

SDBE 企业活力机制：令出一孔，力出一孔，利出一孔 / 胡荣丰，江辉，廖成龙著. —北京：电子工业出版社，2024.1
（SDBE 管理实践丛书）
ISBN 978-7-121-46507-9

Ⅰ . ① S… Ⅱ . ① 胡… ② 江… ③ 廖… Ⅲ . ① 企业管理 – 研究 – 中国 Ⅳ . ① F279.23

中国国家版本馆 CIP 数据核字（2023）第 195365 号

责任编辑：黄益聪
印　　刷：天津善印科技有限公司
装　　订：天津善印科技有限公司
出版发行：电子工业出版社
　　　　　北京市海淀区万寿路 173 信箱　　邮编：100036
开　　本：720×1000　1/16　印张：18.5　字数：313 千字
版　　次：2024 年 1 月第 1 版
印　　次：2024 年 1 月第 1 次印刷
定　　价：79.00 元

凡所购买电子工业出版社图书有缺损问题，请向购买书店调换。若书店售缺，请与本社发行部联系，联系及邮购电话：（010）88254888，88258888。

质量投诉请发邮件至 zlts@phei.com.cn，盗版侵权举报请发邮件至 dbqq@phei.com.cn。
本书咨询联系方式：（010）68161512，meidipub@phei.com.cn。

时光荏苒，我认识胡荣丰老师已经十年有余。2012年我带队去华为参观学习，胡老师亲自接待了我们，自那时起，我们就保持着深厚的友谊。他离开华为之后，同万华来往更为紧密，带领德石羿团队持续给万华提供培训和赋能服务。德石羿老师们的专业和敬业，得到了我们上下的一致认可。

最近，胡老师新著《SDBE企业活力机制：令出一孔，力出一孔，利出一孔》即将出版，他邀请我作序。盛情难却，我祝贺之余，答应了下来。这不仅因为胡老师与万华有多年的合作之情，也因为德石羿团队出身华为。华为作为一家务实、专注、创新的企业，获得了企业界的尊敬，其管理实践也给了万华很多的借鉴和参考。

十余年前我拜访华为时，万华的人员规模和营收体量均还不太大。经过全体万华人的努力，目前我们的人员增长已逾十倍，营收早已过千亿元，研发和技术能力有很大的提高，在很多细分化学品领域已经走在了全球行业的前列。

现代企业竞争能力的核心就是人才和创新。回首万华的发展历程，从烟台这片热土起步，逐步将研发和产业基地遍布全国，乃至延伸到全球，都在验证着这一点。万华在诞生之初，没品牌、没技术、没人才，正是秉承"化学，让生活更美好"的使命，依靠专家和人才，秉持共同的事业心，以及大家的集体奋斗，才在化工和材料领域逐渐积累、发展，也才有了如今的些许成就。

通读胡老师这本书后，我有很多的感触。这本书从组织、人才、绩效、目标、薪酬、激励及闭环管理等各方面，系统地讲述华为如何激活企业中的每个团队和个体，团结一致为客户创造价值，从而"持续打胜仗"。难能可贵的是，全书不是在空洞地讲述理论和模型，而是提供了可以实操的工具和手段，帮助企业所有的团队和个人，真正做到"令出一孔，力出一孔，利出一孔"，共同为企业的发展尽心尽力，最终形成不容小觑的组织合力。

我坚信，所有的事业都是人做出来的。因此万华始终坚持"把人才作为第一战略资源进行管理"，并对人才的"选育用留管"良性闭环机制进行深度创新。万华一方面从重点高校和社会上引进高素质人才，提高人才水平；另一方面不断以文化为引领，基于万华价值观，通过"人才年、领导力专班、轮岗轮训"等形式，系统培育更多"六有人才"。与华为一样，万华也信奉"将军是上甘岭上打出来的""赛马不相马""有为才有位"，聚焦核心岗位和人才匹配，坚持以业绩导向来选拔和任用人才。

在数字化时代背景下，很多业务领域进一步细分，行业红利逐步释放完毕，我们在很多传统领域遇到了瓶颈。这时就急需开辟新赛道，找到第二规模增长曲线，来实现更快、更好的发展。为此，企业需要培养和发现更多跨行业、复合型人才，一起为了新事业而持续奋斗。企业的原有人才，是否能够适应新业务的发展需求？外部新鲜血液进来，会不会稀释企业的文化和价值观？如何让所有新老人才进行有效的组织协同，建设高绩效组织？这些都值得企业各级管理者深入思考和认真解决。

诚如本书所言，"熵增"所导致的兴衰更替，是所有组织发展的客观规律。任正非先生会担心"下一个倒下的会不会是华为？"，他也曾说过，"没有什么能阻挡华为前进的步伐，唯有内部的惰怠与腐败"。我认为万华亦是如此。万华由于在前期通过艰苦卓绝的努力而建立起了系统性"护城河"，因此在短期内公司经营应该没有系统性大风险，但长期呢？人无远虑，必有近忧。

随着万华的业务规模越来越大，组织规模扩大后的文化和价值观稀释，组织臃肿和人员懈怠，"小富即安"所带来的奋斗精神减弱，这些或许都不可避免。我们的人才梯队能否持续学习和奋斗，不断系统地进行熵减，以支持公司持续有效发展？我一直信奉"精兵简政"，在万华不断深化改革，实现法人治理规范化、管理层级扁平化、部门设置极简化、干部队伍精干化；尽力让各级干部聚焦一线业务，实行价值及结果导向。万华的很多年轻干部是在"和平年代"升迁上来的，没真正经过严峻考验。因此，我们也在加快年轻干部与人才的选拔和轮岗，让他们早经风雨，锻炼能力。在新业务领域，在以前员工持股机制的基础上，我们制定了更新、更好的激励机制，激发群体奋斗，来共同迎接未来转型的机遇和挑战。

企业的规模和效益，最终还是由核心竞争能力决定的。如书中所言，我们应该通过践行企业核心价值观，加强领导力，持续建设组织竞争能力，让企业越打越强。为了"活得久，活得好"，我们必须向包括华为在内的各先进企业学习，提升企业在战略、组织、运营、研发、产品和营销等各方面的综合能力。要有效使用一切合理手段，在以前成功的基础上，不断进行管理变革和创新，持续有效成长，打造学习型组织、进化型组织、高绩效组织。

我很认同书中所说的，"企业成功的关键在于方向大致正确，组织充满活力"。这句话，不但适用于华为，也适用于万华及其他企业。我们要在严抓管理的同时，不断激励大家在产业主航道上，坚定文化自信和道路自信，集体而聪明地奋斗，持续降本增效。这样才能有效激发企业活力，应对未来竞争和发展的挑战，最终实现企业愿景和使命。

再次感谢胡荣丰老师及德石羿团队，为万华发展所做出的贡献。最后，我郑重向大家推荐本书，希望它能够为您带来思考和启迪。

廖增太，万华化学集团董事长
2023 年 9 月于烟台

前言

在本书写作之时，正值全球新冠疫情蔓延。作者的前东家华为，在疫情肆虐和美国持续加压打击的艰难局势下，2022年前三季度销售收入达4458亿元，主营业务利润率达6.1%，虽然销售收入略有下降，但整体经营结果是符合预期的。而在2022年8月华为内部的一次讲话中，任正非提到，全球将面临经济衰退、消费能力下降的情况，华为应改变发展思路和经营方针，从追求规模转向追求利润和现金流，以期度过未来的危机。任正非强调："把活下来作为最主要纲领，边缘业务全线收缩和关闭，把寒气传递给每个人。"

任正非作为有影响力的一线企业掌舵人，在寒气中的这句呼喊，足以令业界神经紧绷。危机忧患意识很强的任正非，提出收缩战线准备过冬，这类情况已经屡见不鲜。而且据以往经验，每当他发表危机言论，要求华为全体准备过苦日子的时候，似乎业界也能看到苦尽甘来的希望了。从这种角度来看，任正非的"寒气论"是警钟，更是走出本轮周期谷底的战鼓声，激发华为整个组织的活力。

在面对外界的重重困难时，华为为什么能精神抖擞，活力充沛，坚挺如一？作者认为其关键在于根植华为深处的生存基因密码，让华为能够不断自我学习和进化，根据内外部环境的变化，持续推进管理变革，让组织始终充满活力，不断提升企业的核心竞争力。

"胜则举杯相庆，败则拼死相救""力出一孔，利出一孔""全营一杆枪"，这些表达是华为对组织活力最形象、最直观的描述。一个组织发展到一定程度，其内部往往会陷入内卷，部门墙高耸，形式主义作风盛行，组织丧失活力。如果企业想要基业长青，在不确定的环境中不断成长和持续领先，就需要在组织形态上表现出相应的柔性与活力。

不同于一般企业，华为长久以来就有一套自己激发组织活力的方法。以任正非为代表的华为领导层，最擅长做三件事，"看准方向，管好干部，分好钱"，这是华为最核心的"三大法宝"。华为早在其他企业认为"人才是企业的宝贵财富"之时，就振聋发聩地提出："人才不是华为的财富，对人才的有效管理和激励机制，才是华为的财富。"

如何吸引"才能卓越，认真负责，管理有效"的干部和人才，并让他们在华为持续奋斗，这是华为成功的最核心密码。

为此，华为管理层经过多轮认真研讨，总结价值创造、价值评价与价值分配的企业价值链，最后提出了企业要成功，整个组织必须要"全力创造价值，正确评价价值，合理分配价值"。企业价值的循环，就好比企业的"任督二脉"。当任督二脉被打通了，企业各组织单元就能不断获得负熵，为企业实现可持续发展注入源源不断的活力，推动员工在愿景和使命的感召下，形成合力往一个方向行动做功，从而实现"令出一孔，力出一孔，利出一孔"。

作者在华为奋斗近二十年，经历过多个体系和岗位，对华为人"胜则举杯相庆，败则拼死相救"的团队精神和集体奋斗精神有着深刻的感受。华为的协同力来自组织架构和管理机制的系统设计所构建的一套不依赖人的组织运作体系，它使得每位华为人都能融入其中，并发挥出最大的能量。

近年来，我们德石羿一直致力于沉淀与输出华为知识资产和管理经验，为众多大中型企业提供咨询服务和培训工作。为此，作者与团队根据华为吸纳和总结的西方现代企业管理理念和方法，开发出了SDBE领先模型，涵盖战略规划、战略解码、经营计划、执行管理，形成从战略到执行的闭环管理。在SDBE领先模型的基础上，我们进一步分解出组织需要的六大战略能力：领导力、战略力、洞察力、运营力、执行力和协同力。我们坚持用SDBE领先模型，配合"战略六力"的辅助，助力众多企业持续提升核心能力，实现企业高质量、可持续的发展，最终目标是成为细分行业的领导者。

本书是对"战略六力"中协同力的深入解读，内容包括组织、人才、绩效、目标、薪酬与激励管理等几大核心模块。任正非曾戏称，他毕生的精力和实践，就是让企业内的知识分子群体通过团队协作胳膊肘一致向外，去争取胜利。

企业的成功，需要清晰的战略战术和完善的运作流程，更需要人人奋不顾身地努力。这来自企业每个主管和骨干的无穷活力，也是企业核心竞争能力的源泉。激发每个员工的活力，又避免他们像布朗分子般进行无序运动，在企业愿景、使命和战略目标的牵引下，通过有效方法形成合力，牵引各种要素有效做功，就是协同力的本质。

作者与团队将华为多年的实战经验和研究进行了总结，又根据在众多企业的咨询实践，策划、编写了本书，也同行业内外企业进行了一些分享和交流，期望对读者能有一些借鉴意义。本书共分为9章，分别为群体奋斗文化、驱动组织发展、人力资源管理、组织绩效设计、个人绩效管理、目标协同作战、全面激励管理、薪酬体系设计和组织充满活力。本书系统阐述了华为激活组织活力的方法论和具体案例，同时融合了我们在咨询服务中的一些实践工具，旨在帮助读者更好地理解和掌握华为"令出一孔，力出一孔，利出一孔"的底层逻辑。

作者提出了本书整体大纲和写作思路，并进行了文稿整体的写作。江辉和廖成龙两位老师在写作过程中，帮助查阅资料和审阅文稿。同时，为保证本书的全面系统性，还有一些老师帮助查阅了许多相关的文献与会议资料等。在此感谢各位专家的支持与帮助，让我们的研究成果能够顺利成书，也感谢我的团队在课题研发中的思想碰撞和辛苦付出。

秉持着开放进取的心态，作者希望能与行业内外的众多企业家、管理专家进行交流探讨。本书虽然经过了细致详尽的策划与写作，但仍可能存在错漏甚至谬误。书中的争议和不足之处，还需广大读者多多包涵，并提出宝贵的批评意见以供我们改正。衷心希望这本书能够给读者朋友们带来积极的思考与启发，并提供切实有效的帮助。感谢大家！

胡荣丰

2023年6月

目录

第 1 章 群体奋斗文化

1.1 生命周期、六力模型和熵减 2
- 1.1.1 有关企业生命周期的理论研究 2
- 1.1.2 六力模型在企业生命周期中的作用 4
- 1.1.3 熵减是企业组织活力的源泉 6

1.2 群体奋斗的基本范式 8
- 1.2.1 促使组织形成统一价值观 9
- 1.2.2 形成组织行为基本规范 10
- 1.2.3 坚定一切围绕组织目标达成的共识 13

1.3 协同力的关键内容和作用 15
- 1.3.1 事易成，不内耗，眼睛盯着客户 15
- 1.3.2 人协同，公正、公平、公开的制度保障 17
- 1.3.3 令易行，力量迅速集结，持续焕发战斗力 19

第 2 章 驱动组织发展

2.1 构建灵活作战的组织 24
- 2.1.1 组织结构要匹配企业的发展战略 24
- 2.1.2 SDBE 领先模型下组织设计的全景图 26
- 2.1.3 以客户为中心，持续优化组织 29

2.2 六力模型下的组织诊断 31
- 2.2.1 组织诊断的内涵与作用 31
- 2.2.2 基于六力模型，开展组织诊断 33

2.3 组织变革：保持组织活力的法宝 35
- 2.3.1 组织变革是"一把手工程" 35
- 2.3.2 做好变革管理，确保组织变革有序推进 37

2.3.3 利用变革项目激励，巩固变革成果 38

2.4 华为组织结构的演进 40

2.4.1 迈向矩阵式组织，保障高效作战能力 40

2.4.2 打造高效协同的流程化组织 43

2.4.3 向项目型组织进化，提高组织敏捷性 45

2.4.4 成立军团组织，打破组织边界 48

第 3 章 人力资源管理

3.1 人力资源是企业价值增值的重要源泉 53

3.1.1 什么都可以不争，人才不能不争 53

3.1.2 人力资本增值优先财务资本增值 54

3.2 人力资源管理要匹配业务需求 57

3.2.1 华为人力资源管理的发展历程 57

3.2.2 人力资源管理要导向业务，导向冲锋 60

3.3 HR 三支柱的搭建与协同 62

3.3.1 构建面向客户的 HR 三支柱 63

3.3.2 HRBP 确保业务方向正确 66

3.3.3 HRCOE 统一设计 HR 政策、流程与制度 69

3.4 打通人力资源管理价值链 71

3.4.1 以客户为中心，全力创造价值 71

3.4.2 以责任结果为导向，正确评价价值 74

3.4.3 以奋斗者为本，合理分配价值 75

3.5 用体系化的人力资源管理赋能业务 78

3.5.1 让人力资源管理与业务体系实现联结 78

3.5.2 构建面向业务战略的人力资源组织 79

3.5.3 让人力资源政策朝着熵减的方向发展 82

第 4 章 组织绩效设计

4.1 组织绩效的基本概念 89

4.1.1 组织绩效不等于部门负责人的个人绩效 89

4.1.2　组织绩效的三大作用　90

4.1.3　组织绩效指标及目标的来源　92

4.2　组织结构支撑组织目标达成　94

4.2.1　基于组织目标实现要求，分析组织结构　94

4.2.2　梳理业务流程，明确流程现状与绩效目标间的差距　96

4.2.3　组织改进优化，以支撑组织目标达成　99

4.3　组织绩效指标设计　101

4.3.1　上下对齐：垂直分解，保证责任层层落实到位　101

4.3.2　横向协同：部门指标要"拧麻花"，形成合力　102

4.3.3　保持均衡：当下"多打粮食"，长期"提升土地肥力"　105

4.3.4　目标设计：要有挑战性且牵引组织目标达成　106

4.4　部门绩效指标制定　109

4.4.1　梳理部门职责，确定部门重点工作　109

4.4.2　基于责任分解矩阵，分解组织绩效目标　111

4.4.3　形成部门指标，输出部门绩效考核表　113

第 5 章　个人绩效管理

5.1　让员工充分理解个人绩效　118

5.1.1　个人绩效是组织绩效的逻辑起点　118

5.1.2　个人绩效结果要贡献于组织绩效　120

5.2　个人绩效目标制定　122

5.2.1　部门主管要辅导员工制定个人绩效目标　122

5.2.2　基于岗位职责，差异化设计个人绩效指标　124

5.2.3　导出个人绩效指标，输出个人绩效承诺书　126

5.3　分层分级实施绩效考核　129

5.3.1　绝对考核与相对考核相结合　129

5.3.2　用绝对考核牵引组织不断改进　131

5.3.3　实施分层分级绩效考核　132

5.4　绩效结果强制分布与结果应用　135

5.4.1　绩效结果等级划分及强制分布　135

5.4.2　绩效结果要公开　137
5.4.3　建立绩效结果申诉机制　139
5.4.4　绩效结果应用是绩效管理闭环的关键　141

5.5　绩效结果反馈与改进　143
5.5.1　做好绩效结果面谈前的准备　143
5.5.2　根据员工绩效表现实施针对性绩效辅导　146

5.6　绩效管理的实施保障　148
5.6.1　完善的组织绩效管理体系　148
5.6.2　各方协同配合，保障绩效管理落地　150
5.6.3　三权分立，确保绩效管理的公平公正　153

第  章　目标协同作战

6.1　OKR 与 KPI 融合使用，实现组织协同　157
6.1.1　OKR 的起源与发展　157
6.1.2　OKR 是指南针，KPI 是仪表盘　159
6.1.3　打通目标与绩效的关口，实现目标与绩效管理的协同　162

6.2　目标对齐，上下同欲　164
6.2.1　OKR 对齐的定义与作用　164
6.2.2　垂直对齐，确保全面承接战略　166
6.2.3　水平对齐，实现横向协同连接　167

6.3　公开透明，促进协作　168
6.3.1　让组织目标可视化，产生协作正推力　168
6.3.2　多种手段相结合，让 OKR 实现公开透明　170

6.4　定期追踪与复盘，提升组织协作效率　173
6.4.1　将 OKR 与日常工作融合，定期追踪　173
6.4.2　做好 OKR 复盘，让员工聚焦组织目标达成　175

第  章　全面激励管理

7.1　全面激励的原理和理念　180
7.1.1　构筑内外利益差，让组织充满活力　180

7.1.2　用合理分配撬动更大的价值创造　182
7.1.3　利益牵引，指哪打哪　183

7.2　避免激励一类人而麻木一群人　185
7.2.1　差异化设计不同层级员工的激励机制　185
7.2.2　多维度拓展激励资源：利、权、名　187
7.2.3　长期激励与短期激励相结合　190

7.3　对薪酬包的弹性管控　192
7.3.1　工资性薪酬包管理原则：减人、增效、加薪　192
7.3.2　薪酬包的弹性管控与调整　195

7.4　推行奖金获取分享制　197
7.4.1　从授予制转向获取分享制　197
7.4.2　给奋斗者"加满油"，保持奋斗热情　200

7.5　实行员工持股计划，共创共享　201
7.5.1　员工持股计划：财聚人散，财散人聚　202
7.5.2　华为员工持股计划的演变　204
7.5.3　动态调整员工持股计划，保障作战队伍　206

7.6　明确福利保障意图，控制福利成本　208
7.6.1　构建多元的福利保障体系　208
7.6.2　警惕高福利对企业的威胁　210
7.6.3　福利保障是向奋斗者倾斜的　212

7.7　强化精神激励，提升员工凝聚力　213
7.7.1　精神激励是伟大组织的引擎　213
7.7.2　设计多元的精神激励，让员工更有成就感　215

#
薪酬体系设计

8.1　以薪酬战略为导向，设计薪酬体系　220
8.1.1　薪酬的定义、内涵与演变　220
8.1.2　薪酬体系要与企业战略目标相匹配　221
8.1.3　不同导向的薪酬结构，反映企业不同的价值观　224

8.2　薪酬水平：市场对标，定位薪酬水平　227

8.2.1　薪酬水平与企业经营战略及价值观相符　227
8.2.2　对标市场，让员工获得有竞争力的薪酬　228
8.2.3　定期审视市场薪酬水平，强化薪酬竞争力　231

8.3　薪酬结构：分类分级，规划薪酬结构　233

8.3.1　明确薪酬总体结构，导向企业经营目标　233
8.3.2　配合人才全面管理，分类分级设计薪酬结构　235
8.3.3　确定合理薪酬固浮比，反映员工不同贡献　237

8.4　公平定薪：人岗匹配，定级定薪　241

8.4.1　岗位职责分析，完善并输出岗位说明书　241
8.4.2　岗位价值评估，导出职位等级体系　244
8.4.3　配合岗位要求与个人能力，设计宽带薪酬体系　247
8.4.4　以岗定级，以级定薪　250

8.5　薪酬调整：动态调整，强化激励作用　253

8.5.1　薪酬调整要小步快跑，年年都有　253
8.5.2　差异化调整，打破平均主义　254
8.5.3　易岗易薪，能升能降　257

第 9 章　组织充满活力

9.1　华为的最高和最低纲领都是"活下去"　262

9.1.1　不骄傲不自满，从管理层到员工时刻保持危机感　262
9.1.2　不养"肥猪"，从制度上让员工充满"饥饿感"　264

9.2　方向大致正确，组织充满活力　265

9.2.1　组织氛围对组织的影响　265
9.2.2　有计划地打造高绩效团队　266
9.2.3　狭路相逢勇者胜　268

9.3　战略领先模型下的熵减机制　269

9.3.1　熵增让组织失去活力，走向混乱　270
9.3.2　战略领先模型下熵减机制的关键内容　272
9.3.3　打好熵减持久战，让组织具有长久生命力　274

参考文献　278

第1章
群体奋斗文化

任正非曾说过:"一个人不管如何努力,永远也赶不上时代的脚步,更何况在知识爆炸的时代。只有组织起数十人、数百人、数千人一同奋斗,你站在之中,才摸得到时代的脚。"华为文化真正的内核就是群体奋斗,群体奋斗文化使华为十几万员工聚在一起,表现出超乎寻常的战斗力,为同一个目标而奋斗。

在这个基础上,才有可能产生真正的协同力,才能使企业真正做到"令出一孔,力出一孔,利出一孔"!

1.1 生命周期、六力模型和熵减

管理学界认为，企业像生命体一样，是有生命周期的。企业想要突破生命周期的发展规律，长期保持活力，可以借鉴 SDBE 六力模型对组织进行改革、创新，用熵减思维来对抗组织消极变化的趋势。

1.1.1 有关企业生命周期的理论研究

企业生命周期是企业的发展与成长的动态轨迹，其各阶段都遵循大致相同的规律。从 20 世纪 60 年代开始，学者们开始对企业生命周期的特性进行系统研究，并提出了很多不同的观点。

【管理研究】企业生命周期

（1）1962 年，美国著名管理学家钱德勒在《战略与结构》一书中，通过研究杜邦公司、通用汽车公司、西尔斯公司等企业的成长过程，提出企业扩张通常经历创业、横向合并、纵向一体化、海外扩张和多元化五个阶段。

（2）1969 年，管理学家斯坦梅茨通过系统研究企业成长过程，发现企业成长过程呈 S 形曲线，一般可划分为直接控制、指挥管理、间接控制及部门化组织等四个阶段。

（3）1972 年，哈佛大学教授拉瑞·葛雷纳通过分析研究提出了企业成长与发展的五阶段模型。他认为，一个企业的成长大致可以分为创业、聚合、规范化、成熟、再发展或衰退五个阶段。

（4）被美国主流媒体誉为 20 世纪 90 年代"唯一一名处于管理尖端领域的人"的管理学家伊查克·爱迪思曾用 20 多年的时间研究企业如何发展、老化和衰亡，是企业生命周期理论的创立者。他在《企业生命周期》一书中把企业生命周期分为十个阶段，即：孕育期、婴儿期、学步期、青春期、壮年期、稳定期、贵族期、官僚化早期、官僚期、死亡，并详细描述了企业生命不同阶段的特征。

（5）1995 年，我国学者陈佳贵在西方学者对企业生命周期研究的基础上对企业生命周期进行了重新划分，将企业生命周期分为：孕育期、求生存期、高速发展期、成熟期、衰退期和蜕变期。在企业衰退期后进入蜕变期这个关键阶段，对企业可持续发展具有重要意义。

（6）2019 年，国内知名管理咨询专家施炜、苗兆光在研究华为、美的、海尔、TCL等中国领先企业成长过程和成长经验的基础上，提出了企业成长的五阶段模型。他们认为企业成长可以分为创业阶段、机会成长阶段、系统成长阶段、分蘖成长阶段、重构成长阶段，并提出了每个阶段的特征与管理建议。

综合借鉴各学者对于企业生命周期的理论研究，作者将企业生命周期大致划分为初创、成长、成熟、衰退四个阶段（如图1-1所示）。在不同的阶段，组织的特征、面临的风险、管理建设的重点都有所不同。

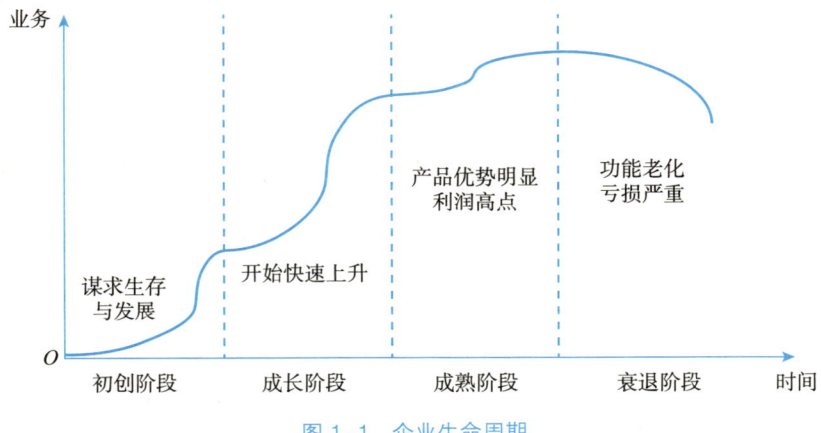

图 1-1　企业生命周期

第一阶段是初创阶段：企业在初创阶段主要任务是寻找与探索生存的机会，需要构建核心创业团队、制定基础的组织规则，从找准用户需求、反复打磨产品、获取市场资源等方面谋求发展。

第二阶段是成长阶段：当企业创业成功之后，接下来会进入快速成长阶段。企业通过快速扩张，在内部形成一股强势的上升势头，其人员和业绩也随之进入上升期。成长阶段的企业可能会遇到很多问题，需要在巩固业务模式的同时，集聚关键资源以构建关键能力和健全管理机制。

第三阶段是成熟阶段：企业在成熟阶段是发展最平衡、最充分的，用户规模大、组织效率高、产品优势明显、市场能力强，企业的运营模式和盈利模式都逐渐走向成熟和稳定。但成熟阶段中企业面临的最大挑战，是如何保持成熟的状态，避免很快就进入衰退阶段。因此，成熟阶段的企业要想实现再成长，需要进行战略重构：包括探寻新的市场机会，选择新的业务领域，创新商业模式，重组组织架构等。

第四阶段是衰退阶段：进入衰退阶段的企业，往往是由于把战略眼光从企业外部转移到企业内部，把关注的重点从一线员工转移到企业高层，从而忽略了企业的二次成长。

SDBE领先模型认为，企业的生命周期动态反映着企业的发展轨迹。虽然不同企业在每个阶段经历的时间有长有短，不同企业所在的行业和所面临的问题也各不相同，但组织发展是有共性规律的。

企业生命周期理论的研究目的就在于为处于不同生命周期阶段的企业找到能够与其特点相适应并能不断促其发展延续的特定组织结构形式。企业可以通过对自身生命周期的科学认识和有效应用，改变企业的发展轨迹，进而延长企业的生命周期。

1.1.2 六力模型在企业生命周期中的作用

企业在生命周期的每一个阶段都可能会出现重大转折点，因此当企业面临一些重大问题时（如表1-1所示），需要进行内部变革来突破当下的限制，让企业能够继续发展，否则就会走下坡路。

表1-1 企业发展阶段中可能面临的问题

序号	问题
1	企业发展已经进入平缓期或者进入迷茫期，管理层不知道如何进行业务或管理变革，从而为企业提供新的发展动力
2	行业发展已经进入平缓期或出现了重大危机，企业需要设计新的商业模式或调整业务模式，以规避或利用危机
3	宏观环境、行业变迁和竞争所带来的冲击非常大，企业原有业务流程已不能合适，需要根据业务变化，实现流程重组
4	在新形势下，企业业务模型发生了巨大变化，但不知道如何进行组织调整或变革，去适配和升级，以促进业务的增长
5	企业的管理和运营效率下降，活力衰弱，企业需要通过综合变革，在战略方向大致清晰的情况下，激发组织活力，创造价值

内部变革过程主要是对企业进行战略变革、组织变革、流程再造、文化再造、管理创新、技术创新等。在变革过程中，企业可以借鉴SDBE领先模型来指导落地。详细论述SDBE领先模型的专著已经出版，大家可以借鉴

参考。

SDBE领先模型，即"S战略-D解码-B计划-E执行"，是一个帮助企业从战略规划到业务执行的整体管理框架，也是一个创造性地帮助企业实现愿景和使命的工具。SDBE领先模型是从IBM的BLM方法发展而来，是经笔者团队专家总结华为先进理念及三十余年实践的精华，并结合中国企业的战略和执行实践提炼而来的。

SDBE领先模型包括几十个重大思考问题及要素，适合企业各层级用于战略制定与执行联结。如图1-2所示，SDBE领先模型包括差距分析、战略规划（Strategic Plan）、战略解码（Decoding）、经营计划（Business Plan）、执行管理（Execution）、标杆管理、领导力和价值观等核心要素。

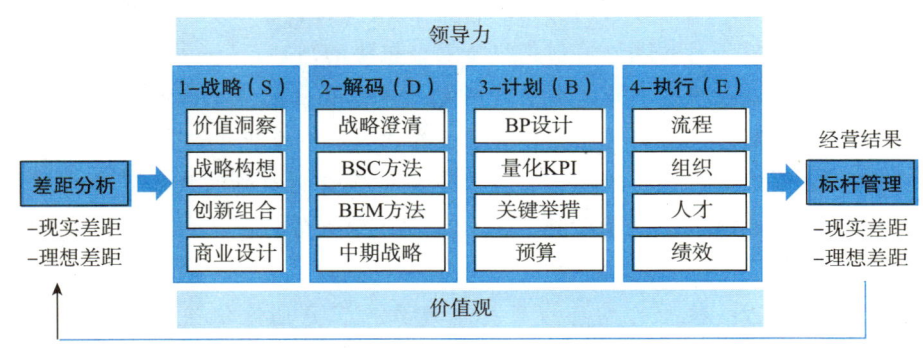

图1-2　SDBE领先模型

其中，差距分析是SDBE领先模型的起点和终点，差距不止，战略不停，标杆管理是差距分析的前提；战略规划是企业经营的望远镜，帮助企业看清方向，规避风险；战略解码是对战略规划进行澄清和细化，帮助企业达成里程碑式的共识；经营计划是把需要多年实现的战略目标，分解为可分年度、分阶段执行的KPI和关键举措；执行管理是针对SP（战略规划）和BP（经营计划），对组织、人才、流程和绩效进行综合管理，实现管理闭环。

在通过SDBE领先模型进行战略规划和执行时，要加强六大能力：领导力、战略力、洞察力、运营力、执行力和协同力，指导企业实现从小到大、由弱至强的转型升级。六大能力要素组合成SDBE六力模型（如图1-3所示）。

澄清期望	L（领导力）	S（战略力）	D（洞察力）	B（运营力）	E（执行力）	C（协同力）	总结提升
角色认知	·文化与价值观 ·干部与领导力 ·领导技能 ·变革管理 ·数字化转型	·战略框架 ·价值洞察 ·战略构想 ·商业设计 ·创新组合	·标杆管理 ·技术洞察 ·市场洞察 ·竞争洞察 ·知识管理	·战略解码 ·质量管理 ·流程管理 ·项目管理 ·卓越运营	·研发创新 ·品牌营销 ·采购供应 ·服务与制造 ·财经与风控 ·行政与客服	·HR管理 ·组织发展 ·绩效管理 ·OKR管理 ·薪酬激励	总结提升

图 1-3 SDBE 六力模型

（1）领导力：企业领导力的建设是最终决定战略规划和执行落地的最关键要素，包含文化与价值观、干部与领导力、领导技能、变革管理、数字化转型五个板块的内容。

（2）战略力：战略力关注的是宏观和长远的发展，包含战略框架、价值洞察、战略构想、商业设计、创新组合五个板块的内容。

（3）洞察力：洞察力是需要透过现象来看清企业发展的本质，包括标杆管理、技术洞察、市场洞察、竞争洞察、知识管理五个板块内容。

（4）运营力：卓越的战略运营力才能保证战略到执行的良好落地和形成闭环，包含战略解码、质量管理、流程管理、项目管理、卓越运营五个板块的内容。

（5）执行力：执行力的终极目标是建立为客户创造价值的流程管理机制，对效率负责，包含研发创新、品牌营销、采购供应、服务与制造、财经与风控、行政与客服六个板块的内容。

（6）协同力：协同力的目标是让使命、行动与结果协同起来，包含HR管理、组织发展、绩效管理、OKR管理、薪酬激励五个板块的内容。

SDBE 六力模型给企业各级管理层提供了系统思考和务实分析的框架及相关工具，使其能够有效地进行战略规划和执行跟踪，从而帮助企业在发展过程中进行转型变革，突破企业生命周期的束缚，实现基业长青。

1.1.3 熵减是企业组织活力的源泉

企业处于不同生命阶段的重要指标是企业在逐渐走向有序还是在逐渐走向混乱，而描述物质有序度的"熵"能恰当地表现企业生命的特征。企业经历不同的生命阶段时，其熵也会逐渐变化。

熵是热力学第二定律的概念，用来度量体系的混乱程度。熵有三个基本的度量概念：一是熵增，所有事物(包括个人、组织等)都会因为熵增，而逐渐走向死亡；二是熵减，熵减能使系统变得更有秩序，熵减的前提是开放；三是负熵，负熵是带来熵减效应的活性因子，能产生能量。

任正非是国内最早把"熵"的概念引入到企业管理中并系统阐述的企业家，为了对抗华为的熵增，实现熵减，华为计划将公司打造成一台耗散结构的活力引擎，以此来让企业持续充满活力。

耗散结构是比利时物理化学家、诺贝尔奖得主普里戈金(I.llya Prigogine)研究出的在不违背热力学第二定律的情况下，阐明生命系统自身的进化过程的新概念。他认为，"耗散结构是远离平衡状态的开放系统，在与外界环境交换物质和能量的过程中，通过能量耗散与系统非线性动力学机制，使能量达到一定程度，系统熵流可能为负，总熵可能小于零，则系统通过熵减就能形成新的有序结构。"

在2011年华为市场大会上，任正非也提到了耗散结构，并对其进行了解释："什么是耗散结构？你每天去跑步锻炼身体，就是耗散结构。为什么呢？身体的能量多了，你把它耗散了，就变成肌肉，变成有力的血液循环了。把能量消耗掉，就不会有糖尿病，也不会肥胖，身体苗条，人变漂亮了，这就是最简单的耗散结构。那我们为什么需要耗散结构呢？

大家说，我们非常忠诚于这家公司，其实就是公司付的钱太多了，这不一定能持续。因此，我们把这种对企业的热爱耗散掉，用奋斗者和流程优化来巩固。奋斗者是先付出后得到，这与先得到再忠诚，有一定的区别，这样就进步了一点。我们要通过把潜在的能量耗散掉，从而形成新的势能。……吃了太多牛肉，不去跑步，你们就成了大胖子。吃了很多牛肉，去跑步，你们就变得健美。都是吃了牛肉，耗散和不耗散是有区别的。"

如图1-4所示，华为活力引擎模型的核心是以客户为中心，上面是吸收能量的入口，下面是吐故纳新、扬弃糟粕的出口。右边列的是企业和个人的自然倾向，是熵增的，会让企业失去发展动力。左边列的是远离平衡性开放性的耗散结构，是熵减的。

8 SDBE 企业活力机制

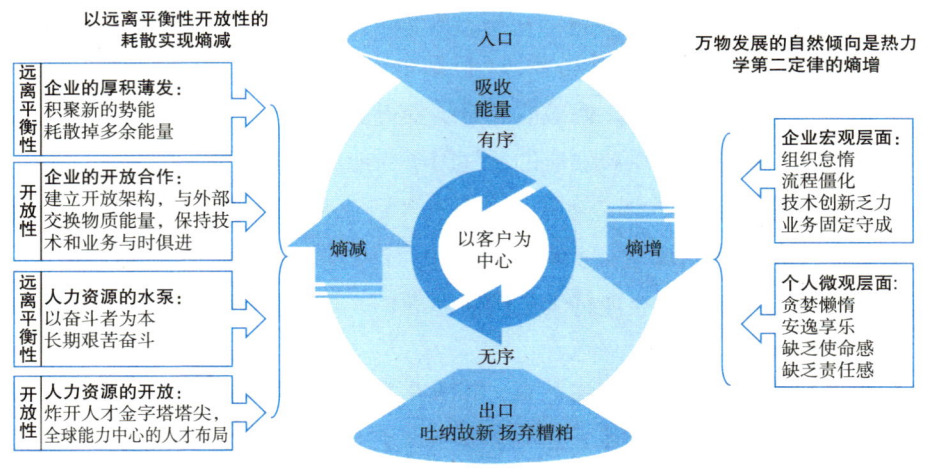

图 1-4　华为活力引擎模型

一方面,华为通过企业的厚积薄发、人力资源的水泵实现远离平衡的耗散结构,使企业逆向做功,让企业从无序混乱转向有序发展。另一方面,华为通过企业的开放合作、人力资源的开放实现耗散结构的开放性,为企业带来有序发展的外来动能。

华为活力引擎可以分为企业宏观和个人微观两个层面:一是企业宏观层面,把华为视为一个生命整体,要从企业整体运作的战略高度解决熵增,即利用企业的厚积薄发和开放合作,解决企业发展过程中出现的组织惰惰、流程僵化、技术创新乏力、业务固化守成等问题。二是个人微观层面,华为是由无数个体的人组成的,重在从人力资源管理角度,探索如何激发个体的活力,从而解决人的安逸懒惰问题和带来的熵增。

由此可见,企业如果要想实现熵减,延长寿命,就需建立耗散结构。通过建立耗散结构,对内激发活力,对外保持开放,与外部交换物质和能量,不断提升企业发展势能,拓展业务发展的作战空间。正如任正非所说:"公司只有长期推行耗散结构,保持开放,才能与外部进行能量交换,吐故纳新,持续地保持组织的活力。"

1.2　群体奋斗的基本范式

任正非说:"企业就是要发展一批狼。狼有三大特性,一是敏锐的嗅觉;

二是不屈不挠、奋不顾身的进攻精神；三是群体奋斗。企业要扩张，必须有这三个要素。"

群体奋斗不是简单的整合员工去奋斗，而是协同奋斗，要有"胜则举杯相庆，败则拼死相救"的精神，是统一意志和分散活力的有机协同。

1.2.1 促使组织形成统一价值观

组织能否发挥效用，取决于组织本身能否带动组织成员一致行动，而把组织成员联系在一起的不是某个领导者，而是企业中共同的理念与价值观。

华为公司前高级副总裁胡彦平曾经感叹说："华为的强大精神力量来自20多年来十几万华为人对任正非所创建的企业文化和核心价值观的虔诚追随、认真实践和持续坚守。很多人不理解华为的管理者，为什么能够在不管多么艰难的条件下都会带头往前冲，其实很简单，就是因为大家达成了统一的价值共识，要上下一致地为客户服务到底。"

在华为的发展历程中，"以客户为中心、以奋斗者为本、长期坚持艰苦奋斗、持续地自我批判"的核心价值观，洗礼和培育了一批又一批华为人，争当奋斗者，"力出一孔"全力创造价值。

1. 以客户为中心

以客户为中心强调的是华为的存在价值所在。客户是企业生存的唯一理由，企业要基于客户需求，在企业经营上做到简单、高效，最大化地为客户创造价值。为了把技术和产品做到极致、更好地满足客户需求，华为坚持每年将10%以上的销售收入投入研发。2021年，华为研发费用投入达到1427亿元人民币，占全年收入的22.4%，位居全球第二，从2011年到2021年十年间的累计研发费用超过了8450亿元人民币。

2. 以奋斗者为本

以奋斗者为本回答的是谁创造了价值的问题，并指明要对奋斗者按贡献给予回报。华为认为任何为客户创造价值的微小活动，在劳动的准备过程中为充实提高自己而做的努力均叫奋斗，否则，再苦再累也不叫奋斗。华为在1995年讨论《华为基本法》的过程中，逐步确立了以奋斗者为本的人力资源管理指导思想，坚持以奋斗者为本，让奋斗者获得合理的回报。

3. 长期坚持艰苦奋斗

长期坚持艰苦奋斗强调的是要持续地为客户创造价值。任正非认为："繁荣的背后，都充满危机，这个危机不是繁荣本身必然伴随的特征，而是处在繁荣包围中的人的意识。艰苦奋斗必然带来繁荣，繁荣后不再艰苦奋斗，必然失去繁荣。千古兴亡多少事，不尽长江滚滚来。历史是一面镜子，它给了我们深刻的启示。"每个个体的力量是有限的，但是团队的力量是无限的，华为在强调艰苦奋斗的同时还强调群体协同作战，实现团队奋斗、协同奋斗。

4. 持续地自我批判

持续地自我批判强调的则是企业与员工不断创新、不断自我更新的过程。任正非说："自我批判，不是自卑，而是自信。只有强者才会进行自我批判，也只有敢于自我批判才会成为强者。"为了能让员工、干部坚持不断进行自我批判，华为以《华为人报》《管理优化报》以及心声社区为沟通平台，供大家匿名或不匿名批判和反思自己的错误；同时还通过召开各种特别的"表彰"大会来不断公开自身的不足和错误，为华为员工自我批判提供了宽松的土壤，激发员工的上进心，奋发进取，不断提升自己。

在企业的长久发展过程中，人员会迭代，但是企业价值观是企业的灵魂，是管理者的理念，是员工的价值导向。华为将价值观作为用人的重要标准，价值观不匹配的人才通常不会被重点任用。

对于价值观不匹配的稀缺型人才，即使不得不任用，华为也不会让其带队伍，只能担任专家，不让其掌握权力，也不给其分配权和干部提拔权，会想办法将其对组织发展的影响降到最低。

华为系统性价值理念的提出，对全体华为人，尤其是对华为发展起着至关重要作用的华为管理层，起到了巨大的指导作用。华为的核心价值观在无形中引领着内部员工的一致性行为，让员工朝着统一的目标协同作战、协同奋斗，为企业提供源源不断的动力。

1.2.2　形成组织行为基本规范

企业的价值观产生作用的关键在于把价值观转化为组织行为及结果，价值观要在企业经营管理的方方面面得到体现，就需要建立相应的组织行为规范，让人们自觉地按规范去行动。

社会上有一种观点,认为现在的80后、90后大多是独生子女,生长环境更优越,价值观更加多元化,更强调自我、不愿遵从权威,职业选择更多、更容易受到其他利益的诱惑。总之一句话,80后、90后将更难管理。

华为现在奋战在一线的骨干都是80后、90后,特别是在非洲疫情地区及中东战乱地区等,活跃的奋斗华为人中,80%~90%是80后、90后,其中有些已成为国家代表、地区部总裁。

所以,真正的挑战还是华为的价值观能否真正制度化,真正融入各级成员的血液中,从而构建一个奋进的、强壮的、包容的、企业文化氛围,使得新加入者不论其动机为何、文化背景如何、价值取向为何,都能融入这一文化氛围,不断壮大我们的奋斗者队伍。

——引自任正非《蓬生麻中,不扶自直》演讲(2019)

价值观文化是组织的软实力,对于一个组织来讲,价值观文化可以定义为员工与领导者一致认同和遵守的组织行为规范。组织行为规范是组织成员从事各种工作的行为标准和准则,可以用文字等表达出来,也可以用习惯和理念等方式为组织成员所感知。

华为为了严肃干部队伍建设,规范干部行为规范,在2015年发布了《华为干部作风八条》,并于2017年进行了修订。《华为干部作风八条》明确了华为干部5个"绝不",2个"反对",1个"认真",要求所有干部宣誓并严格执行,具体内容如表1-2所示。

表1-2 华为干部作风八条

序号	内容
1	绝不搞迎来送往,不给上级送礼,不当面赞扬上级,把精力放在为客户服务上
2	绝不动用公司资源,也不能占用工作时间,为上级或其家属办私事。遇到非办不可的特殊情况,应申报并由受益人支付相关费用
3	绝不说假话,不捂盖子,不评价不了解的情况,不传播不实之词,有意见直接与当事人沟通或报告上级,更不能侵犯他人隐私
4	认真阅读文件、理解指令。主管的责任是胜利,不是简单的服从。主管尽职尽责的标准是通过激发部属的积极性、主动性、创造性去获取胜利
5	反对官僚主义,反对不作为,反对发牢骚讲怪话。对矛盾不回避,对困难不躲闪,积极探索,努力作为,勇于担当

续表

序号	内容
6	反对文山会海,反对繁文缛节。学会复杂问题简单化,六百字以内说清一个重大问题
7	绝不偷窃,绝不私费公报,绝不贪污受贿,绝不造假,也绝不允许任何人这样做,要爱护自身人格
8	绝不允许跟人、站队的不良行为在华为形成风气。个人应通过努力工作、创造价值去争取机会

华为《华为干部作风八条》是华为高层以身作则的共识。针对全体员工,华为制定了更细致、更全面的《华为二十一条军规》,这二十一条军规是2016年华为在原"华为十六条军规"基础上修订补充而成的,具体内容如表1-3所示。

表1-3 华为二十一条军规

序号	内容
1	商业模式永远在变,唯一不变的是以真心换真金
2	如果你的声音没人重视,那是因为你离客户不够近
3	只要作战需要,造炮弹的也可以成为一个好炮手
4	永远不要低估比你努力的人,因为你很快就需要追赶他(她)了
5	胶片(PPT)文化让你浮在半空,深入现场才是脚踏实地
6	那个反对你的声音可能说出了成败的关键
7	如果你觉得主管错了,请告诉他(她)
8	讨好领导的最好方式,就是把工作做好
9	逢迎上级1小时,不如服务客户1分钟
10	如果你想跟人站队,请站在客户那队
11	忙着站队的结果只能是掉队
12	不要因为小圈子,而失去了大家庭
13	简单粗暴就像一堵无形的墙把你和他人隔开,你永远看不到墙那边的真实情况
14	大喊大叫的人只适合当啦啦队,真正有本事的人都在场上呢
15	最简单的是讲真话,最难的也是
16	你越试图掩盖问题,就越暴露你是问题

续表

序号	内容
17	造假比诚实更辛苦，你永远需要用新的造假来掩盖上一个造假
18	公司机密跟你的灵魂永远是打包出卖的
19	从事第二职业的，请加倍努力，因为它将很快成为你唯一的职业
20	在大数据时代，任何以权谋私、贪污腐败都会留下痕迹
21	所有想要一夜暴富的人，最终都一贫如洗

组织行为规范规定了组织内什么行为被鼓励和提倡、什么行为被制止，对组织成员的行为具有指导性和约束力。华为将价值观融入组织的行为规范中，培养了一批又一批优秀的主管和员工，这些都是华为核心竞争力的最根本来源。

1.2.3 坚定一切围绕组织目标达成的共识

组织作为一个合作系统，需要制定一个整体目标，并让组织成员就这一目标达成共识，朝着共同的方向奋斗。

"管理理论之母"玛丽·帕克·福列特曾说：

"总经理的主要工作是协调，但是除非有了定义明确的目标，否则无法成功地整合企业内部。总经理应该有能力在任何时候定义企业的目标，或者确定整个目标群。最重要的是，总经理需要让同事理解，奋斗的目标不是其个人的目标，而是大家的共同目标，它产生于群体的期望和活动。

最优秀的领导者并不是要求别人为自己服务，而是与大家一起为共同目标服务。最优秀的领导人没有追随者，而是与大家一起奋斗。我们希望鼓励合作的态度，而不是服从的态度，只有当我们在为一个如此理解并定义的共同目标奋斗时，才能达到这种效果。"

围绕组织目标达成共识，是协同组织成员一致性行动的根本要素。因此，企业要让组织成员参与目标制定，让他们都发表自己的观点，清楚自己负责的个人目标与组织目标之间的关系，以及部门与部门之间的关联，从而知道自己该如何与其他人配合共同完成组织目标。

【案例】沃尔玛 JPS（联合工作会），确保组织成员行动一致性

沃尔玛创始人山姆·沃尔顿发明了一种工作会议的方式——联合工作会（Joint Practice Session，JPS）。JPS 是山姆·沃尔顿驾驭企业的法宝，他把公司的核心高管，包括店长和采购、物流及营销等主要职能负责人，聚集一堂，共同探讨如何在日常工作中践行公司的宗旨：天天平价。与会人员聚焦在以下几个问题：哪些商品顾客想要，但我们没有？哪些商品我们有，但销路不畅？与竞争对手相比，我们的价格水平如何？有多少顾客空手而归？

JPS 的核心是让每一个目标能够成为所有与会人员共同讨论和界定行动的标准，以确保人们行动之间的一致性和协同性。JPS 在沃尔玛得到了应用及发展，之后被乔布斯在苹果奉为经典，后来又为艾伦·穆拉利所用，带领福特汽车成功走出困境。JPS 还被管理咨询大师拉姆·查兰认为是在打造组织灵活性方面最有效的工具。

华为在制定目标的时候特别强调共识，经过不断的沟通和探讨，使大家能够尽量达成一致。但一旦定下来目标，就必须坚定不移地执行下去，全员、全组织必须围绕这个目标去奋斗。在这个过程中领导者的职责是要把组织的共同目标传达给组织中的每个人，让他们愿意为组织服务。

【案例】坚持以客户为中心的组织目标，华为员工在战争中拜访客户

2018 年 9 月，战争骤然而至，华为驻利比亚代表处被迫上演了一场现实版的"红海行动"。其实代表处每隔一段时间都会进行撤离演练，所以当收到撤离指令时他们对此轻车熟路。但是客户却有各种担心，担心华为撤离后，联络没法保证，交付没法保证，甚至担心华为撤离后还会不会回来。在这种情况下，很多华为人自告奋勇地留下来，他们认为这个时候更加需要留下安抚客户，跟他们一起共患难，这样才能建立起真正的客户感情。

随着当地形势的恶化，代表处的员工不得不开始分批撤离。撤离前，很多员工冒着危险去见客户，反复跟客户解释说明。代表处管理层成员轮换守在利比亚，保持与客户的沟通。网络维护人员也留在利比亚，保障客户网络的通畅。在战火纷飞下，他们还是争取去现场拜访客户，也会邀请客户到办公室进行技术交流，赢得了客户的信任。

第1章 群体奋斗文化

组织目标是内部协同的关键因素,只有坚定一切围绕组织目标达成的共识,团队才能做到充分协同,"力出一孔",最终实现组织目标。

1.3 协同力的关键内容和作用

协同力指的是团队成员相互协调、共同完成某一目标的能力,团队成员协同合作所能创造的价值远大于他们独立、分散所能创造的价值之和。协同力是团队精神的核心推动力和黏合剂,企业只有打造了协同力,才能让组织持续焕发活力。

1.3.1 事易成,不内耗,眼睛盯着客户

中国有句俗话,有人的地方就有江湖,有江湖必有"山头"。一旦山头林立,组织的内耗就会严重削弱战斗力。

【案例】微软公司平板电脑研发受阻

比尔·盖茨喜欢在不同部门之间制造竞争氛围,但当业务部门之间竞争到不愿协同合作时,公司总体的业务发展就将受到严重影响。

2001年,微软开始进行平板电脑的研发,但当时负责Office产品的副总裁对这一创意却并不认同。原因是当时研发的平板电脑只能用虚拟键盘或者手写输入,但他更喜欢实体键盘,他认为微软把精力浪费在没有实体键盘的平板电脑上是没有前途的,因此他拒绝针对平板电脑优化Office软件。

当时的Office部门在微软内部资历很深,且对公司的贡献显著。由于Office产品副总裁不愿意协同配合,导致新研发的平板电脑严重影响用户的使用体验,客户对产品都不满意,阻碍了新业务的发展脚步。

由此可见,提升公司内部的协同力是非常重要的。组织具备协同力才可以让员工在工作中不会因为走弯路或做无用功而产生内耗,因此在开始工作之前、工作进行期间以及完成工作后,组织都需要协同力的保障。那么协同力究竟是指协同什么呢?

SDBE 企业活力机制

通用电气前董事长兼 CEO 杰克·韦尔奇在《商业的本质》一书中讲道:"协同力究竟要协同什么? 让使命、行动与结果协同起来。"

使命: 决定着一个公司要抵达的终点, 也就是说, 你要去哪里以及为什么去。行动: 指员工思考、探索、沟通和做事的方式。要完成使命, 必须付出切实的行动。结果: 为了确保整个过程顺利推进。我们所说的结果, 是指我们要根据员工是否认可使命、是否推动使命的完成及其工作效率来决定是否给予晋升和奖金。"

任正非认为, 华为的成功并非凭借个人的伟大。任何成功都不是凭借某一个个体就能够完成的, 而是要借助团队整体的力量。

因此, 华为所有的工作方针, 就是要把能力建设在组织上, 而不是在个人上。因为, 个人是不稳定的, 组织才能抵抗更大的风险, 实现企业的长久发展。

协同力, 从本质上讲, 就是要让全体干部和员工, 在共同价值观的牵引下, 紧盯着企业的愿景和使命不放松, 聚焦于每年的经营计划不放松, 在长期企业经营中, 实现企业"活得久"和"活得好"的两大目标。

【案例】华为项目团队协同一致, 助力 Mobilis 4.5G LTE 网络正式商用

2016 年 9 月 27 日, Mobilis 系统部主任收到 CTO 的一封紧急邮件, 客户决定于 10 月 1 日商用 LTE, 届时阿尔及利亚电信部长将出席发布会。客户要求华为进行端到端的 LTE 商用保障, 并在当日发布会上现场演示 4T4R。这次的发布会对客户网络和业务发展具有重大的意义, 绝对不允许出现任何的差错。

接到任务后, 代表处迅速组建了技术保障小组。联合研发机关、网络监控中心、现场保障小组, 组成了强有力的保障团队。团队通过 Checklist 自检的方式对各产品例行监控和风险识别, 同时对于非华为网络设备, 提醒客户对友商网络关键项进行检查。

9 月 28 日, 技术保障小组抵达现场后, 兵分三路: 一队负责对电信部长和 VIP 路线进行测试和优化, 二队负责对电信部长停留的 VIP 站点进行测试和优化, 三队负责在发布会现场进行 4T4R 的测试。经过多轮测试, 最终找到了信号最佳点, 网络下载速度快, 还首次实现了现网下载。

10月1日，技术保障小组所有人都放弃了休假，提前进入工作。最后，发布会上电信部长成功宣布Mobilis 4.5G LTE网络正式商用。后来，客户CTO给华为发来了感谢信，"你们非常出色地完成了这一任务。华为这样高效，为我们提供了很大帮助，这让我意识到华为是我们真正值得信赖的合作伙伴，也将成为我们第一值得依赖的长期合作伙伴。再次，为华为整个团队为我们的发展付出的努力表示感谢！"

华为团队在响应客户需求的过程中，能够团队协同一致、齐心协力地为客户提供最好的服务，从而赢得了客户的信任和认可。

华为在经营过程中，充分发挥团队的作用，打造组织协同力。同时华为坚决提拔那些眼睛盯着客户的员工，促使团队成员以客户为中心，协同一致为客户创造价值，从而提高企业的市场竞争力，为企业在激烈的市场竞争中赢得更多的市场份额。

1.3.2 人协同，公正、公平、公开的制度保障

人是群居性动物，喜欢一起活动，而且协同起来的力量也更大。但是一群人如果没有规则放在一起，那就是乌合之众。用公正、公平、公开的制度把他们连接起来，通过一定的流程和方法进行有效协同，就会变成一个高绩效组织。

纵观那些成功的企业，其制度的理性往往表现得非常突出：不依赖于个人权威，而是重视组织权威；不依靠人来管，而是依靠制度来管；组织成员不再是看领导或上级的脸色行事，而是自然而然地以规则、制度和程序打造出一套约束机制，从而真正让组织成员能够更好地协同起来。

【案例】华为：好的制度是企业文化之载体

自创立品牌以来，华为在业界始终以注重制度而著称。而当年为了强化制度管理，在华为内部建立一种有生命力的文化，华为在1995年聘请了数位中国人民大学知名教授，经过多次研讨起草了《华为基本法》。

任正非曾经感慨说："希望《华为基本法》能够在20年后，也能够继续指导华为人的工作，能够将企业成功的基本原则和要素系统化、规范化、制度化，将企业家的智慧转化为企业的智慧，并且不断传承下去。"时至今

日，华为的每一个管理环节即便在脱离原来的管理者后，仍然能够实行规范化运作，彻底实现了"无生命式管理"。这恰恰得益于《华为基本法》的有效落实。

在组织管理实践中，要想实现华为公司这种突出的制度理性状态，绝非一件容易的事。事实上，即便是那些大型企业，也曾在制度理性发育与建设的过程中，遭遇过一些艰难或为难的情况。

【案例】万科公司艰难的制度理性建设

万科公司在培育组织的制度理性时就遇到过这样的问题。1998年初，分公司A的一位销售经理与一位下级主管因工作问题发生了激烈冲突，导致业务无法开展。随后，该销售经理当即决定辞退这名主管，并向副总做了汇报。

万科当时的《职员手册》规定，当上司与下属因工作发生冲突，且无法达成共识时，下属应该首先服从上司的决定，遵照执行，由此而带来的风险和后果由上司承担，但下属保留越级上诉的权利。而该主管不服从安排，导致工作无法继续开展，显然违反了公司的制度要求且造成了损失，应该予以辞退。该主管表示不服，随后飞抵深圳总部进行投诉。

总部人力资源部调查后认为，虽然A公司的做法不符合公司程序规定，但此时已然公告，故为了维护分公司的管理权威应维持原处理结果。而职委会认为，A公司的做法不符合公司程序规定，为保障员工的利益，应及时纠正。双方为此争执不下。

最后，此事交由当时的董事长兼总经理王石处理，最终裁定：撤销辞退决定，即销售主管返回公司上班，但受到了降职降薪的处分。然而，此事过后不久，销售经理便提出了辞职。

严格遵循公平、公正、公开原则，不偏不倚，一视同仁，是很多企业成功开展规章制度建设的根本所在。如果制度贯彻时不够公平，实行强权管理，很可能会出现"指鹿为马"的情况；如果企业能够建设公平、公正、公开的制度保障，那么将更容易保障其顺利达成企业的经营目标。

华为不仅通过企业文化向员工传递共同的观念，还建立了一系列制度体系确保真正实现"能上能下、能进能退"。华为通过"赛马机制"选拔出有才能、有干劲的干部；通过"干部任期制"确保人才的流动；要求干部走"之"字形发展路径；用规范的流程和客观的标准来对干部进行考核，以作为下一步调整的依据。如表1-4所示。

表1-4 "能上能下"的制度保障（举例）

制度	说明
干部任期制	给予压力，消除惰性，竞聘上岗
干部述职制度	考核机制多样化，淘汰不称职人才
干部选拔和淘汰	动态管理，能者上、庸者下、劣者汰
岗位轮换制	转换发展渠道（双通道发展）
"之"字形发展	保持人才流动，突破部门边界

正是这一系列的制度确保了华为公正、公平的竞争环境。事实上，规则制度的贯彻公平、公正，是每位员工的需求，也是企业管理的需要。每个企业成员往往有一定的心理承受限度，而决定这种承受限度的是制度形式和内容的公平性。因此，企业都应该贯彻公正、公平、公开的制度来保障员工的行为，激活组织的生命力。

1.3.3 令易行，力量迅速集结，持续焕发战斗力

华盛顿合作规律告诉我们："一个人敷衍了事，两个人互相推诿，三个人则永无成事之日。"中国也有句俗话："一个和尚挑水喝，两个和尚抬水喝，三个和尚没水喝。"

在企业管理中也存在这样的现象：很多企业随着规模的扩张，分工愈加明确，但是各部门的协调却出现了问题。为了解决部门间协作困难的问题，企业越发倾向于建设高效协同的运作机制，以便能快速集结精兵队伍，加强一线的综合作战能力，支撑业务流程的高效运转。随着企业业务和人员规模的扩张，如何打破部门间的墙，提升组织的协作效率，合力做出业绩，成为众多企业苦苦思索的难题。

项目化运作是非常重视和强调协同的管理模式，在如今这个强调效率与成本的时代里，项目化运作已经成为一种备受推崇的跨部门、跨专业的协同运作模式。华为的很多工作也都是以项目模式运作的，而项目化运作很重要

的环节就是组建高效运作的项目团队。

【案例】华为项目管理的八大员

华为项目管理的八大员是一支综合作战能力强大的队伍，八大员主要是指项目经理、技术负责人、采购专家、供应链经理、项目 CFO、合同经理、项目 HRBP、质量专家。显然他们都拥有丰富的项目交付经验，由于承担着项目管理的八个重要角色，因此被称为"八大员"。由八大员构成的项目管理团队以业务为导向，实现跨领域的联合作战，需要很强的协作意识和执行能力，才能为客户提供一整套完整的项目解决方案。华为项目管理资源池专门为培养八大员的协同能力提供了平台。

华为项目管理的一线常常被业界称为能够"呼唤炮火的地方"，这是由于项目团队全体成员常常为了如期完成交付成果而夜以继日，充分发挥自己在团队中的最大价值。华为的项目管理资源池会定期向项目团队输入新鲜血液，保障项目团队高效专业的作战能力。同时华为还提供了多种实战模拟培训，以帮助项目团队熟悉不同类型项目的业务流程，从而迅速在项目运作过程中找到精准切入点。

基于具体业务需求，集中来自不同专业领域的成员，建设一支有凝聚力、高效协同的工作共同体，能让项目成员的才能得到充分发挥。就像体育运动队迎战奥运会，就是通过迅速集结最好的选手、教练、队医、设备等各类要素，组建一支有战斗力的国家队来参赛，以期在奥运比赛上获得好成绩。

【案例】华为军团化改革

华为正在进行的军团化改革，就是把以往的部门建制打散，围绕具体的业务场景以军团的形式重新构建"业务作战队伍"。也就是把原来企业 BG、运营商 BG、云 BU 等核心部门的科学家、技术专家、产品专家、工程专家、销售专家、交付与服务专家等人才，整合在以单个细分场景为单位的独立部门中，对诸如煤矿、光伏、公路、能源、海关等领域进行技术专攻，做深做透，为客户提供更为全面和专业的解决方案。

为此，华为成立了两类军团，一类是行业军团，这类军团是囊括研发、营销、服务体系的完整组织，直接穿插到对应代表处共同作战，面向一线客户；另一类是产业军团，也叫产品组合军团，产业军团偏向打造产品方案。这些方案既可以直接面向客户交付，也可以集成到各军团的行业解决方案里。

高效协同的项目运作机制能够有效打破组织内部的部门壁垒，迅速集结组织的精英力量，让组织持续焕发战斗力，快速响应客户的需求，实现以客户为中心，以结果为导向，最终支撑企业战略目标的落地实现。

阅读心得

第 2 章
驱动组织发展

在 SDBE 领先模型里,组织的概念是若干人或人群所组成的、有共同目标和一定边界的实体。组织设计的目标要导向群体奋斗,才能驱动组织的可持续发展。

2.1 构建灵活作战的组织

面对快速变化的市场需求和外部商业环境，建立灵活适配的组织，协同作战，有助于保障企业对市场和客户需求的快速响应以及产品的及时交付，提升企业的战斗力。

2.1.1 组织结构要匹配企业的发展战略

组织的结构与组织的生产运作方式密切相关。SDBE 领先模型告诉我们，企业的战略决定了企业经营运作的根本方向，组织结构需要与企业的战略相匹配，以支撑战略的制定与执行。因此，一旦战略发生了调整，组织就不可避免地也要调整，以更好地落地战略。

1962 年，美国管理学家钱德勒在《战略与结构》一书中指出：战略决定结构，组织结构必须服从于组织战略。

美国管理学家钱德勒对杜邦公司、通用汽车、新泽西标准石油和西尔斯等美国 70 家大型公司进行研究后发现，当企业选择一种新的战略以后，现行结构因未能立即适应新的战略而进行调整，直到行政管理出现问题，企业效益下降，企业才对组织结构进行调整。在组织结构改变以后，战略实施得到了保证，企业的获利能力大幅度提高。因此，钱德勒提出：组织结构必须因战略而异、服务于战略。

组织设置的根本目的是承接职责和权利，履行流程，实现管理目标。组织结构帮助决策者把组织的战略和关键任务，分解成不同部门、层级、职位相对应的职责或任务。所以没有完美的组织，只有合适的组织，组织结构始终应该要匹配企业的发展战略。如表 2-1 所示，列举了几种不同组织的优缺点。

表 2-1 组织的种类和优缺点（示例）

组织种类	组织的特点和优点	可能的缺点
职能型	集权化组织架构 确保各环节的专业、效率	职能利益高于客户利益，跨职能协调难度大

续表

组织种类	组织的特点和优点	可能的缺点
地区型	地区适应性、响应性好，可以为地区市场定制服务，有利于跨职能、产品资源整合，满足客户需求	共享、采购及产品研发缺乏规模及协同效应，难以应对全球、全国对手
产品型	实现协同效用，产品开发速度快，可以应对全国、全球竞争对手	职能部门重复设置，导致资源浪费，本地市场适应度低，难以应对跨事业部解决方案
客户型	单一窗口面对客户，有利于挖掘追加销售和交叉销售的机会	对于企业整合内部资源、跨部门协调的能力要求很高，否则无法为客户提供跨产品线、地区的服务及产品

2018年，任正非带领华为高层经过近一年的酝酿和研讨，最终由人力资源委员会纲要工作组初步拟订了《华为公司人力资源管理纲要2.0总纲（公开讨论稿）》。其中指出，在经过30年持续努力取得伟大成就的同时，组织队形变化渐渐落后于业务变化，过度厚重的过程管控、过于复杂的权责分配严重影响了组织价值创造的能动性与运作效率。这揭露了当前华为组织结构与企业战略的不匹配。为确保公司始终充满活力，华为强调要逐步构建聚焦客户、灵活敏捷、协同共进的组织结构以适应业务战略实施的需求。

华为通过设计"拧麻花"的混合式组织结构，保持组织高度的灵活性与流动性，有效匹配企业的发展战略，支撑战略目标的实现。

按照现代管理学之父彼得·德鲁克的理论，企业的业务单位应尽可能按照利润中心进行定位和运作。那么在产品线以及市场的区域销售组织对利润的权责不对等的情况下，怎么运作利润中心呢？华为的做法是，把市场体系按照区域这个主维度来划分销售组织，将区域销售组织定位成利润中心，按照利润中心的方式来核算、考核以及激励；把研发体系按照产品来划分产品开发组织，将产品线定位成利润中心，也是按照利润中心的方式来核算、考核以及激励。

销售组织分产品的收入、利润和经营活动净现金流，同时也是产品体系分产品线的收入、利润和经营活动净现金流；产品线降低成本、快速向市场推出优质、满足客户需求的、有竞争力的产品，由此带来的利润、收入和现金流增长，同时也是对积极销售其产品的区域销售组织的绩效的贡献。两大利润中心体系相互协同，共同将收入、利润和现金流做大。

这两大利润中心体系经营单位的划分标准是不一样的，市场体系是按区域维度划分的，研发体系是按产品维度划分的，两者并不一一对应。另外，从端到端的整体视角来看，经营单位既不是简单地按产品划分的，也不是简单地按区域或客户划分的，但它又同时兼顾了这两种或多种维度划分经营组织的优点，而且，重要的是符合华为公司的市场和技术实际。

对这种组织设置，华为有一个形象的说法，叫"拧麻花"：从整体上来看是不对称的，不是产品线上一直打通，也不是区域客户维度一直打通，而是在产品线和区域客户维度的中间"拧"了一下，即将中间环节的采购、供应链交付等作为准利润中心进行缓冲。

这样的责任中心设置具体怎么运作？比如，在产品线上，华为在组织架构上引入了产品线运作管理部和运作管理办公室的两级协调组织。这样，产品线无法直接协调和控制公共平台资源。这些资源都提交到运作管理办公室，由其纳入统一计划来统一协调。产品线只要把要求、资源的需求等准确地提到运作管理办公室，由运作管理办公室来统一完成。产品线除了参与公司的运作例会，还会跟踪计划的执行，积极反馈执行中的问题，推动问题的及时解决。这样，靠统一计划、统一指挥、统一协调和统一考核，华为贯彻了权责对等、统一指挥的组织原则。通过构建这样一种连带责任、不对称衔接的组织体制，华为有效地避免了产品线与销售利润区域组织在对接上不必要的互相掣肘。

正如彼得·德鲁克所言："组织结构是实现组织的各种目标的一种手段，为了确保效率和合理性，必须使组织结构与组织战略相适应。"企业要根据战略发展的需求，适时调整组织结构。

2.1.2　SDBE 领先模型下组织设计的全景图

组织设计是指企业的管理者将组织内各要素进行合理组合，建立和实施一种特定组织结构的过程。在 SDBE 领先模型下，企业要先定愿景、定使命、定战略目标，然后再进行组织设计。战略目标有变化、组织设计有变化时，组织、流程和人员也会发生变化。

根据多年的咨询工作实践，我们团队认为组织设计是一个动态的工作过程，包含了众多的工作内容，而科学的组织设计要根据组织设计的内在规律性有步骤地进行。为此，我们总结了 SDBE 组织设计的全景作业图。

如图 2-1 所示，组织设计的整体框架包括理解诉求、现状分析、高阶分析、详细设计、实施与优化五个部分。

主要输出	理解诉求	现状分析	高阶分析	详细设计	实施与优化
	◆战略诉求 ·战略意图 ◆业务诉求 ·业务定位 ·业务布局 ·业务运作模式与周边接口 ◆组织诉求 ·组织定位 ·组织运作模式与周边接口	◆组织与业务的匹配分析 ·组织定位 ·组织形态 ·组织职责（缺位、重叠、划分不清） ◆运作与协同分析 ·运营分析 ·运作规范与授权 ·协同分析 ◆对标分析	◆优化原则和方向 ·优化原则 ·优化方向 ◆高阶框架选择 ·组织模型 ·整体组织结构框架和关键职责	◆设计完整的组织架构 ·组织主要职责 ·组织绩效KPI ◆高阶框架的选择 ·汇报与考核关系 ·关键岗位职责与考核 ·关键岗位能力提升 ◆设计运作和协同机制 ·运作规范（含授权） ·组织迁移计划 ·风险及防范	◆立项与实施规则 ·成立实施项目组 ·实施规划及方案设计 ◆变革沟通与实施 ·风险评估及沟通计划 ·变革沟通 ·组织实现 ·组织/人员的切换 ·人员配置与任命 ◆总结与优化 ·运行与总结评估 ·持续优化
	◆业务对流程的诉求 ◆流程对组织的诉求	◆组织与流程匹配分析 ◆业务/流程效率分析 ◆对标分析	◆匹配组织的流程与授权高阶框架	◆组织与流程匹配 ◆流程与授权方案梳理	◆流程与IT实现 ◆流程赋能

图 2-1　SDBE 组织设计方法框架和全景图

（1）理解诉求：①理解战略诉求，如公司的战略意图；②业务诉求，如业务定位、业务布局、业务运作模式与周边接口；③理解组织诉求，如组织定位、组织运作模式与周边接口。

（2）现状分析：①组织与业务的匹配分析，如组织定位、组织形态、组织职责（缺位、重叠、划分不清）；②运作与协同分析，如运营分析、运作规范与授权，协同分析；③对标分析。

（3）高阶分析：①分析优化原则和方向；②高阶框架选择，包括组织模型、整体组织结构框架和关键职责。

（4）详细设计：①设计完整的组织架构，包括组织主要职责、组织绩效KPI；②高阶框架的选择，包括汇报与考核关系、关键岗位职责与考核、关键岗位能力提升；③设计运作和协同机制，包括运作规范、组织迁移计划、风险及防范。

（5）实施与优化：①立项与实施规则，包括成立实施项目组、实施规划及方案设计；②变革沟通与实施，包括风险评估及沟通计划、变革沟通、组织实现、组织和人员的切换、人员配置与任命；③总结与优化，包括运行与总结评估、持续优化。

作者及团队在给很多企业做咨询工作时，发现很多客户的组织都是"自然生长"出来的，没有经过顶层设计。企业发展到一定阶段，这种自然生长的组织及运作机制，将不可避免地对企业的发展产生阻碍。

企业在进行组织诊断和优化设计时，需遵循以下原则：

1. 匹配企业的发展战略

组织是实现公司战略的载体，组织架构的形式和管理标准均出于公司战略的要求。在为企业进行组织设计时，应紧扣企业战略构想和商业设计，充分考虑企业在 SP/BP 中未来 3 到 5 年要从事的行业及客户的特点、财务规模、技术和产品发展以及人力资源配置等，与企业发展战略相匹配，并随着公司战略的变化而进行动态的调整和完善。

2. 支撑企业商业设计的实现

任何企业组织都不能凭空存在，都是为了实现一定的商业设计，并服务于客户价值的创造、传递和获取。组织的商业设计，必将在很大程度上对内部的结构形式产生影响，因此企业组织结构的设计或调整，在谋求企业内外部资源优化配置的同时，要能够充分支撑起企业的商业设计，以保障组织各类目标的达成。

3. 均衡稳定原则

企业的各级组织是由各有特点和专长的团队或个体组成的。企业在进行组织结构设计时，要考虑到人的心理和情绪等软性因素对组织效率的影响，需要有一定的向前包容性，在一定时间内保持均衡稳定，不能频繁地裁撤或合并部门。有些工作可以先以项目组或临时工作组的形式，在团队内稳定进行一段时间后再进行组织固化，以减轻组织频繁调整的不良反馈。

组织设计除了要遵循一定的原则，还要注意一些要素，如表 2-2 所示。

表 2-2 组织设计需注意的要素

要素	说明
组织的规模	组织的规模是指组织人员的数量以及这些人员间的相互作用关系。组织的规模不是越大越好，而是要与组织的业务战略、业务节奏和发展阶段相匹配
组织的形态	组织的形态是指企业不同部门或不同工种的人员数量分布。根据组织内不同的部门或员工分布形态，其员工的学历结构、成本结构、人员招聘、管理方式均存在较大的不同，企业的商业设计和核心竞争力的构建也会有很大不同，企业在进行组织设计和管理需要注意这点

续表

要素	说明
组织的布局	企业的布局指的是物理上企业力量和构成的布局，主要是部门和人员在物理上的布局。很多企业因组织布局不当，而导致成本上升和效率下降的问题。在组织的布局方面，企业应注意：①企业在发展初期，尽量不要考虑进行物理上的隔离，尤其是异地布局；②对公司的业务流程需要紧密配合的部门或团队，也不要在物理上进行隔离，以免影响效率；③根据企业自身的特点，谨慎地选择实际的运作地点
组织的成本与效率	组织设计和管理对企业的战略展开和经营计划执行，都要有一定的前瞻性和匹配性，之后的组织架构和岗位设置会影响公司业务的发展，但配置超前而业务没有跟上也会造成浪费和内耗

组织设计的根本依据是企业的发展战略和商业设计，企业在特定的时期内，要完成什么样的战略目标和经营计划，决定了企业经营的核心和方向。组织的设计逻辑一定要致力于提升整个组织内部信息的共享效率、流通效率以及更好地匹配客户，并且能够嵌入客户流程，能够全面地与客户的各种运作相匹配，最终实现组织的战略目标。

2.1.3 以客户为中心，持续优化组织

当今世界，唯一不变的，或许就只有变化本身。一个组织要想生存、发展与壮大，就要及时随着内外部环境的变化适时调整自己的目标和结构。如果组织只在一条航道上发展，就容易形成惯性，一旦面临环境变化，就很可能遭遇失败。

实践中，市场环境、客户需求是不断演变的。在这样的前提下，企业就要不断以客户为导向对组织进行适当调整，以牵引组织持续前行，实现企业的可持续发展。以客户为导向设计的组织通常有以下三大优势：

1. 决策链短，对竞争环境的不确定性，可以快速做出反应

在面对复杂、动态的外部环境时，企业能否快速感知环境因素的变化，快速做出反应并及时调整，是关系企业生存发展的关键。

2. 可以更好地满足客户的差异化需求

以客户为导向设计的组织，其权力注重向一线倾斜，后方平台提供充分的支持。一线拥有调动资源、及时决策的权力，有利于企业加强对当地市场

的组织和管理能力，及时捕捉当地市场信息，快速响应和及时满足客户需求。

3. 可以促进产品的差异化演进

当组织能及时掌握客户的差异化需求时，就可以根据不同的客户需求研发设计不同的新产品，推进产品多元化发展。

【案例】杜邦公司组织变革

杜邦公司成立于1802年，迄今为止已有200多年的发展历史。2013年4月，美国著名的《城市与乡村》杂志评选出当时美国50个"最卓越的家族"，其中杜邦家族获得"最持久不衰家族"称号。在其百余年的发展历程中，杜邦公司的组织结构经历了直线型、职能型、事业部型、矩阵型等不同组织结构形式的变化。直到20世纪末，杜邦开始向流程型组织转变。

杜邦公司成立之初主要制造黑火药，而后成为高性能炸药的制造商。在第一个百年中，杜邦出现了第一位标志性人物：亨利·杜邦。亨利毕业于西点军校，对公司实行军事化管理。在亨利长达39年的领导任期内，杜邦公司采取的是直线型组织架构，权力高度集中，所有决策均由亨利亲自决定。

1889年，亨利逝世，尤金·杜邦继位。尤金与亨利相比，管理能力较弱，这使公司一度陷入混乱。1902年，在杜邦百年大庆之际，尤金突然去世。于是艾尔弗雷德·伊雷内·杜邦与另外两位堂兄弟携手接班。艾尔弗雷德时期，杜邦开始探索集团式经营管理体制，打造直线职能型组织结构。在此管理体制的保障下，杜邦开始进行多元化拓展。随着多元化经营范围的不断扩大，1920年杜邦设计了多分部组织结构，即按不同产品和业务划分事业部，这也是事业部型组织结构的来源。

随着杜邦公司的产品数目和业务范围的不断扩大，事业部数量随之不断增加。在此背景下，各事业部各自为政的现象日益严重，这严重降低了公司的运营效率。为了提升组织的灵活性，1954—1956年，杜邦设计了事业部制矩阵组织结构，以此加强事业部之间的横向联合，这也促使公司的管理模式由垂直管理向横向管理演进。此时，流程化运作开始在杜邦发挥作用。

进入21世纪后，为了满足不断变化的市场需求，杜邦确立了以客户为中心的发展理念，并推进流程化组织变革。杜邦在其内部通过业务流程将不同的价值创造团队连接起来，共同为客户创造价值。流程化组织结构使杜邦的管理更加扁平化、灵活化，有效提高了对客户需求的响应速度。

如今，在激烈的市场竞争下，很多优秀的企业都紧跟环境变化，以客户为中心，持续优化组织，向外界汲取能量，促使组织始终保持高效的作战能力，进而抓住市场战略机会，打造领先优势。

2.2 六力模型下的组织诊断

爱因斯坦说过："提出问题比解决问题更重要。"基于SDBE六力模型，企业在发展的每个阶段都应该进行周期性的组织诊断，发现组织存在的问题，为企业找准发展的方向，确保企业组织能力的稳固与提升。

2.2.1 组织诊断的内涵与作用

随着企业外部环境的不确定性增加，企业面临的困难和问题也变得越来越复杂。企业需要定期进行组织诊断，对企业现状进行评估、分析，及时发现并解决目前存在的问题，使企业能够实现健康可持续发展。

组织诊断是指在对组织的战略、架构、运营、文化、人才以及环境等因素的综合或专项分析与评估的基础上，确定组织是否需要变革，并撰写建设性的诊断报告，提出一系列改进措施的活动。

从组织发展的角度上看，各个核心要素之间性质存在差异，适应市场形势调整的快慢也有区别。某些要素的迅速变化被其他要素所制约，造成不平衡、不匹配的情况，进而以问题的形式呈现出来。笔者认为，组织诊断可以围绕战略、组织水平、管理支撑三个核心维度来展开，如表2-3所示。

表2-3　组织诊断的三个核心维度

维度		解释
战略	战略一致性	公司上下的战略目标是否一致
	战略认可度	员工是否理解、认同战略目标
组织水平	客户导向	产品、服务是否满足客户需求
	创新性	公司是否鼓励支持团队创新
	敏捷度	公司能否快速感知市场变化

续表

维度		解释
组织水平	成本	公司是否注重降低成本
	品质	公司是否注重产品和服务质量
	执行力	战略计划能否被高效执行
管理支撑	组织结构	公司部门分工和协作是否高效
	信息沟通	公司的信息交流渠道是否畅通
	流程管理	公司管理系统能否支撑业务作战需要

第一个维度：战略。战略是来明确方向与共识的，是组织中长期的目标和定位。美国战略管理专家哈默尔和普拉哈拉德曾说："一个雄心勃勃的宏伟梦想，是企业的动力之源，能够为企业带来情感和智能上的双重能量，借此企业才能迈上未来的成功之旅。"

第二个维度：组织水平。战略要在组织中落地，还要依靠较高的组织水平，资源的配备、人员的协调、产品的优化、机遇的把控等组织活动全要依托组织水平的提升来实现。

第三个维度：管理支撑。物理学家薛定谔曾做过一个形象的比喻，他将组织比作人体，组织架构就是人的骨架，而组织的众多管理支撑机制就是一个个器官。正是这些关键的管理系统和流程设计的运转与动态优化，才能确保组织整体的常态化发展。

三个核心维度内在逻辑紧密且架构全面清晰，能够帮助企业快速完成对组织问题的梳理和整体判断。在梳理完组织问题后，需要对问题进行诊断分析，深挖企业经营和管理问题的本质原因，找出问题背后的经营要素，这样企业才能找准变革突破口，从根本上解决问题。

1998年，华为对外开始抢占产品市场份额，对内《华为基本法》酝酿而成，整个企业呈现一派欣欣向荣的景象，但管理仍是制约华为发展的显著问题。任正非邀请了IBM顾问前来深圳总部开展调查，顾问在对华为进行了系统而细致的调研访谈后，对资料进行了深度分析，给出了十分尖锐的诊断结论，如表2-4所示。

表 2-4　IBM 顾问对华为管理问题的诊断（部分）

序号	问题
1	缺乏准确、前瞻的客户需求关注，反复做无用功，浪费资源，提高了成本
2	没有跨部门的结构化流程，各部门都有自己的流程，但部门之间流程靠人工衔接，运作割裂
3	组织上存在本位主义和部门墙，各自为政，造成内耗
4	专业技能不足，操作不规范
5	依赖英雄，但英雄的成功难以复制
6	项目计划无效，项目实施混乱，无变更控制，版本泛滥

诊断报告会上，在 IBM 顾问直言不讳地指出华为目前的管理问题后，任正非表情凝重，因为这正是华为的症结所在。于是，他示意顾问暂停汇报，然后将公司其他副总裁和总监级干部全部叫到会场。由于位置有限，大家就席地而坐。汇报结束后，任正非庆幸道："这次请 IBM 当老师请对了。华为就是要请这种敢骂我们、敢跟我们叫板的顾问来做项目。"

组织诊断遵循以事实为依据、严格结构化、以假设为导向的原则，通过系统的方法让企业认识到组织现状，帮助企业更加客观、全面、准确地看待自身问题，厘清问题脉络，进而确定优化方向，使企业摆脱管理困境，提升综合竞争力。

2.2.2　基于六力模型，开展组织诊断

一般企业通常是在组织模式无法承接企业业务发展时，才开始被动地开展组织诊断。实际上，企业应该周期性地进行组织诊断，让组织朝着熵减的方向发展，从而延长企业的生命周期。

SDBE 领先模型涉及的组织系统要素特别全面，可以用于企业开展周期性的组织诊断。SDBE 领先模型共有六部分，为了进行组织诊断，主要关注战略与执行部分，这两部分的对比形成公司现状与期望之间的差距，这就为组织诊断提供了切入点。

SDBE 领先模型中战略规划（SP）模块，分为四个相互影响、相互作用的核心维度，分别是价值洞察、战略构想、创新组合和商业设计，企业领导

团队应从这四个方面系统思考、切实分析应该如何制定组织战略。

（1）价值洞察：通过执行"五看"——"看宏观、看行业、看客户、看对手、看自己"等标准动作，洞察客户需求、竞争对手情况、内部发展瓶颈、市场行情变化以确认企业未来面临的机遇与挑战，勘测市场环境状况对企业未来战略重点的影响。

（2）战略构想：通过"四定"——"定愿景、定使命、定战略目标、定发展阶段里程碑"，确定企业战略经营活动预期取得的主要结果。

（3）创新组合：在实现战略目标的过程中，采用与之前不同的创新手段及其组合，包括但不限于在产品技术、制度流程、商业模式和运营方式等各方面的创新。其目的是为企业竞争力创造新的增值点，缩短现状与目标间的差距，应对市场变化，实现战略构想。

（4）商业设计：厘清如何利用组织内部能力探索战略控制点，是战略规划环节的落脚点，也是战略解码的出发点。商业设计的六个核心要素：客户选择、价值主张、价值获取、活动范围、战略控制和风险管理。

组织战略的规划与执行密不可分，为了支撑战略的落地，强大的组织能力不可或缺，正如任正非所说："企业经营要想成功，战略和执行力缺一不可。"SDBE领先模型中，执行管理模块包括流程、组织、人才、绩效四个部分，为战略执行提供支持保障。

1. 为战略执行提供系统支持

这里的组织指的是广义的组织系统，即包括完整的组织架构、业务流程、运营管理、规章制度等内容。战略调整并不只是简单地调整战略目标，更重要的是对组织架构做出调整，以及管理团队是否要随之变动、考核方式如何改变。

根据业务设计要求所制定的必要任务行动，想要得到有效执行，就必须让组织内权责统一，让制度流程、运营管理发挥足够的支撑作用。

2. 为战略执行提供人力资源支持

在企业战略规划和经营计划确定下来之后，人才的任用及其能力的发挥，将是影响企业经营结果的重要因素。企业想实现飞速发展必然要依靠核心团队的精英人才，要让各类人才在各自的岗位上人尽其才。

企业要做好人才管理，高效完成人才的"选育用留"，搭建人才发展平台，使其在合适岗位上施展才华，发挥人才的最大效用，真正为战略执行作出贡献。

企业在成长的过程中，应根据自身实际发展情况，因时制宜，选择合适的组织诊断模型，对组织问题进行诊断，及时发现不足并进行改善，从而不断提升管理水平和应变能力。

2.3 组织变革：保持组织活力的法宝

一个组织能持续保持活力，就需要不断进行组织变革。在过去的三十多年中，华为能够持续获得成功，主要在于其持续进行组织变革，突破组织桎梏，不断向前发展。

2.3.1 组织变革是"一把手工程"

一个公司变革的思想常常源自一到两位公司高层管理者。IBM 在 2014 年对 48 个国家的企业进行了一项名为"成功变革之路"的调研，期间总共做了 1390 次的访谈以及在线调查。经过统计分析后 IBM 发现：在企业成功变革的重要因素排名中，位居第一的是高层领导对变革的支持力度。

组织变革是"一把手工程"，也就是说组织变革是需要公司的核心领导亲自挂帅的，变革的主推者必须是企业的核心领导或实际掌权者，否则变革到最后必然会走向失败。在华为的变革中，CEO 和高管团队深度参与并领导变革，是管理变革的发起者、领导者与捍卫者。

组织变革需要公司投入大量的金钱、时间和精力，同时还可能面临公司业绩波动、公司市值下降、员工不理解等各种挑战，所以非常考验一把手的决心、勇气和意志。就像任正非说的："做一件正确的事不难，但是持续做一件正确的事非常不易，这就需要管理者拥有坚定变革的意志和决心。"

【案例】华为 IPD 项目变革

IPD 变革项目刚启动的时候，华为的一些干部存在抵触心理。这些干部中有不少都是名校 MBA 出身，干过多年职业经理，有自己的管理理念，并且最重要的是，华为业绩是他们亲自做出来的，因此他们很难容忍这些"外来和尚"对他们指手画脚。

在一片反对声中，任正非说了两句对 IPD 变革成功极其重要的话："削华为的足，适 IMB 的履；谁跟华为的变革过不去，我就跟谁过不去。"任正非提出，IPD 变革由顾问全权负责，把不服从指挥、耍小聪明的，开除出项目组，并给予降职、降薪处理。不积极配合的高级干部被免职的有十来个人。在任正非看来，把顾问请进来但大家却不信任，还不如不请。为了最大程度地发挥顾问的价值，华为安排最好的位置给顾问，车接车送。许多华为人都疑虑：花那么多钱到底值不值？

IPD 项目实施到最关键的时刻，IBM 接近三百位资深顾问入驻华为，这些顾问中每一个都是能独当一面的好手，有不少在 IBM 做过研发项目的资深经理。这些顾问手把手、一对一地教华为项目经理如何实施 IPD 项目。

尽管在这期间发生了华为研发高层集体出走事件，但 IPD 项目因为顾问的大力投入，不仅没有中断，反而以体系的力量扛起了运作的重任。任正非认为，花 5 亿多元请全球最顶尖的 200 多个专家来做顾问还是值得的，如果按员工身份聘用他们，工资费用肯定比这个高。

正是在高层领导的大力支持下，华为的 IPD 变革取得了显著成果：2008年，在 IPD 实施十年之后，华为销售收入增长二十倍，研发周期缩短近一半，研发成本降低三成。

在华为的发展历程中，能够体现企业家的变革意志和决心对华为产生巨大影响的事件不胜枚举，尤其是不惜重金聘请全球顶尖咨询公司的专家来帮助华为推行管理变革，其中包括 IPD 变革、ISC 变革、财经管理变革、营销体系变革、组织结构变革、战略变革以及人力资源变革等。如果企业最高层领导没有强大的变革意志力，那华为的管理变革就不会推行得如此顺利，华为也不会建立起今天的国际化管理体系。

任正非曾说："危机的到来是不知不觉的，如果你们没有宽广的胸怀，就不可能正确对待变革。如果不能正确对待变革、抵制变革，公司就会死亡。"这句话是说给华为人听的，同样也是说给所有企业管理者听的。如果你没有勇气去面对变革，主动去尝试变革，那么，你的组织就会被时代淘汰，这并不是危言耸听，而是历史发展的必然趋势。

2.3.2 做好变革管理，确保组织变革有序推进

无法落地的变革都是纸上谈兵，通用电气前总裁杰克·韦尔奇曾表示："在每次变革前，都要制订清晰的目标；建立支持改革的团队；清除反抗者；抓住每一个机会，包括那些源自其他人的不幸的机会。"

华为将企业变革定义成一种正式、正规的重大事件，通过成立变革机构，明确变革步骤，并把公司的愿景以书面形式公布出来，从而实现领导层和员工层在思路上的统一，促进公司整体协作，确保变革有序推进，从点到线、从线到面形成完整的变革成果，实现科学的组织变革。

变革是一项复杂的系统过程，如果企业想要实施组织变革并希望把变革的目标落到实地，就需要强有力的组织保证。华为在变革中会设立变革指导委员会（RSC）、变革项目管理办公室（PMO）、变革项目组三个层级的变革机构，以保障变革的顺利实施与推进。

变革指导委员会：变革指导委员会的成员都是由来自企业各一级部门的一把手。变革指导委员会主要负责变革项目中阶段性、关键性的重大决策，从战略层面上确保变革朝着正确的方向推进。

变革项目管理办公室：变革项目管理办公室是变革指导委员会的常设机构，其成员都是有成功业务经验的专业人员。变革项目管理办公室的主要职责是收集变革需求，组织变革项目的立项评审；统筹不同项目组之间的资源调配、协调沟通，避免可能发生的组织冲突；推进多个变革项目和组织实施项目的考评与激励，以及其他变革过程中的具体事务等。

变革项目组：变革项目组的成员来自公司各部门，是真正打通企业变革"最后一公里"的机构。在华为，每一个变革项目都有一个"项目赞助人"，该赞助人通常由公司副总裁或更高层级的管理者来担任。变革项目组的主要职责是对项目目标承担全部责任，以及对变革的业务目标承担责任，因为变革说到底是为业务服务的。同时，变革项目组还要确保解决在项目进展过程中产生的风险和变化带来的问题，尽量减少变革对公司当前业务的影响。

知道怎样变革比知道为什么变革和变革什么更为重要。华为基于自身多年持续变革的实践经验，归纳总结了具有华为特色的变革八步法，如表2-5所示。

表 2-5　华为变革八步法

华为变革八步法	IPD 产品研发体系改革
1. 营造足够的变革紧迫感 （1）要说服至少 75% 的管理者，让他们相信现状比想象的更危险 （2）认真考察市场和竞争情况 （3）找出并讨论企业当前的危机、潜在的危机和重大机会	发表《华为的冬天》，树立危机意识
2. 组建强大的变革领导团队 （1）建立一个强有力的变革领导团队 （2）让变革领导团队协同作战	任命变革指导委员会
3. 树立明晰的愿景战略 （1）言简意赅地描述清晰变革愿景，指导变革 （2）制定实现愿景的战略	印发 5000 本宣传手册
4. 沟通并传播变革愿景 （1）利用所有可能的传媒手段和渠道，持续沟通和传达新的愿景和战略 （2）变革领导团队要做出表率，言出必行	开展 48 期变革研讨会
5. 及时移除变革阻力 （1）适时变更阻碍变革愿景的制度系统和组织结构 （2）鼓励冒险精神和打破常规的观念、活动和行为	授权行动 任命分层推行团队
6. 系统规划并取得短期成果 （1）寻求不需要争取强烈反对者的支持即能实现的短期目标 （2）全面分析制定的短期目标，确保能够顺利达成 （3）公开表扬和奖励为变革短期胜利作出贡献的员工	采用试点推行方式
7. 促进变革的深入 （1）总结当前阶段的变革成果，如：在华为会采用 TPM（变革进展指标）来衡量变革进展情况 （2）用新的项目、主题和新变革推动者，来激励和促进变革深入	流程持续优化升级
8. 固化变革成果，形成制度，融入企业文化 （1）阐述变革取得的成果与成功之间的关系 （2）要以制度化的方式把变革融入企业文化	客户需求导向文化

华为变革都是按照规范化的变革程序来推进的，变革八步法的基因已经深深植入华为的企业程序当中，这是华为变革持续成功的关键之一。同时，这也在一定程度为其他企业提供了很好的方法借鉴。

2.3.3　利用变革项目激励，巩固变革成果

为更好地激发变革团队活力，保证项目目标的达成，支撑公司持续发

展，华为会在变革后评估变革项目的效果，并根据变革项目效果实行项目激励。

华为在衡量项目的变革效果时，采用变革进展指标TPM（Transformation Progress Metrics）来进行评估，然后对照TPM评估标准（如表2-6所示），就能了解目前公司的变革项目处于哪个阶段。华为每年会在评估后制定有针对性的改进计划然后进行追踪，在下一年评估时再回顾当年改进计划的实施效果，制定新一年的改进计划，如此形成闭环，循环往复，持续改进。

表2-6 TPM评估标准

推行程度	级别	推行效果	级别
0.1—1.0	试点级：试点运作，市场与研发存在断点	0.1—1.0	试点级：有成效，但流程存在较大的缺陷
1.1—2.0	推行级：在局部、个别产品线中开始推行	1.1—2.0	推行级：关键衡量指标有部分改进，流程缺陷较小
2.1—3.0	功能级：在大部分产品线中得到应用	2.1—3.0	功能级：大部分衡量指标得到改进，实施有成效
3.1—4.0	集成级：推行完成度超过80%	3.1—4.0	集成级：大多数衡量指标有很大改进，实施非常有成效
4.1—5.0	世界级：完成推行，时刻与新的IPD理念保持一致	4.1—5.0	世界级：实施质量不断提升，竞争力领先

以华为的IPD变革为例，在采用TPM指标来评价IPD变革效果时，主要从业务分层、结构化流程、团队管理、产品开发、有效的衡量标准、项目管理、异步开发、共用基础模块、以用户为中心的设计9个方面来评价。

TPM是运用开放式提问来衡量IPD的推行情况，通过完成问卷得出TPM评分，该分数说明了公司的IPD处于哪个阶段。2016年华为IPD的TPM得分从最初的1.06分提高到了3.6分，已经达到了华为当初制定的3.5分目标。这表示华为的IPD推行已经跳出研发内部，实现了集成周边相关流程并有效运作，为企业实现持续性发展奠定了坚实的基础。

截至2021年，华为的IPD已经优化超过了8个版本，跟20年前相比，已经发生了巨大的变化。华为IPD流程已经成为一个能够自我优化和迭代的机制，推动着华为从偶然的成功不断走向持续的成功。

同时，华为会制定绩效评价办法对所有参与变革项目的人员进行考评和激励。

华为在 IPD 项目变革中，为配合公司变革项目的推进、打破部门壁垒、鼓励管理者和员工投身 IPD 变革，专门制定了《IPD 模式中跨部门团队成员的考核激励制度》。

制度中明确规定：参与 IPD 变革项目的 PDT 经理、PDT 核心组成员、PDT 扩展组成员需同时参与公司统一的季度/年度考核以及项目阶段考核，可同时享受部门季度/年度奖金和项目阶段奖金。项目阶段考核指的是针对参加项目并且投入精力超过 10% 的成员，根据其绩效承诺对阶段性成果进行的考评，一般是在项目的里程碑或大的节点上的评价。项目阶段考评结果严格按照项目各阶段的预定目标达成情况做评价，最终项目组根据项目的阶段考评结果发放项目阶段奖金，团队成员的阶段奖金与团队绩效及个人阶段考核结果直接挂钩。若团队项目阶段目标未达到，则所有项目成员都没有项目阶段奖金。

为了激发变革项目组的活力，华为还会对在变革中绩效表现优秀的员工，优先给予职级提升、加薪等机会；而对于抵制、拒绝变革的采取降职、降薪乃至末位淘汰措施。通过利用变革项目激励，让更多的员工愿意融入变革，在变革中作出贡献，从而巩固变革成果，让企业实现可持续发展。

2.4 华为组织结构的演进

在企业组织演变过程中，直线制、职能制、事业部制、矩阵制等组织结构形式在时间上是存在先后顺序的。一般来说，后一种组织结构在很大程度上是为了解决前一种组织结构中存在的矛盾和问题而产生的，但是它本身又潜藏新的矛盾和问题，于是又引发再后一种组织结构产生。如此不断推动组织结构向前演变，找寻每个阶段最匹配的组织结构，使企业的持续性发展得到保障。

2.4.1 迈向矩阵式组织，保障高效作战能力

华为刚成立时，员工数量少，部门功能单一，研发的产品种类也比较单

一,因此此时华为主要是通过直线制来进行企业管理,还谈不上什么组织结构。到了 1991 年,公司员工数也才发展到 50 多个人。尽管有组织结构,但是也是国内中小企业经常采用的直线型组织结构,所有一级部门负责人直接向任正非汇报。

这种权责分明、协调容易、反应快速的组织结构,使华为在创业初期迅速完成了原始资产积累。到了 1994 年,华为员工人数增长至 600 多人,销售收入突破 8 亿元人民币大关,同时公司的产品也从单一的交换机转向其他数据通信产品机以及移动通信产品,市场范围遍及全国,此时单一的直线制组织结构的缺陷日益凸显:没有专门的职能机构、管理者负担过重、部门间协调性差等,由此华为开始由直线型组织结构向直线职能制组织结构转变,除了有业务流程部门,比如中研总部、市场总部、制造部;也设立了支撑流程部门,比如财经系统、行政管理部等,此阶段华为的组织结构大致如图 2-2 所示。

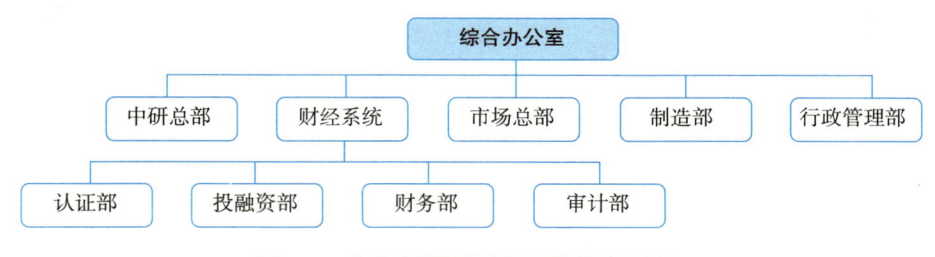

图 2-2 华为直线职能制组织结构(示例)

1998 年,华为的销售额已经达到 89 亿元,员工数量已经达到了 9500 人。到 2000 年,销售额突破 200 亿元,连续五年增长率都达到 100%。

随着人员数量与业务复杂度的不断增加,公司效率却始终无法提升,反而是这种直线职能制组织结构的缺点日益凸显:第一,大权集中于一个人,做任何决策都要层层上报。同样地,公司的战略也需要通过各部门的管理者层层往下传递,致使公司决策与执行的低效率,不能及时对市场的变化做出反应;第二,职能部门间缺乏有效的交流与沟通,内部信息传达不顺畅,各部门处于各自为战的状态,导致很多工作或决策需要各级领导去推动协调,管理效率低下:研发部不知道市场部的需求,市场部也不知道研发部的进度。

因此华为从 1998 年初开始进行组织结构的调整，当时有一家国际咨询公司的顾问建议华为参照 GE（通用电气），采用事业部制。因为 GE 采用事业部制后，业务发展很好。可是任正非在仔细研究了事业部制模式以后，否决了这个建议。他给出了下面两个理由：

第一，事业部制就像古代的诸侯分封制一样，每个部门都有自己的小家，都会打自己的小算盘。到时外部还没乱，组织内部就先乱了。比如，汉朝初年的七国之乱。如果把事业部制放到企业中，也会让公司在大的战略方向上难以"力出一孔"。

第二，华为的客户集中度高，技术共享性强。一旦设置事业部，那么就会把客户资源给割裂，把研发的技术体系割裂；而且在事业部制度下，移动部门只提供无线的方案，固网部门提供固网的方案，业务软件部只提供软件的方案，那就没有谁能为客户提供整体而又全面的解决方案，违背了华为战略聚焦的原则。

相比较而言，矩阵式组织结构能比较好地解决以上两个问题，因此华为直接选用了矩阵式组织结构模式，建立了事业部与地区部相结合的二维矩阵式组织结构，如图 2-3 所示。

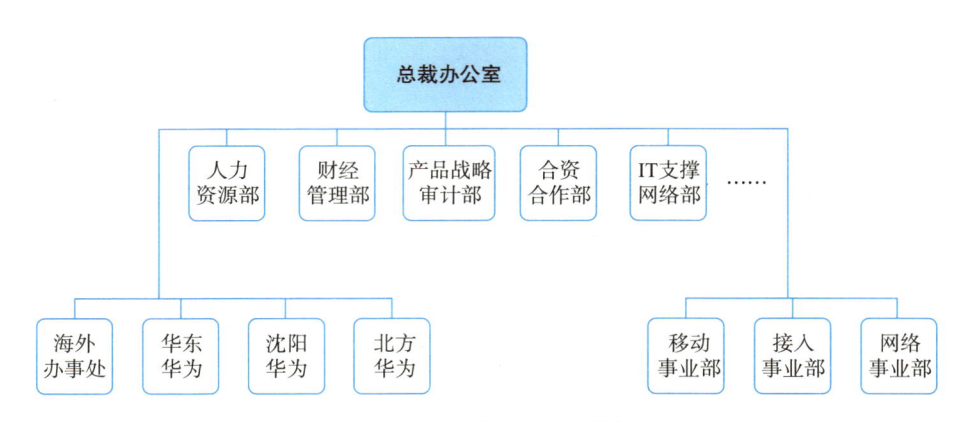

图 2-3 华为矩阵式组织结构

在此后的 10 年里，华为结合公司战略的调整，不断优化公司的组织结构，其矩阵结构也由最初的二维矩阵发展为多维矩阵。华为矩阵式的组织结构，是其按照战略决定组织的原则建立起来的，顺应了华为经营战略对组织运作方式的需要。华为构建的客户、产品与区域多维协同作战的矩阵式组织具有如下三个显著特点：

（1）支撑战略、客户导向。贴近客户来配置组织，可以及时捕捉到当地市场信息，快速响应和满足客户需求。

（2）流程驱动，决策高效。流程自动化运转，不需要依靠行政指令；沿着流程分配责任与权力。

（3）集中与分散的合理组合。向一线授权，同时构建专业能力大平台支撑一线作战；华为各 BG 是面向特定的客户群的，以营销、产品以及绩效管理为主的组织。

华为的矩阵式组织结构既不完全是集权的，也不光是去中心化、分布式的，它是把集中式和分布式整合到了一起，既有分权、放权，又有约束、监控，是健康可靠但又具有灵活性的结构。这使得华为既具备了大公司的规模优势，还在某种程度上保持了小公司的灵活性，保障了组织的高效作战能力，有力支撑了公司的业务发展。

2.4.2　打造高效协同的流程化组织

作为一家传统通信设备商，华为虽然保持着高速增长的趋势，却始终保持着强烈的危机意识。在面对 IT 领域和 CT 领域融合的趋势，在 2010 年华为云计算研讨会上，华为第一次提出了"云、管、端"一体化战略，对公司整体战略进行了重大调整，从单纯的 CT 产业向整个 ICT 产业扩展，打通网络管道，形成"云、管、端"三位一体化。

"云、管、端"一体化战略中的"云"是企业 EBG，面向企业经营基础网络、企业通信、数据中心、行业应用等产品解决方案，并提供基于云计算技术的数据中心解决方案；"管"是运营商 CNBG，面向中国移动等运营商经营通信设备业务；"端"是消费者 CBG，面向消费者经营手机等终端业务。

在华为追求"云、管、端"一体化的过程中，矩阵型组织结构的弊端开始凸显，具体表现为：

（1）职能部门分工过细，机构重叠、数目众多，造成了大量的资源浪费。

（2）职能部门之间壁垒厚重，信息流不通畅，沟通成本高。组织官僚化，部分员工丧失进取心，只懂得按部就班例行工作。

（3）矩阵组织下负责业务管理的业务线和负责职能管理的资源线相割裂，二者的权责不对等。资源线负责提供"炮弹"，对质量负责，承担的是责任；业务线有"开疆拓土"和"呼唤炮火"的权利，却不对资源直接负责，导致业务线向资源线大量提需求，拖累、拖垮了资源线，同时也对项目目标的达成产生了影响。

为了增强组织的灵活性，保持对客户需求的快速反应能力，华为也进行了新一轮对组织结构的优化调整，由矩阵型组织向流程化组织转变。流程化组织是为了提高对客户需求的反应速度而建立的以业务流程为中心的组织，流程化组织与传统的职能型组织相比，存在很多不同（如表2-7所示）。

表2-7 流程化组织与职能型组织的对比分析

类别	流程化组织	职能型组织
组织架构	扁平化，以流程为中心	垂直化，以职能为中心
运作机制	以客户为导向，着眼端到端的价值创造，连通各部门协同运作	有职能界限，各部门追求局部优化；协调机制不健全
管理方式	分权	集权
沟通方向	垂直与水平相结合	水平

在流程化组织中，每一个管理环节都积极指向客户，着眼端到端的价值创造，连通各部门协同作战，提升组织运作效率，让组织持续保持活力。

【案例】IBM流程化组织建设

1990年，美国著名管理学家迈克尔·哈默在《哈佛商业评论》发表了一篇题为《再造：不是自动化，而是重新开始》的文章，率先提出了"企业再造"的观点。所谓"企业再造"就是以流程为中心，重新设计企业的经营、管理及运作方式。此后，"企业再造""流程再造"成为热门话题。迈克尔·哈默指出："企业的流程和组织出现问题，如果这种根本性问题解决不了，企业早死晚死都得死。"

据悉，从1994年开始，美国3/4的顶尖大公司都展开了再造工程。其中就包括IBM。1993年，郭士纳出任IBM董事长时，IBM正面临空前亏损。为了挽救IBM，郭士纳借助迈克尔·哈默的思想在企业内部对流程展开了全面变革，包括研发流程 IPD（集成产品开发）、供应链流程 ISC（集成供应链）等。IBM 通过流程变革打通了各业务环节，促使组织向流程化组织进化。流程化组织的建设让 IBM 真正实现了以客户为导向，也让 IBM 起死回生。1996 年，IBM 股票升到 145 美元，达到了 9 年来的最高点。

IBM 流程化组织建设的成功经验也被很多优秀企业引入，其中就包括华为。华为在 IBM 的帮助下，进行了流程化组织变革，为华为的飞速发展奠定了坚实的基础。

流程化组织建设对企业发展的作用已经在很多企业中得到了验证。那么，对企业而言，流程化组织究竟有什么优势？

流程化组织的优势至少可以归纳为四个方面：
（1）将以部门为主的管理模式，转变为以业务流程为核心的管理模式，打破了以部门为中心的工作壁垒。
（2）由对人负责转变为对业务负责，改变了权力中心的运作模式，淡化了功能部门的权威。
（3）流程体系较为固定，这样即使员工或管理者出现离职或轮岗等现象，企业运作也不会受到影响。
（4）实现了扁平化管理，简化了组织的层级，降低了管理成本，提升了组织的灵活性。

总体而言，流程化组织是端到端关注客户需求，以客户为中心的组织；是以流程为导向，按照流程来分配责任、权利和角色的组织；是拉通各职能部门协同运作的服务型组织。华为的组织结构转型为流程化组织，能够更及时地对市场变化做出响应，占据市场主动权，使自己立于不败之地。

2.4.3 向项目型组织进化，提高组织敏捷性

华为在建设流程化组织的过程中，为了增强组织灵活性，逐步从中央集权式结构转为总部赋能及监管、前方业务单元权责匹配，目标责任制、自主管控的结构，"让听得见炮火的人呼唤炮火"。

项目是组织存在的基础，也是业务管理的最小单元。任正非曾说："华为将试行以项目为中心的管理方式，逐渐使一线团队拥有更多权力，监管前

移,来配合授权体系的产生。"

2014年华为项目经理峰会上,华为轮值CEO郭平在讲话中指出:公司提出以项目为中心、做好项目经营已经有好几年了,为什么公司要以项目为中心呢?主要原因有三个:

(1)公司设备的增长速度正在放缓。2013年华为固网和电软核都是负增长,无线业务由于LTE的发展,实现了9%左右的增长。但我们看到,在设备增长放缓的同时,整个服务的增长却达到了24%。价值正从设备向服务与软件转移,而服务与软件都是以项目为驱动的。

(2)交付项目数量众多且大项目仍在增长。2013年交付项目总量为8267个,呈现增长的趋势。面对这么多的项目,如果没有一个好的项目经营管理体系支撑,是难以做好公司整体经营管理的。

(3)代表处的规模不断扩大。在2013年,华为有三分之一的海外代表处销售收入超过1亿美元,超过3亿美元的更是达到了24个,代表处管理的跨度和难度越来越大,划小经营管理单元的诉求越来越强烈,甚至有些区域已经自发地开始进行划小经营管理单元的尝试了。"

从以功能为中心运作向以项目为中心运作的转变,不仅能强化项目的价值创造地位,还能激活华为成千上万的作战团队。华为结合自身的发展情况,设计了一种面向客户的以项目为核心的一线作战单元——铁三角组织,通过面对面主动地去对接客户,确保客户需求能够得到快速满足。

【案例】华为铁三角组织

铁三角是指小股特种部队作战的模式,源于军事概念。华为铁三角模式借鉴了美国特种部队的作战经验,其铁三角模式的雏形,最早出现在华为北非地区部苏丹代表处。

当时的苏丹代表处各部门各自为政,信息沟通不畅,协同困难,导致客户投诉、项目投标失败。通过分析总结失败原因,苏丹代表处决定协同客户关系、产品与解决方案、交付与服务,甚至是商务合同、融资回款等部门,组建针对特定客户(群)的项目型管理团队,形成面向客户的以项目为中心的一线作战单元,准确全面地响应客户需求。这种项目型管理团队就被称为"铁三角组织"(如图2-4所示)。

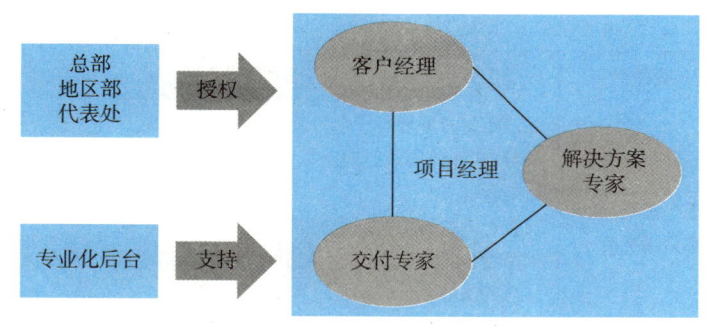

图 2-4　华为铁三角组织

在 2007 年苏丹办事处通过铁三角模式竞得苏丹电信在塞内加尔的移动通信网络项目后，华为开始在全公司推广并完善铁三角模式，逐步形成了由客户经理、解决方案专家、交付专家三个角色组成的铁三角组织。其中，客户经理是项目运作、整体规划、客户平台建设、客户整体满意度、经营指标达成、市场竞争的第一责任人；解决方案专家负责项目的整体产品品牌和解决方案，从解决方案角度来帮助客户成功实现商业规划，对客户群解决方案的业务目标负责；交付专家是项目整体交付与服务的第一责任人。具体如表 2-8 所示。

表 2-8　华为铁三角各角色职责

成员	主要职责	详细介绍
客户经理	负责总体客户关系和营利性销售	负责建立并维护客户关系 管理客户在各种机会点活动中的需求 驱动营利性销售，确保合同顺利签约 负责财务概算和预测、定价策略、融资策略、条款及相关风险识别 制定合同谈判策略，并主导合同谈判；确保交易和 PO 签署、回款以及尾款回款
解决方案专家	负责技术和服务解决方案	负责解决方案策略、规划解决方案、保证解决方案质量、标书总体质量以及提升竞争力 制定满足客户需求的恰当方案，引导客户接受我方方案 确保解决方案与华为产品/服务组合和战略保持协同 准备报价清单，识别解决方案风险以及风险规避措施 负责与客户共同解决有关技术与服务方案的问题 支持客户关系的维护

续表

成员	主要职责	详细介绍
交付专家	负责合同履行的客户满意度	总体负责合同履行、项目管理和服务交付 领导 DPM 协同履行团队在售前阶段进行早期介入，保证合同质量及可交付性 负责合同执行策略以及相关风险的识别和规避 保障合同成功履行（包括开票），确保华为和客户双方都完全履行了合同义务 负责解决与客户之间的履行中可能的争议

铁三角组织被赋予"呼唤炮火"的权力，是目标导向、生死与共、聚焦客户需求的作战单元。用任正非的话说就是："千里之外的炮火支援，胜过千军万马的贴身厮杀。我们公司现在的铁三角，就是通过公司的平台，及时、准确、有效地完成了一系列调节，调动了力量。"

经过多年的持续管理变革，华为在业务运作中已经形成了以项目管理为核心的组织运作模式。华为的项目型组织模式以华为构建的有效的数据、流程、信息交流平台为运行基础，极大地保证了组织运行效率。

2.4.4 成立军团组织，打破组织边界

自 2019 年以来，美国对华为进行了多轮恶意制裁和打压，华为芯片被断供，荣耀被剥离，终端业务持续走低。华为面对内外部市场环境的严峻挑战，2021 年开始组建小而精的"先锋战队"——华为军团，通过集中各个 BG 的精兵强将，形成了对重点行业进行突破的纵向能力，并创造新的增长引擎。

军团模式最早来自谷歌。2019 年，华为总裁办转发了一篇名为《Google 的秘密军团》的文章。这篇文章以通俗易懂的方式解读了谷歌的军团运作模式，并在华为内部引发了热议。为什么有着三万多名员工的微软在创新上却不如不到员工人数两千的谷歌？按照《纽约时报》在 2004 年的说法，谷歌有一个神秘的团队，一个由博士组成的神秘军团。谷歌秉承着"瑞士制造"般追求极致的思想，坚持杀鸡一定要用牛刀，认为一个本科生就能胜任的工作，如果找一个硕士来做，一定会比其他同类公司做得更好。因此将工科博士、科学家、营销专家等汇聚在一个部门，研发一体，实现业务颗粒化。华为就是从谷歌的这种特殊组织形式——军团组织里，看到了新的突破路径。

华为成立军团，是一种组织创新，按照任正非对于军团组织的定义，军

团组织能够"打破现有组织边界，快速集结资源，穿插作战，提升效率，做深做透具体领域，对商业成功负责，为公司多产粮食。"

在传统企业组织架构下，一线业务部门是直接对接客户的部门，它们在拓展业务与服务客户时，需要与各个职能部门，如研发、生产、产品、采购、财务、人事等进行大量的跨部门沟通和协作。这种模式不仅大大影响了运作效率，还容易产生很多弊端：部门间争功诿过，没有人为经营结果真正负责；研发与客户需求传递失真，造成客户不满意甚至流失；一线销售没有权限调动资源响应需求，流程审批烦琐，等等。

军团组织以业务为中心，集合各部门的优秀人才，组成了一支功能齐全的作战队伍，独立执行某一领域的作战任务。因此，军团组织可以有效减少烦琐的沟通环节，缩短作战链条，提升效率。

军团是为胜利而打造的特战队，把各个核心部门的将才，整合在一个个以细分场景（如海关、公路、能源、光伏）为单位的独立部门中。军团组织背靠集团的平台资源，以精干团队、快速反应的强大战斗力，迅速在某个垂直领域实现"集中力量办大事"的效果，强调大力出奇迹、一切为了胜利。军团模式比以往的铁三角组织形式更高级，且更具战略性。

军团组织人员规模较小，通常在百人以下，但人人都是精兵强将。任正非曾说："天才少年就像泥鳅一样，能钻活华为的人才队伍。"而军团也有着钻活组织的能力，它甚至比泥鳅身子更长，通过横向连通，钻活华为庞大的组织。

如图 2-5 所示，军团在更大程度促进了内部组织的横向连通，对比目前的 BG 等组织可以横向延伸得更长，如军团可以连通到基础研究，而 BG 不能；军团可以卖各 BG 的产品，而某一 BG 不能卖其他 BG 的产品。

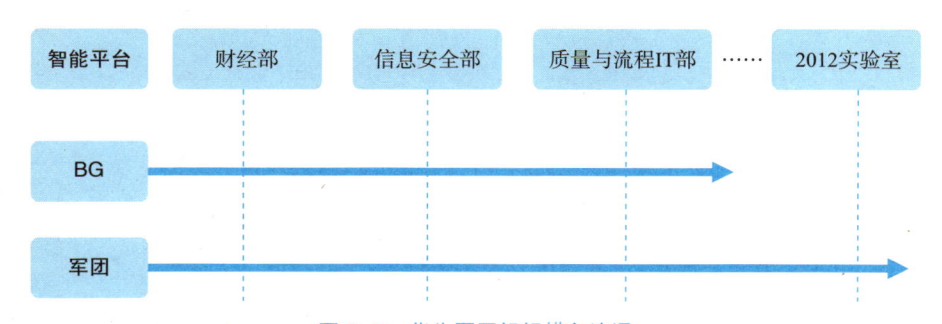

图 2-5 华为军团组织横向连通

从 2021 年 2 月成立首个煤矿军团到现在，华为已成立了二十个军团：煤矿军团、智慧公路军团、海关和港口军团、智能光伏军团、数据中心能源军团、互动媒体（音乐）预备军团、运动健康预备军团、显示芯核预备军团、园区网络预备军团、数据中心网络预备军团、数据中心底座预备军团、站点及模块电源预备军团、机场轨道预备军团、电力数字化服务预备军团、政务一网通副预备军团、数字金融军团、站点能源军团、机器视觉军团、制造行业数字化系统部、公共事业系统部。华为军团已诞生一年多，围绕军团展开的华为新局面也正在逐步打开。

军团的组建可以说是华为在进行的一场深刻的组织变革。华为军团独立建制，一方面打破了传统的组织边界，压缩层级，将各职能下沉到业务一线共同作战，以便快速集结资源；另一方面则是强化了业务边界，明确聚焦各个细分领域，致力于将业务做深做透，取得业务突破，为解决方案打开实质性的市场空间。

阅读心得

第 3 章
人力资源管理

随着经济全球化和知识经济时代的到来,人力资源管理日益成为企业核心竞争力的重要组成部分。先进的人力资源管理能让组织持续充满活力,驱动组织发展。

3.1 人力资源是企业价值增值的重要源泉

人力资源管理要求企业根据发展战略，合理配置人力资源，激发全体员工的活力，发挥员工的潜能和创造力，为企业创造价值。在知识经济时代，人力资源是企业价值增值的重要源泉。

3.1.1 什么都可以不争，人才不能不争

在如今的知识经济时代，市场风云变幻、产品推陈出新快速、竞争日益加剧，许多企业已经意识到人才是企业获取竞争优势的最重要资本。全世界优秀企业对高端人才的争夺已日趋激烈，如阿里巴巴的"星计划"、百度的"少帅计划"、腾讯的"技术大咖"招募等。

自创业以来，任正非就一直注重人才对企业成长的重要性，一直将人才放在重要的位置上。任正非曾说："华为什么都可以缺，人才不能缺；什么都可以少，人才不能少；什么都可以不争，人才不能不争。"

【案例】华为"天才少年"计划

华为"天才少年"计划，是任正非发起的用顶级薪酬去吸引顶尖人才的项目，是华为的顶尖技术人才的培养计划。2019年6月，任正非在公司经营管理团队EMT《20分钟》的讲话中说道："今年我们将从全世界招20～30名天才少年，明年我们还想从世界范围招进200～300名。这些天才少年就像'泥鳅'一样，钻活我们的组织，激活我们的队伍。"

根据华为在2021年年报发布会上所透露的，在2019年和2020年两年时间里，华为招聘了300多名天才少年，这批天才少年年薪都在百万元级别，最高的超过了200万元。2022年4月25日，"华为招聘"发布公开信息，开出5倍以上薪酬面向全世界招募天才少年。招聘信息显示，对应聘者不限学历，不限学校，但要求在数学、计算机、物理、材料等相关领域有特别建树，并有志成为技术领军人物。

【案例】哪有人才，华为就在哪设立研发中心

华为从成立之初，就非常重视对研发的投入。2021年，华为研发费用投入达1427亿元人民币，约占其全年收入的22.4%，从2011年到2021年华为

的累计研发投入达到了8450亿元人民币。

目前,华为已在俄罗斯、法国、英国、美国、德国、日本、印度等国家都设立了研发中心,可以说是哪里有优秀人才,华为就在哪里设立研发中心,以此来参与全球的优秀人才竞争。

俄罗斯是诞生数学家最多的地方之一,早在1999年,华为就在这里设立了以算法为主要研究方向的研发中心。华为俄罗斯研究所的一名数学天才,打通了不同网络制式之间的算法,帮助运营商节省了30%以上的成本,并且更加绿色环保。对算法的重视及投入,让华为取得了在这个领域的领先地位。

法国也是诞生众多数学家的地方,2016年,华为在巴黎也设立了数学研究中心。这是华为继设立俄罗斯研究中心之后,在加强基础科学研究方面尤其是数学算法研究方面的又一重大举措。华为在法国的数学研究中心,聚集了超过80名博士及以上学历的大咖级研发人员,通过与当地研究机构的紧密合作,挖掘和利用法国的基础数学资源,为华为在5G等领域的基础算法研究进一步打下坚实的基础。

华为秉承"炸开人才金字塔"的思想,以开放的胸怀,吸引全世界的优秀人才。通过公司内外最优秀的人对人才进行技术指导、专业辅导和行业引导,并给予他们能充分发挥创造力的战场,使其实现自我价值,从而创造更大的价值。

3.1.2 人力资本增值优先财务资本增值

华为在1998年颁发的《华为基本法》第九条中说:"我们强调人力资本不断增值的目标优先于财务资本增值的目标。"

这是华为跟其他企业相比一个很大的不同点。任正非多次强调:"追求人才比追求资本更重要,有了人才就能创造价值,就能带动资本的迅速增值。"

很多企业也能把人才的发掘和培养放到很高的位置,但思想是否能够持续坚定有力,行动是否能和华为一样迅捷有效,这就要打个问号了。

【案例】在有凤的地方筑巢,而不是筑巢引凤

华为作为全球信息与通信技术行业的领先者,业务遍及全球170多个国家和地区。华为强调在全球进行能力布局,把能力布局在人才聚集的地方。

和一些企业把人才招回国内使用不同，华为是在全球找人才，找到人才后围绕其建立团队，而不一定要把人才招到中国来，即"机构随着人才走，不是人才随着机构走"。用任正非的话来说就是："在有凤的地方筑巢，而不是筑巢引凤。"

华为米兰微波研究中心就是一个例子。隆巴迪是意大利米兰著名的微波研究专家，华为因为他就决定把微波研究中心建在米兰，并围着他建立一个团队。2008年，隆巴迪成为华为的一员，负责华为米兰微波研究中心的筹建，他将与他共事过的、在业界拥有10年甚至20年以上成功经验的优质专家拉进来组建了微波专家核心团队。如今，米兰微波研究中心已经成为华为微波的全球能力中心，引领微波行业的前沿技术研发与应用。

南橘北枳，橘树生长在南方结出橘，生长在北方长出枳。任正非认为，"人才的产生是需要环境的，一个人的创新能力跟他在哪个环境中关系很大。人才离开了生长需要的环境，凤凰就成了鸡，而不再是凤凰。"

华为在米兰建微波研究中心的主要原因是米兰有微波行业环境，米兰是全球知名的微波之乡，有人才、产业环境和高校资源。隆巴迪在那样的环境下，跟别人喝咖啡的时候就能吸收各种信息，而要是让他离开米兰来到中国，那他就失去了关于微波行业的新鲜资讯来源，估计连喝咖啡都不知道跟谁去喝了。

人才的引进，只是华为发展人力资本的第一步。在人才进入到企业后，华为用配套的人才管理政策牵引重金发掘的优秀人才"上战场"，在实战中成长，成为真正的优秀人才，带领华为前进。

任正非曾说："华为的成功，是人才的成功，但人才并不是华为的核心竞争力，对人才进行有效管理的能力，才是华为的核心竞争力。"

华为的人才管理经验值得很多企业借鉴和学习，下面从选才、育才、激才、留才、汰才五个方面来进行简单分析：

1. 选才

人才管理的核心问题是要有可选择的人才，如果企业对员工的能力不满意，却没有可以替代的人才，那么一切管理手段的效果都会大打折扣。因此，华为一直把人才招聘工作放在人才管理整体工作的优先位置。华为通过四个优势来吸引人才：一是通过企业发展愿景和品牌影响力，让人才对未来发展有丰富的想象空间；二是给予人才有竞争力的收入（工资、奖金、TUP

分配和虚拟股收益）；三是给人才提供良好的学习成长平台和丰富的职业发展机会；四是建立并不断完善价值评价与分配制度，努力创造一个公正、公平的人才成长环境。

华为在选人时认为最合适的就是最好的，在华为公司里，"合适"的标准是：企业目前需要什么样的人和岗位需要什么样的人，前者更看重人才的兴趣、态度和个性，后者更偏向人才的能力和素质。企业与人才的双向奔赴，才有可能实现双方共同发展。

2. 育才

任正非说过，"没有实践就没有培训，要从实践出发，学以致用。急用先学，培训士兵时就教炸药包怎么捆、怎么拉导火索，不用讲怎么当元帅。各个干部都要配合培训中心，一定要把整个培训方式调整过来，不能走老路子。"华为在实践中选拔人才，通过训战结合的方式培养人才。正如华为所说："实战的士兵，实战的班长，实战的将军，一定是打出来的。"

3. 激才

激励人才的目的是让人才不断学习进步，从而为企业创造更好的业绩。华为激励人才主要从两方面入手：一是重视对人才的能力培养，通过严格的培养激励人才的工作能力，华为在人才开发方面倾注了大量的资金；二是重视对人才的绩效管理，激发员工的工作意愿和动力，绩效是任何一位人才是否能够在华为"存活"的唯一依据。

4. 留才

华为对留住人才也有着非常好的方法：一是通过企业文化，从精神（价值观）层面留住那些跟企业契合的人才；二是用薪酬福利，从物质利益层面留住人才；三是构建发展平台，华为为优秀人才的升迁提供了三条清晰的通道，对期望获得职业成功的人才极具诱惑力。

华为的人才管理模式以高工资、高效率、高素质为特点，华为成功的很重要的一个因素就是"分钱分得好"。华为通过建立适合自己的薪酬分配方式，通过分好钱，让干活的人不吃亏，让不干活的人占不到便宜，让想留下的人留得住，让不想留的人自己走。从2014年开始，华为的本科生月薪起薪是9000元到1.2万元，硕士生月薪起薪是1万元到1.3万元，特殊人才年薪可以达到28万元到36万元。

5. 汰才

华为推行末位淘汰制，华为将绩效考核结果分为 A、B+、B、C、D 几个等级。考核结果等级为 D 的员工，公司会直接与其终止劳动合同；连续两次被评为 C 的员工，基本会被劝退。华为干部制度中也有"能上能下"，每年都会对干部进行末位 5% 的淘汰，其中也包括高层的干部。"末位淘汰"和"能上能下"已经是华为人能够普遍接受和认可的企业管理现象。

企业要创造价值，首先应承认资本的力量，但更主要还是靠劳动者的力量。华为一直强调分配向劳动所得倾斜，严格控制资本对价值分配的占比，让拉车人比坐车人拿得多，其中资本是坐车的，劳动者是拉车的。华为"人力资本增值优先于财务资本增值"的人才管理理念，把每一个愿意奋斗的干部和员工当作企业中最重要的资产，想尽一切办法来实现这些人才"资产"的最佳产出与持续增值。

3.2 人力资源管理要匹配业务需求

人力资源管理遵循"以客户为中心"的原则，人力资源管理的直接客户是公司的管理层、骨干、员工等。华为对人力资源部门的定位是业务部门的战略伙伴，其价值是匹配业务需求，支撑业务打胜仗。

3.2.1 华为人力资源管理的发展历程

在中国加入 WTO（世界贸易组织）开启全球化征程后，越来越多的中国企业进入了财富 500 强榜单。而在这个榜单中成长最快的中国企业是华为：从 2010 年的第 397 位升至 2021 年的第 44 位，11 年时间提升了 353 位。华为能取得今天的成绩，其根本的原因是什么？《华为人力资源管理纲要 2.0》对此的结论是："人力资源管理是公司商业成功与持续发展的关键驱动要素。"

《华为人力资源管理纲要 2.0》从三个方面对华为过去的人力资源管理体系做出了概括性的提炼，并对人力资源管理存在的问题与面临的挑战进行了分析（如图 3-1 所示）。

SDBE 企业活力机制

```
                    基本出发点
                       △
              坚实基础    理念与
                         实践体系
```

- 劳动是公司价值创造的主体
- 导向开放与熵减，持续激发个体创造力
- 方向大致正确，组织充满活力

- 构筑公司核心价值观的底座
- 形成自我批判的纠偏机制
- 打造价值创造的管理循环

- 激发两种驱动力：精神文明与物质文明
- 构建三个创造要素管理体系：干部+人才+组织

图 3-1　人力资源管理是公司商业成功与持续发展的关键驱动要素

（1）人力资源管理的三个基本出发点：一是劳动是公司价值创造的主体；二是导向开放与熵减，持续激发个体创造活力；三是方向大致正确，组织充满活力。

（2）人力资源管理的两个管理要素：一是激发两种驱动力：精神文明与物质文明；二是构建三个创造要素管理体系：干部＋人才＋组织。

（3）人力资源管理中的三个坚实基础：一是构筑公司核心价值观底座；二是形成自我批判的纠偏机制；三是打造价值创造的管理循环。

当然，华为的人力资源管理水平不是突然就达到这样一个阶段，而是经过了 30 多年的创新发展，实现了从人事服务到职能化和规范化，到业务伙伴，再到战略人力资源管理的逐步发展和阶梯式上升，如图 3-2 所示。

人事服务阶段（1987—1995年）
粗放地满足业务需求靠讲故事，评价靠拍脑袋，分配靠感觉

规范化和职能化阶段（1996—2008年）
专业且系统地满足业务需求成立人力资源部，通过不断完善与改进，逐步建立人力资源管理制度。从无序到有序，逐步走向规范化和职能化

成为业务伙伴阶段（2009—2013年）
支撑业务发展
通过"三支柱"变革，逐渐从专业价值走向业务伙伴，即支撑业务发展

走向战略人力资源管理阶段（2013年以后）
驱动业务成功
人力资源管理不再是幕后支持，也不再是企业的一个侧支，而成为企业主价值链的一部分，不仅关联客户，还直接进入企业的战略前端

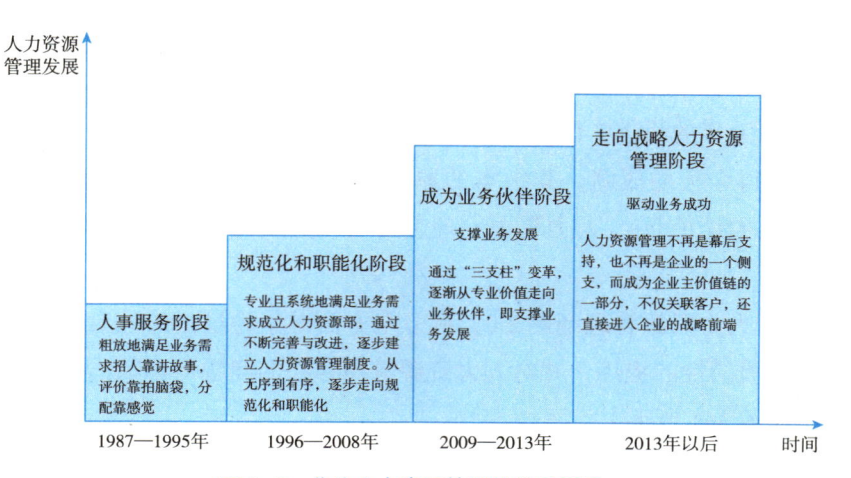

图 3-2　华为人力资源管理的发展历程

（1）1987—1995年人事服务阶段：1987年华为刚刚成立，这一阶段华为的人力资源管理还处于在试错中探索，在摸着石头过河，没有什么体系的系统构建仅仅有一些职能模块的建设，只进行简单的人事服务，如入职、离职、发工资等。

（2）1996—2008年规范化和职能化阶段：1996年，华为成立了人力资源部，开始系统地构建人力资源管理体系，如职位、薪酬、绩效、素质模型等。在这一阶段经过系统制度的建设，形成了华为的人力资源管理平台体系，从无序到有序，逐步走向规范化和职能化。

（3）2009—2013年成为业务伙伴阶段：2009年，华为开始人力资源变革，通过采用BLM商业领导力模型以及建立人力资源的"三支柱"，逐渐从专业价值走向业务伙伴，支撑业务发展。

（4）2013年以后走向战略人力资源管理阶段：从2013年开始，华为的人力资源管理逐步从业务伙伴关系走向人力资源战略管理。在这个阶段，价值链管理是人力资源价值贡献的实现路径，也就是从价值创造和价值评价这个角度将人力资源的价值贡献全部串联起来。人力资源管理不再是幕后支持，也不再是企业的一个侧支，而是成为企业主价值链的一部分，不仅关联客户，还直接进入企业的战略前端。

华为人力资源部门在华为发展过程中为公司的成功做出了很大的贡献，但是也面临过一些问题：

（1）部分人力资源人员没有深入过基层团队、基本没去过业务一线，工作重心还偏高，对于炮声听不见、对于问题看不见。

（2）人力资源人员面对各类差异化的组织形态、资源投入与考核激励的管理存在"一刀切"的僵化情形。

（3）人力资源管理面向各类人才管理的任职牵引、评价与激励等的机制运作中还存在机械化的教条管控，不能适应不同人群的差异化管理需求。

（4）人力资源管理自身队伍建设滞后于业务需求，不能从专业视角提出意见，没有体现应有的专业力量。

（5）人力资源政策制定得太细了，条条框框太死板了，各级主管对有些人力资源政策怨声载道。

对此华为对其人力资源工作的定位做了升级，人力资源必须要苦练内功，作为业务部门的战略伙伴，聚焦企业的价值创造，参与战略规划，理解业务战略并组织落地。在美国启动对华为的制裁以后，华为各部门纷纷转入"战时状态"，人力资源也深入一线、走进"战场"。通过在现场帮助一线解决问题，锻炼并提升自己管理队伍的能力。

3.2.2 人力资源管理要导向业务，导向冲锋

人力资源工作的重心是以业务为导向的，一切为业务服务。企业的人力资源管理体系的员工大多是人力资源科班出身，对业务缺乏足够了解，有时心里甚至还会对业务产生排斥心理。

在华为人力资源管理中也存在着类似的情况。在人力资源转型前，最大的痛点是 HR 对业务的理解不深，无法针对业务需求为各部门提供针对性的人力资源解决方案。但公司各级管理者又希望 HR 能根据不同业务的特点，提供与业务发展相匹配的专业服务，而并非只是执行总部的统一策略。

任正非曾在一次内部会议上批评说："我调查了一些基层 HR，基本上不主动了解主航道业务，工作时间、业余时间都不下一线，只用主观意识管控、行使权力，而不是提供服务。不懂业务怎么服务呢？你不懂什么人是人才，怎么用好人才呢？每年'流走'许多人，流走的会不会是'油'呢？"

那么人力资源专业人员该如何去了解业务知识、为业务服务呢？被誉为人力资源管理开创者的戴维·尤里奇（Dave Ulrich）针对人力资源专业人士如何获得外部相关知识提出了一些方法，如表 3-1 所示。

表 3-1 人力资源专业人士如何获得外部知识和见解

序号	方法
1	阅读正面和负面的分析报告
2	阅读有关本公司的杂志、报纸、文章
3	阅读有关本行业的杂志、报纸、文章，参加行业的贸易展
4	了解内部市场报告，掌握报告是如何生成的
5	在购买环境中或在产品和服务使用环境中拜访客户
6	详细地研究竞争对手

续表

序号	方法
7	亲自参与市场调查
8	跟踪细分市场的财务分析
9	参加市场、销售、产品开发会议
10	邀请客户、分析师、利益相关者参加培训，或到培训上演讲
11	邀请客户、分析师、利益相关者到管理会议上演讲
12	邀请客户、分析师、利益相关者到人力资源会议上演讲
13	邀请客户、分析师、利益相关者到一线运营者会议上演讲
14	了解你不了解的相关信息

任正非多次在华为内部会议中强调："人力资源不能总是跟在业务屁股后面走，人力资源系统不能只满足于专业运作，必须了解一线业务实际需求。人力资源主管必须来源于业务领域，来源于一些成功的项目经理、成功的主管。人力资源主管必须是业务先锋，这样才明白管什么，也才找得到明白人，不然怎么识别人才呢？没有这种业务经验的人力资源人员，要先从一般职员做起，而且不能权力过大，权力在主管手里，一般职员先从做好支撑工作开始。"

【案例】项目 HR 深入一线，成为业务与公司的桥梁

2015 年 2 月，HR 潘强被派驻到北部非洲多国代表处贝宁办事处。刚上任，潘强就碰到一个棘手问题——项目人员转移工作。

华为贝宁代维项目中有 29 人合同即将到期，按照合同，6 人将直接解除劳务关系（遣散），23 人将转换为外包员工（从客户侧向华为转移）。可由于转移人员在原公司都是永久员工，对离职条件不满，继而引发了大规模罢工。为了解决这个问题，潘强决定亲自去一线，跟当地员工展开深入交流。

2015 年 7 月，潘强正式开始下站点，一人背起行囊，实地探访当地站点工程师。三天时间，往返总计 1200 多公里。每到一个目的地，潘强和员工就地交流，在机场、机房，甚至是客户营业厅门口站着对话。三天里，潘强拜访了阿波美卡拉维、博希孔、帕拉库、朱古、纳蒂廷古、洛克萨的所有站点工程师，和他们逐一交流，向他们解释华为公司的政策与导向，安抚他们的情绪。

2015年10月，华为正式启动人员切换计划，最终29人全部按计划完成转换或离职，无一起人员纠纷；其后的交接工作也顺利完成，包括离职员工也顺利交接。转移方案落实后，项目组人力成本直接降低6%，人力与运营成本合计降低约30%，对项目组业务也没有造成负面影响。

导向冲锋也是华为人力资源管理的关键。华为通过"导向冲锋"的价值评价和分配理念，为冲锋的业务单元提供强大的支持，激励队伍努力奋斗，为企业培养敢于冲锋的接班人。

人力资源体系要导向冲锋，要让队伍持续去奋斗。如何让队伍持续奋斗？你要考核什么，你的考核方法是什么，这是关键。我的考核方法，不仅考虑他和别人比，更要考核他和自己比，自己和自己比，看是不是进步了。说末位淘汰，那看你自己进步了没有，你怎么才叫进步，我们综合看一看，没进步，你自己就下台，换个人上台。这样，我们新陈代谢，流水不腐。我们如果确保老干部的地位，确保中层干部的地位，最终结果就是我们葬送了人才的地位，让真正的人才上不来。我们要成为一个开放的平台，人人都可以跳舞，下去的人还是可以上来的。

——引自《人力资源体系要导向冲锋，不能教条和僵化》(2009)

人力资源的出发点就是要让业务成功。华为要求人力资源组织平台要贴近一线，转变人力资源自身职能型运作的固化模式，逐步实现职能服务化；同时要将人力资源管理与业务场景相结合，贴近业务的人员技能要综合化，成为"全科医生"，用解决方案满足业务的要求。

3.3　HR三支柱的搭建与协同

VUCA时代对组织的要求是迅速敏捷，快速响应客户需求。传统的管控式组织结构已不能适应外部环境的变化，时代呼唤人力资源管理的进步。为了适应时代的变化，传统职能式的HR结构需要将重心从管控式向业务支持型转变。基于此，华为构建了客户导向的"HR三支柱模型"，以更好地为客

3.3.1 构建面向客户的 HR 三支柱

"HR 三支柱模型"（HR "三驾马车"）的概念是由戴维·尤里奇在 1996 年提出来的。IBM 在戴维·尤里奇提出的理论基础上，首先开始人力资源转型实践，并不断总结和提高，最终形成了 IBM 公司的"HR 三支柱模型"。

华为在管理上一直都很有远见。随着公司规模的发展壮大，华为一直都在引进国际知名咨询公司来提高公司的管理效率。2009 年，华为开启人力资源转型，从翰威特引入"HR 三支柱模型"，构建以增长和效率为导向的 HR 业务管理架构，升级完善 HR 管理新体系。在多年的实践后，华为已经建立了自己的"HR 三支柱模型"（如图 3-3 所示）。

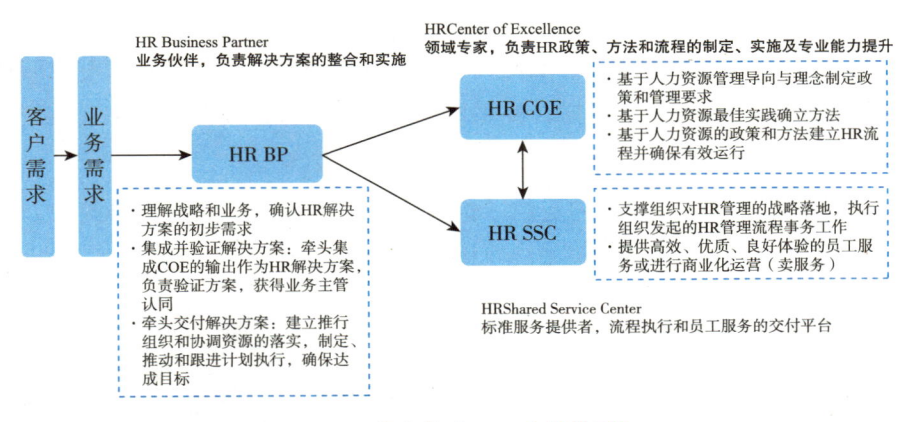

图 3-3 华为的"HR 三支柱模型"

在华为的"HR 三支柱模型"中，HRCOE（HRCenter of Excellence）是 HR 领域的专家，根据公司的战略和人力资源政策，综合运用专业知识，为企业各部门设计合适的人力资源政策、流程和方案，并不断进行优化，对人力资源政策和流程的合规性进行管控，控制风险。HRCOE 同时为 HRBP、HRSSC 以及相关业务管理人员提供技术支持。

HRBP（HR Business Partner)是人力资源业务合作伙伴，作为一线主管的 HR 业务伙伴，扮演顾问和 HR 客户经理的角色。华为每 150 人配一个 HRBP，其工作的核心理念是理解业务，识别痛点，能够针对客户痛点提供解决方案。解决方案不一定是人力资源解决方案，但是肯定要有助于解决业务问题和痛点。

HRSSC（HR Shared Service Center）是人力资源共享服务中心。在华为，HRSSC 的主要使命是向员工和管理者等 HR 的服务目标群体提供高效率、高质量及低成本的 HR 共享服务。华为从 2011 年开始建设 HRSSC，目前在全球已经建立了四个 HRSSC 中心：中国 HRSSC、亚太 HRSSC、中东欧洲及非洲 HRSSC、美洲 HRSSC。

华为 HRSSC 主要职责是扮演好以下三个角色：员工呼叫中心，支持员工与管理者发起的服务需求，在线解答员工提出的各种人力资源方面问题；HR 事务处理中心，相当于行政事务办事大厅，集中办理员工入职、离职、薪酬、考勤、社保、户籍、档案证件等事务，采用面对面办理和自助平台相结合的办理形式；HR 运营管理中心，提供流程质量、内控、数据、IT 实现等支持，以及对相关供应商进行管理。

"HR 三支柱模型"的核心思想就是把"人力资源"当作一项业务来运营，重新定位人力资源部门。在这个体系里面，HRCOE 负责提供专业的技术支持；HRSSC 以服务为导向，提供卓越的交付服务；而 HRBP 主要负责对业务需求的承接，有效整合并实施人力资源解决方案。

HR 三支柱不仅有各自的定位、价值和分工，还强调以业务协同的方式进一步关注客户需求和业务需求，具体如图 3-4 所示。

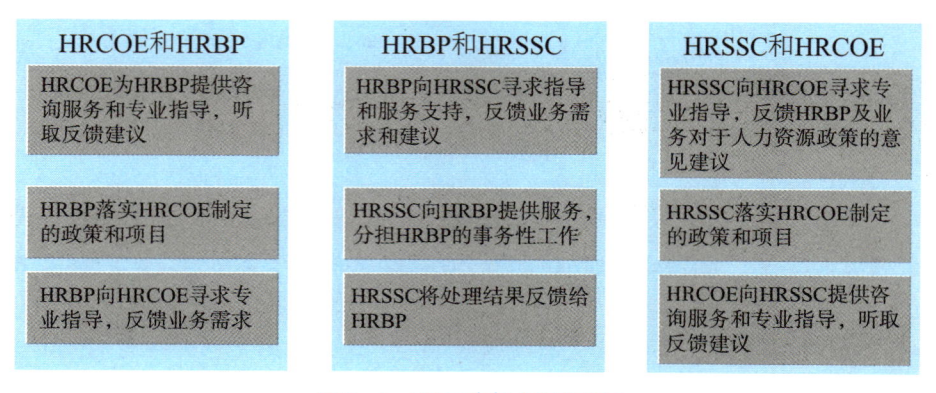

HRCOE和HRBP	HRBP和HRSSC	HRSSC和HRCOE
HRCOE为HRBP提供咨询服务和专业指导，听取反馈建议	HRBP向HRSSC寻求指导和服务支持，反馈业务需求和建议	HRSSC向HRCOE寻求专业指导，反馈HRBP及业务对于人力资源政策的意见建议
HRBP落实HRCOE制定的政策和项目	HRSSC向HRBP提供服务，分担HRBP的事务性工作	HRSSC落实HRCOE制定的政策和项目
HRBP向HRCOE寻求专业指导，反馈业务需求	HRSSC将处理结果反馈给HRBP	HRCOE向HRSSC提供咨询服务和专业指导，听取反馈建议

图 3-4　HR 三支柱之间的协同

1. HRCOE 和 HRBP 的协同

HRCOE 在制定公司或集团级别的人力资源政策时，要和 HRBP 充分沟通，让他们理解政策及项目背后的战略意义，并且积极听取 HRBP 的建议和反馈，充分考虑不同业务的不同管理情景和业务诉求。同时，对于人力资源专业问题，HRCOE 应积极给予 HRBP 支持和帮助，协助其为相关业务部门设计和定制人力资源解决方案。

HRBP 在充分理解这些政策和项目的战略意义和底层逻辑的基础上，负责将其在自己所负责的子公司或业务部门切实落地执行，并将业务部门提出的意见和建议反馈给 HRCOE。HRBP 在需要为所支持的业务部门提供专业的、定制的人力资源解决方案时，可以寻求 HRCOE 的指导和支持。

2. HRBP 和 HRSSC 的协同

HRSSC 逐步承担 HRBP 的事务性工作，并将日常事务的处理结果通知到对应的 HRBP，如：员工入职、离职、异动手续的完结。遇到特殊情况要升级给 HRPB 处理，如：员工投诉。HRSSC 在流程再造、服务产品设计时，要和 HRBP 充分沟通，积极听取他们的建议和意见，在标准化的基础上充分考虑不同业务部门的不同诉求。

HRBP 在 HRSSC 的运营流程中承担着重要的审批、审核职责，如：候选人面试，招录审批中的审核等。HRBP 在遇到服务支持问题时，可以寻求 HRSSC 的指导和支持，并将业务部门提出的意见和建议反馈给 HRSSC。

3. HRSSC 和 HRCOE 的协同

HRSSC 的服务交付体系及系统平台是建立在 HRCOE 的政策体系框架下的，如果遇到缺乏政策指导的情况可以寻求 HRCOE 的支持，请 HRCOE 协助补充。HRSSC 需要把 HRCOE 制定的政策"翻译"成员工可理解、可执行的语言，并向员工进行宣导；并且 HRSSC 还需将员工对于政策的反馈有效传递给 HRCOE，让 HRCOE 听到员工的声音，以便进行政策的更新迭代，如高频被员工咨询到的政策、各业务部门的咨询重点及运营数据及特殊案例等。

HRCOE 要积极听取 HRSSC 的建议和反馈，充分考虑不同业务的不同管理情景和业务诉求，及时补充跟特殊业务场景相对应的政策。同时，为 HRSSC 提供政策方面的指导和支持。

HR 三支柱之间责任明确，分工合理，又相互作用。对 HR 三支柱，IBM 曾做过一个形象的比喻：HRBP 是突击队，在前线侦察敌情，碰到小股敌人就直接干掉，及时解决突发性的事件；HRCOE 是"海陆空"的专业部队，提供远程火力支持；HRSSC 是后勤部队，准备粮草和打扫战场。HR 三支柱之间协同配合，全面满足客户需求，助力公司业务发展。

3.3.2 HRBP 确保业务方向正确

HRBP 模式的建立与队伍打造是实现人力资源与业务结合的有效方法。据 Hay Group（合益集团）调查显示，国际上约有 43% 的高绩效组织（世界 500 强）推行了 HRBP 模式。

华为于 2008 年做出了一项决议：当产品线的团队人数达到 200 时，公司会在产品线设置专职的 BUHR（HR 代表）以加强对业务的支撑。BUHR 的主要职责是根据业务需求为客户提供有针对性的人力资源解决方案并加以实施，推动绩效管理，提升干部的人员管理能力。2009 年 2 月，华为正式将 BUHR 改名为 HRBP，并开始在研发体系中全面推行 HRBP 运作模式。

华为在推行 HRBP 运作模式的过程中，提炼出一个 HRBP 的角色模型——V-CROSS 模型，这一模型定位了 HRBP 的六大角色（如图 3-5 所示），对于每个角色的具体定义以及关键任务如表 3-2 所示。

（1）核心价值观传承的驱动者：**C**ore **V**alue
（2）变革推动者：**C**hange **A**gent
（3）关系管理者：**R**elationship **M**anager
（4）HR 流程运作者：HR **P**rocess **O**perator
（5）HR 解决方案集成者：HR **S**olution **I**ntegrator
（6）战略伙伴：**S**trategic **P**artner

图 3-5　HRBP 的角色模型：V-CROSS

表 3-2 华为 HRBP 六大角色定义与关键任务[1][2]

角色	角色描述	关键任务
核心价值观传承的驱动者	通过绩效管理、干部管理、激励管理和持续沟通等措施，强化和传承公司核心价值观	• 干部身体力行：通过干部选拔、辅导和管理，让干部践行核心价值观 • 员工理解实践：通过绩效管理、激励分配、树立标杆等方式 • 建立沟通渠道 • 跨文化传承：尊重和理解文化差异，针对不同文化背景的员工，制定针对性方案
变革推动者	有效管理员工关系，提升员工敬业度。保障合法合规用工，营造和谐积极的组织氛围与工作环境	• 变革风险识别：识别变革中组织、人才、氛围方面存在的阻力和风险，提供应对方案 • 与利益相关人沟通：制定沟通计划并实施 • 变革实施：负责组织、人才、氛围等方面的变革实施 • 评估与固化：评估变革效果，固化变革成果
关系管理者	理解变革需求，有效识别风险和沟通利益相关人，推动变革成功实施	• 敬业度管理：组织氛围测评，组织改进 • 矛盾调停：建立例行沟通渠道 • 员工健康与安全：压力测试、"3+1" 活动 • 突发事件和危机处理 • 雇主品牌建设
HR 流程运作者	合理规划并有效运作人力资源工作，提高人力资源工作质量与效率	• 制定 HR 工作日历：保证 HR 工作规范化和可视化 • 制定方案与实施：结合业务需求制定针对性方案 • 运作 AT：规划议题沙盘，提高决策质量 • 赋能主管：借助教练式辅导、90 天转身等机制
HR 解决方案集成者	理解业务需求和问题痛点，整合 HRCOE 智慧，制定人力资源解决方案，连接业务需求与人力资源解决方案，组织落地实施	• 理解业务需求：准确把握业务需求和痛点 • 制定解决方案：集成 HRCOE 的专业化工具和方法 • 组织执行落地：发挥业务主管、HRCOE、SSC 的作用 • 总结和回顾：总结和固化经验

---

[1] 杨爱国. 华为奋斗密码 [M]. 北京：机械工业出版社，2019.
[2] AT：Administration Team，主要负责组织内干部的任用推荐和员工评议、激励等相关工作议题。——编者注

续表

角色	角色描述	关键任务
战略伙伴	理解业务战略，参与战略规划，连接业务战略与 HR 战略并组织落地	• 战略理解：参与 SP/BP • Outside-in：关注客户需求 • 战略连接：组织制定人力资源战略 • 执行落地：制定 HR 年度工作计划，纳入 AT[②]议题

HRBP 是"HR + BP"，HR 和 BP，两手都要抓，两手都要硬。华为轮值董事长胡厚崑说："HRBP 应该'眼高手低'。所谓的'眼高'，就是 HRBP 要能够站在领导的位置或者站在领导旁边，能够看到业务方面昨天发生的、今天发生的和未来将要发生的事情，从业务战略和业务环境中解读出 HR 所关注的组织能力有哪些、需要解决的问题是什么；甚至要比业务领袖更早发现因为业务的变化而给组织能力带来的挑战。'手低'就是 HRBP 要扎扎实实地拿出解决问题的方法，这靠专业能力。HRBP 如果没有 HR 专业能力，那就会变成另一种'眼高手低'：什么都敢想，什么都做不出来。"

由此可见，HRBP 需要有前瞻性地考虑业务战略对人力资源管理的需求，主动地与业务需求对接，并思考如何保证战略的有效实施。从业务战略制定，到业务需求挖掘，到解决方案制定，再到如何让解决方案有效落地，HRBP 在其中都承担着巨大的职责，而且越到后期，职责越大，如表 3-3 所示。

表 3-3 业务主管和 HRBP 的职责

阶段	业务主管职责	HRBP 职责
业务战略制定	• 负责组织制定业务战略	• 参与业务战略的制定 • 了解业务中存在的挑战和机遇
业务需求挖掘	• 思考并提出业务战略执行过程中对组织能力的要求 • 和 HR 人员共同探讨如何提升组织能力	• 帮助与引导业务领导思考 • 明确业务战略对组织能力的需求 • 寻求业务战略在组织、人才、氛围上的最终落脚点
解决方案制定	• 参与讨论、制定解决方案 • 审视、批准解决方案的实施	• 负责制定组织、人才、氛围上的解决方案 • 在方案制定过程中，HR 人员既要进行内部充分讨论，更要听取业务人员的意见与建议

续表

阶段	业务主管职责	HRBP 职责
有效实施交付	• 关注解决方案的实施效果 • 及时发现实施过程中的问题，指导或要求 HR 解决	• 负责整合运用各种资源，有效确保解决方案的交付

业务部门的人力资源工作由业务主管和 HRBP 协同完成，HRBP 通过对业务战略的理解，帮助业务主管定义与业务战略匹配的人力资源战略，形成人力资源综合解决方案，以支持业务战略有效实施。企业通过建立以 HRBP 为核心的 HR 制度，强调对公司战略、客户需求的承接，精准匹配业务需求，确保业务方向正确，保障组织目标的实现。

3.3.3 HRCOE 统一设计 HR 政策、流程与制度

HRCOE 直译为人力资源专家中心，是指企业内部由人力资源领域资深专家组成的部门。HRCOE 的使命是在人力资源规划、人才招聘与配置、任职资格、绩效管理、薪酬与福利培训，以及人才发展等各大领域发挥专业能力，并以此为基础来设计人力资源政策、流程与制度。

在企业内部，HRCOE 通常扮演着设计者、管控者、技术专家的角色：

（1）设计者：运用领域知识设计业务导向、创新的 HR 的政策、流程和制度，并持续改进以保持其有效性。

（2）管控者：管控政策、流程、制度的合规性，控制风险。

（3）技术专家：为 HRBP、HRSSC 及业务管理人员提供本领域的技术支持。

HRCOE 需要基于组织的管控诉求识别组织的痛点，来进行政策、流程、制度的设计和论证实施，因此，HRCOE 要对该领域的底层逻辑和实践有很深的积淀。在华为，HRCOE 需具备以下核心能力并承担相应职能（如表 3-4 所示）：

表 3-4　HRCOE 需具备的核心能力及需承担的相应职能

核心能力	职能
组织管理能力	组织形态管理、组织规模管理、组织绩效管理
薪酬与福利管理能力	薪酬、福利、奖金、个税、长期激励
领导力管理能力	干部标准管理、任用与继任管理、干部资源池管理
任职资格与学习管理能力	任职资格管理、学习设计与开放、学习技术与平台、学习引导
人才获取与配置管理能力	人才获取规划、招聘管理、调配派遣、雇主品牌、人岗匹配
绩效管理能力	绩效目标管理、绩效工具与程序
文化与氛围管理能力	核心价值观、文化建设、员工关系管理

HRCOE 建立核心专业能力，提高公司人力资源政策、流程和制度的有效性，并为 HRBP 服务业务提供技术支持，从而为组织贡献价值。下面主要从支撑战略、整合各方资源、建立制度、明确标准、落地文化、培养 HRBP 团队六个方面描述 HRCOE 如何为组织贡献价值：

1. 支撑战略

企业在发展的过程中，都会遇到必须攻克的战略高地，HRCOE 需要敏锐察觉业务发展的关键点，设计有效的 HR 政策、流程和方案，助力公司达成目标。

2. 整合各方资源

在集团层面，HRCOE 不仅具备全局视野的优势，还有着最丰富的专业资源，因此能够整合协调各方资源，为一线 HRBP 提供高效的解决方案。

3. 建立制度

在提供专业解决方案的同时，COE 还需要关注 HR 基本动作的操作质量，建立并完善制度与流程，指导和监督各地域、各业务线 HRBP 的运作。

4. 明确标准

管理的核心是人才，明确人才的标准是 COE 的重要职责。什么样的人可以入职？什么样的人值得培养？什么样的人能评绩优？这些都需要 COE 明确并设计详细的标准。

5. 落地文化

企业文化和价值观是企业长期发展的保障，决定了企业及其员工的行为与工作方式。HRCOE 的各职能都需要承担传承文化的任务，确保发布的政策与集团的文化导向一致。比如在招聘面试中考察文化适配性，在培训中宣导文化的内涵与要求，在发展与晋升时做价值观评估，在激励认可时以价值观为评优导向等。

6. 培养 HRBP 团队

通常来说，在企业内部 HRCOE 对 HRBP 有专业管控的话语权，但没有直接的考核权，而其各类政策的落地又往往需要 HRBP 的配合与支持。因此，HRCOE 必须有扎实的专业功底，做出的政策能让人接受和遵行，同时也要有杰出的推动力，营造学习与竞争的氛围，激发 HRBP 们的参与热情。

由于中国企业整体对人力资源的重视不够，专业程度还比较低，HRCOE 需要通过专业分工，在各领域发挥精深的专业技能，形成丰富的专业经验，总结最佳实践，并与 HRBP 进行密切的沟通与协作，才能真正为企业的业务发展创造价值。

对于全球性、集团型的大公司来说，由于地域、业务线的复杂性，HRCOE 需要为不同的地域、不同的业务线配置专属资源，以确保设计贴近业务需求。其中，总部 HRCOE 负责设计全球、全集团统一的人力资源政策、流程和制度的指导原则，而各地域、业务线 HRCOE 则负责结合地域、业务线的特点进行定制化设计。这样的 HRCOE 设置可以在全公司一致的框架下，实现匹配业务的灵活性。

3.4　打通人力资源管理价值链

管理的终极目标就是通过对价值链的管理，实现并持续人力资本价值的最大化。人力资源管理价值链是由价值创造体系、价值评价体系、价值分配体系及其内在循环构成的，源源不断地输出充满活力的机制力量。

3.4.1　以客户为中心，全力创造价值

在企业中，业务能够得到持续发展的关键是要打通整个人力资源管理价值链，实现价值创造、价值评价、价值分配的有效循环（如图 3-6 所示）。对于华为的人力资源管理价值链，中国人民大学教授、华为高级管理顾问吴春波教授是这样评价的：华为的人力资源是一个金刚石般的结构化模型。

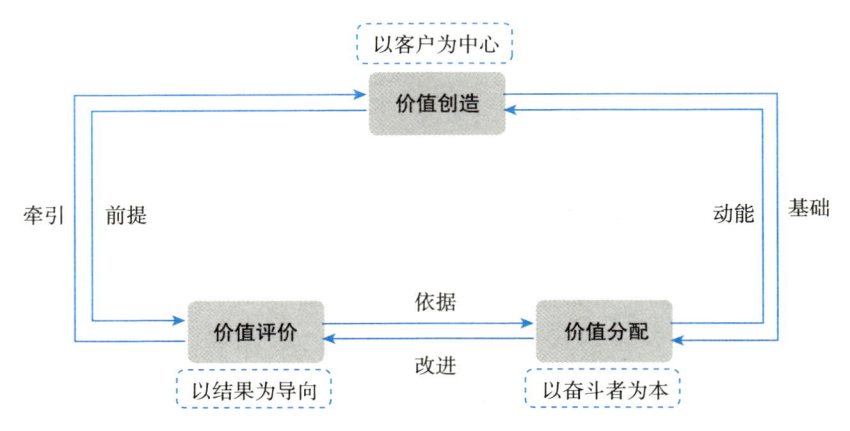

图 3-6　人力资源管理价值链的内在循环

价值创造：调动一切可以调动的因素，以客户为中心，为客户创造价值。挖掘并激活价值创造要素，把这些能量充分调动起来创造更多的价值。

价值评价：以结果为导向论功行赏，干得好或干得不好都要评一评，价值评价决定着价值分配的公平和正义与否。

价值分配：给干得好的奋斗者多发，叫激励；给干得一般的人发合适的，叫回报；给干得不好的少发，叫约束。企业通常可以采用多种价值分配机制与形式，例如工资、奖金、红利、股权、职权、机会、学习等。例如，华为会给那些愿意去海外的员工驻外补贴，补贴金额是工资的75%，于是就会有一部分人愿意去。但是还有一些更加艰苦的地方并不一定有人愿意去，因此华为又设置了艰苦地区补贴，艰苦补贴分为一类到六类，补贴金额在一天40美元以内。与此同时，华为还会给予愿意去海外和艰苦地区的员工更多的晋升机会。通过合理使用价值分配的杠杆，华为实现了组织冲锋的目的。

价值创造、价值评价、价值分配是三位一体的，企业要把价值创造、价值评价、价值分配这三者的循环打通，并以绩效管理与薪酬激励机制来作为制度支撑，充分激发组织活力，牵引员工去充满激情地为企业创造更大的价值。

在价值创造问题上，很多企业不明白一个道理：越是从利己的动机出发，越是达不到利己的目的；相反，越是从利他的动机出发，反而越能使自己活得更好。

可以说，客户是企业生存的唯一理由。从华为整个发展历程可以发现，华为一直潜心于如何为客户创造更大的价值，在创立之初就确立了其最重要的核心价值观"以客户为中心"，而客户也一直是华为由弱到强的最大依靠。

2019年，美国商务部工业与安全局(BIS)以国家安全为由将华为公司及其70家附属公司列入出口管制"实体名单"，禁止华为公司在未经特别批准的情况下购买美国的重要技术。美国还要求其盟友国家同样放弃使用华为的5G技术和设备，以免出现"情报泄露"。

与此同时，多家国际高科技公司声援华为公司，表示支持华为的城市5G网络服务建设，外国国民也对华为表示热烈欢迎；国内多家企业也用行动支持着华为，如台积电官方发布公告，称绝不会停止对华为的供货。

得道者多助，失道者寡助。华为能够不惧美国的制裁，一方面是其自身实力的强大，另一方面是华为始终坚持以客户为中心，以客户为依靠，就有底气面对美国的威胁。

坚持以客户为中心，持续为客户创造价值，是华为获得持续增长的主要原因。华为要求人力资源部门要形成"以客户为中心"的组织文化，赋能业务发展。也就是人力资源方面的所有政策和执行，都要以业务发展的结果来评价；人力资源人员要下移工作重心，了解业务实质、代入业务场景。

在华为，任正非对人力资源和其他业务支撑部门的要求始终是要理解业务，而为业务服务本质上其实就是为客户服务。华为的人力资源组织采用的是HR三支柱模型，其中，一线和区域的HRBP、HRSSC组织就是为了更好地支持业务落地的伙伴。

一线和区域的HRBP、HRSSC组织成员在汇报工作时需双线汇报，即同时对业务线和专业线汇报工作。对他们来说，向业务线汇报工作也是非常重要的，因为专业线的上级在对其下属进行评价时，会充分参考其对口支持的业务线管理层的满意度。那些对业务服务和支持不够的主管，会被淘汰掉。华为这种业务主导型的组织建设是以客户为中心的体现。

事实上，华为的人力资源组织和能力在业界都算得上是顶尖的，他们比几乎国内所有的公司都更贴近业务、更懂业务，这也跟任正非始终强调和要求的"以客户为中心"密切相关。

企业的一切活动都应围绕价值创造展开，人力资源管理的核心目标就是使员工全力为客户和企业创造价值。人力资源管理要利用一切可以利用的资源，调动一切可以调动的积极性，挖掘一切可以挖掘的潜力，使每一个人的潜能发挥到大于100%，并坚持以客户为中心的原则，全力创造价值。正如任正非说的："华为没有可以依存的自然资源，唯有在人的头脑中挖掘出大油田、大森林、大煤矿。"

3.4.2 以责任结果为导向，正确评价价值

彼得·德鲁克说过："管理是一种实践，其本质不在于'知'而在于'行'；其验证不在于逻辑而在于成果，其唯一权威就是成就。"面对竞争激烈的市场，企业必须坚持责任结果导向，正确评价价值。

在如今加班风气盛行的环境下，很多员工误以为加班就是"创造了更多价值"，就应该在绩效评价中得到更好的结果。但是对于企业而言，需要的是员工的贡献和成果，员工的薪酬及奖励是与员工的责任结果挂钩，而不是与加班加点的工作时长挂钩。一些企业的管理者却喜欢依据员工的加班多少来评价其绩效，这样的评价导向是有问题的，没办法激发员工创造更大的价值。也有很多人汇报工作时，总是说工作很辛苦。但企业看的是员工的工作成绩，没有业绩的工作对企业来说是没有意义的。

【案例】功劳才是员工存在的条件和价值

2020年4月24日，格力电器董事长董明珠在抖音开启了直播带货首秀，但由于直播信号问题，直播过程中频繁出现卡顿、重复播放、音画不同步等问题，网友"卡卡卡卡"的留言霸屏。最后，这场带货直播首秀只销售了258件商品，销售额只有23.25万元。

直播结束后，董明珠当面批评了此次直播活动的负责人，甚至直接把负责人骂哭了。活动负责人表示，他很委屈，带着团队连续好几天加班，都没回过家。董明珠说："你勤劳但不一定有收获，不能因为你辛苦、你天天在这儿上班，结果你做了个不好的东西，我就也要用。"

把苦劳等同于功劳，是职场人最大的错觉。董明珠表示："请别再说'我没有功劳也有苦劳'。请你记住，苦劳是企业的一种负担，它会让企业慢慢消亡，功劳才是你存在的条件和价值。"

关于价值评价的导向问题，华为曾经有过非常深刻的教训。1999 年，任正非在一次基层员工价值评价体系项目汇报会上反思说：

"我们要以提高客户满意度为目标，建立以责任结果为导向的价值评价体系，而不再以能力为导向。以往我们完全以技能来决定工资的评价方式是错误的，因为我们实行基于能力主义的价值评价体系后，却做不出很好的商品来——我们的 C&C08 交换机已瘫几次了，深圳联通、香港和记都瘫过几个小时！这种技能导向造成了不良倾向：重视产品的技术水平而忽视产品的稳定性；重视产品性能的创新而忽视产品的商品化、产业化。企业是功利性组织，我们必须拿出让客户满意的商品。因此整个华为公司的价值评价体系，包括对高中级干部的评价都要倒回来重新做，一定要实行以责任结果为导向。"

责任结果是价值贡献的通俗表达，是不同岗位职责所要求的结果，最终体现为为客户创造的价值。从 2001 年开始，华为一直都坚持以责任结果为导向来考核员工，每名员工收益的增减都由其为公司创造的价值多少来决定，包括长期、中期、短期的价值贡献。

华为在干部评价体系上更加强调贡献，要求用贡献来衡量绩效。正如任正非所说："一线主官的目标是胜利，是责任结果评价你们，而不是像士兵一样以简单服从为天职。"任正非强调，华为可以有技能考试，但是不能太频繁，不要让员工把精力聚焦在考试上，而是要聚焦在多做贡献上。华为不会选择只是考试成绩好的人做员工。

茶壶里的饺子，华为是不认可的。华为通过持之以恒的管理过程，在员工心中埋下尊重成果和贡献的种子，使员工将成果和贡献看作工作的第一目标。正如任正非所说的："华为要通过业绩评价体系把贡献导向的优良作风固化下来，使之像长江一样奔流不息。"

3.4.3 以奋斗者为本，合理分配价值

价值分配体系既是价值链循环的终点，又是新的价值链循环的起点。企业在价值分配上，要以奋斗者为本，充分保证奋斗者的物质回报，让奋斗者有动力持续为企业做贡献。

依据员工的岗位类别和实际贡献,华为将员工分成三类:普通劳动者、一般奋斗者和有成效的奋斗者,对不同类型的员工采取差异化的价值分配模式(如表 3-5 所示)。

表 3-5 员工评价的分类和价值分配模式

员工类别	划分标准	工资	奖金	股票
有成效的奋斗者	高绩效 有使命感	明显高于平均水平	高于平均水平拉开差距	更高的饱和度
一般奋斗者	普通绩效 踏踏实实做好工作 贡献大于成本	稍好	平均水平	正常饱和度
普通劳动者	12 级以下 或未申请成为奋斗者 放弃奋斗者资格	平均水平或稍好	—	—

1. 普通劳动者

华为将 12 级及以下员工或未申请成为奋斗者的员工归类为普通劳动者。对于普通劳动者的待遇,华为按照法律法规的相关报酬条款,在保障其基本利益的同时,根据企业经营状况,给予稍好一点的报酬。

2. 一般奋斗者

一般奋斗者指的是那些需要平衡家庭和工作的员工,他们可以准点上下班,因而并不算是真正意义上的积极奋斗者。对于这类人,华为采取的策略是:只要他们所做的贡献大于支付给他们的成本,公司就会接受,而且会给他们稍高于社会同类岗位平均水平的报酬。

3. 有成效的奋斗者

有成效的奋斗者是华为事业的中坚力量,是华为最需要的人,他们有权以奖金和股票的方式分享公司的收益,华为渴望能够有越来越多的人能走进这个队伍。

在华为,员工可以自愿提出奋斗者申请,签订一份奋斗者协议。公司同意员工成为奋斗者后,员工要主动出击,冲锋在前。在奋斗者协议中,有这样的表述:"自觉履行奋斗者申请中的承诺,成为与公司共同奋斗的目标责任制员工。"

华为始终坚持以奋斗者为本的价值分配原则，提拔有能力、有贡献的人，让奉献者拿到合理的报酬。任正非对员工说："你要想快速进步，到非洲去，到艰苦地方去；你要想做'将军'，到'上甘岭'去，到主航道去。"

华为一位 HR 曾走访非洲，与那里的华为员工进行交流。华为在非洲有好几千员工，非洲工作条件非常艰苦，有些国家还疾病肆虐，在南非的华为员工不少人都得过疟疾，但他们依然一直坚守在那里。

那位 HR 问他们为什么来非洲。大多数人都说为了赚钱。有的员工来非洲，开始的目标是三年赚够 100 万元，然后去美国留学，但是到了第二年就不这样想了，因为自己第二年被提拔了，工资也增加了。还有的员工在非洲待了好几年，甚至十年，对他们来说，在如此落后的一个国家，参与他们的通信网络建设，一步一步建起来，让几千万人可以通过现代通信工具进行信息交流，这种成就感是在别的地方很难体会到的。

华为曾做过一次内部调研，发现许多身在艰苦地区的华为员工并不愿意到欧洲大城市或是北京、上海等发达的地方去。其原因就在于华为"以奋斗者为本"的价值分配逻辑，从多方面满足了员工的需求。

【案例】不让奋斗者吃亏，任正非坚持给员工发奖励

2012 年底，华为在某国中标近 10 亿美元，终于攻克了这座多年都未能拿下的"大粮仓"，参与竞标的团队获得了 700 万元人民币的奖金。第二年合同顺利签订后，任正非决定再奖励 1000 万元。

该地区部时任总裁得到消息后跟任正非说："任总，公司已经奖励过了，这次您请大家吃个饭意思意思就行了。"任正非听了很生气："奖金的事情怎么能意思意思，该发就发，绝不能含糊。你自己吃饱了不管兄弟们死活，那把你的奖金股票工资都给我，我天天请你吃饭。"

在这之后，任正非又连续给地区部总裁打了 5 次电话："你要认真想想，弟兄们在一线干活不容易，要给大家分好钱啊！"地区部总裁又说："任总，1000 万元太多了，我不敢要，压力太大，过去哪有一个项目奖励这么多的？虽然我一分钱都拿不到，但我心里还是过意不去啊。"任正非说："那你告诉我多少合适？"最后在任正非的坚持下，还是又发了 700 万元，等于奖金翻倍。

华为运营商 BG 总裁邹志磊曾这样评价任正非："我们要一碗米，他给

你十斗米；你要准备一顿大餐，他给你十根金条。一个项目怎么干，他不关心，他给你政策、资源，只要结果。"华为坚持以奋斗者为本，坚决执行报酬向为企业贡献价值的奋斗者倾斜的制度，激励更多优秀的员工付出更多努力投入到公司的发展浪潮中。

3.5 用体系化的人力资源管理赋能业务

人力资源管理既来源于业务，又服务于业务。在华为，人力资源管理体系的基本使命是"以业务为中心、以结果为导向，贴近作战一线，赋能业务发展"。

3.5.1 让人力资源管理与业务体系实现联结

1996年1月，时任华为市场体系总负责人的孙亚芳带领自己团队的26个办事处主任主动辞职，重新竞聘上岗。他们同时向公司递交了两份报告——一份辞职报告，一份述职报告，由公司视组织改革后的人力需求，具体决定接受每位递交报告者的哪一份报告。这次事件被华为人称为保持华为狼性的一次英雄壮举。

> 市场部集体大辞职，对今后公司构建的影响是极其深刻和远大的。任何一个民族，任何一个组织只要没有新陈代谢，就会终止生命。如果我们顾全每位功臣的历史，就会葬送公司的前途。如果没有市场部集体大辞职所带来的对华为公司文化的影响，任何先进的管理、先进的体系在华为都无法生根。
> ——引自《任正非华为"集体辞职"4周年纪念讲话》（2000）

在这次集体大辞职和重新竞聘考核中，大约有30%的干部被替换下来。就地下岗，择优录用，华为也由此开启了正规化人力资源体系的建设。

华为人力资源体系的建设，借鉴了一些外部著名咨询公司的智慧，如Hay Group、IBM、BCG、AON、PWC等。在这些咨询公司的帮助下，华为"先僵化、后优化、再固化"，学习和借鉴业界各种人力资源管理的最佳实践方法，逐步建立并完善了职位体系、薪酬体系、绩效管理体系等，以及各职位系列的能力素质模型和任职资格，构建了独具华为特色的人力资源管理体系，如图3-7所示。而人力资源的管理范围取决于企业的文化价值观、业务策略和核心业务流程，华为实现了人力资源管理与业务体系的有效联结，如图3-8所示。

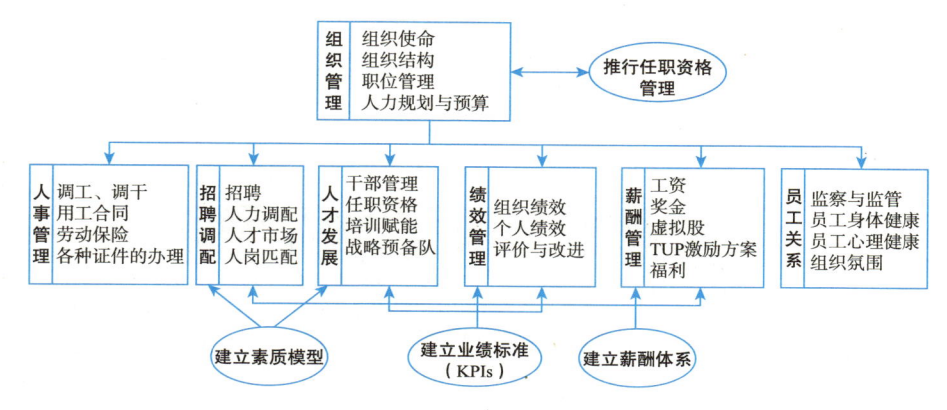

图3-7 华为人力资源管理体系

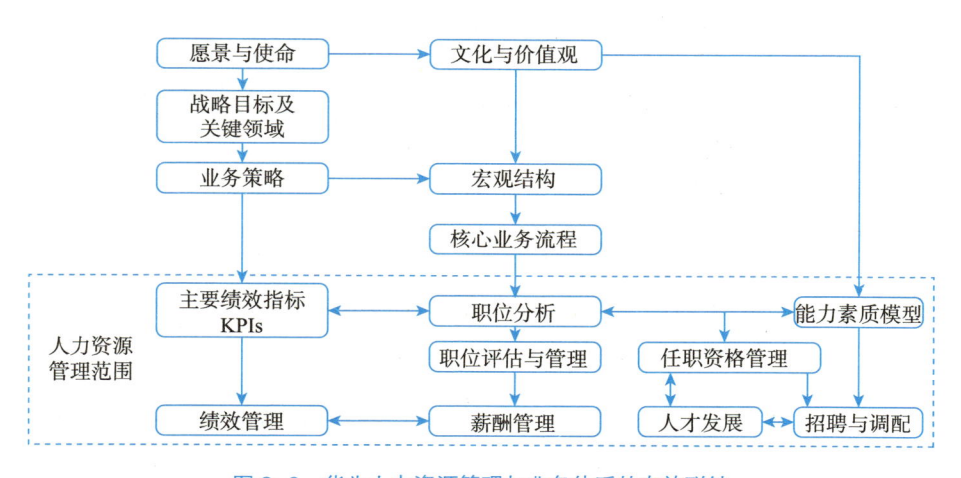

图3-8 华为人力资源管理与业务体系的有效联结

华为通过人力资源体系与机制的完善和推行，为企业的业务正常运作及发展提供人力资源支持，促进企业战略目标的达成。人力资源管理作为支持部门，必须加强能力建设，对业务有着深刻的认识和了解，才能更好地支持业务策略的落地和业务流程的执行。

3.5.2 构建面向业务战略的人力资源组织

华为人力资源管理工作一直遵循以客户为中心的原则。HR的客户是公司的管理层、骨干以及员工，HR通过服务他们来支撑公司业务的发展，满足市场客户的需求。

华为人力资源管理的价值定位是支撑业务战略，如图3-9所示：人力资源管理通过识别、分析业务需求，制定相应的人力资源解决方案，合理配置人才、激发员工潜能，焕发组织活力，从而更好地为客户创造价值，实现企业的持续发展。

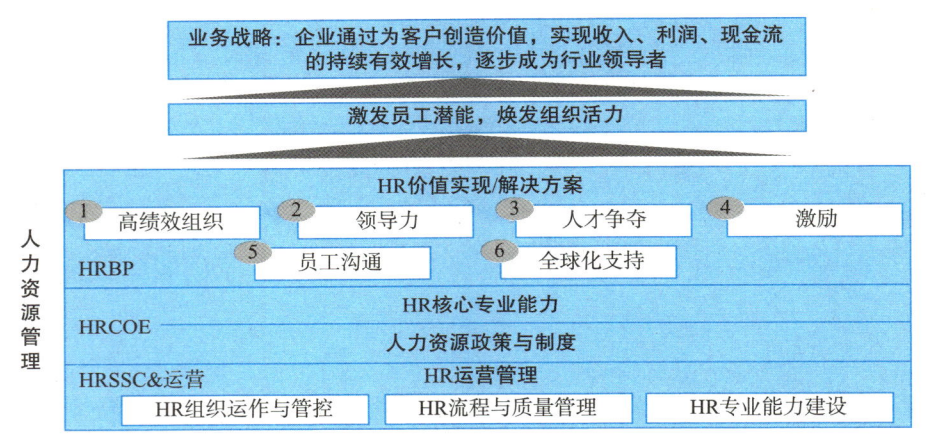

图3-9 人力资源管理的价值定位：支撑业务战略

为此，华为构建了面向业务战略的人力资源组织，图3-10是华为全球人力资源体系的组织架构，可以看到有组织的地方就有人力资源部。

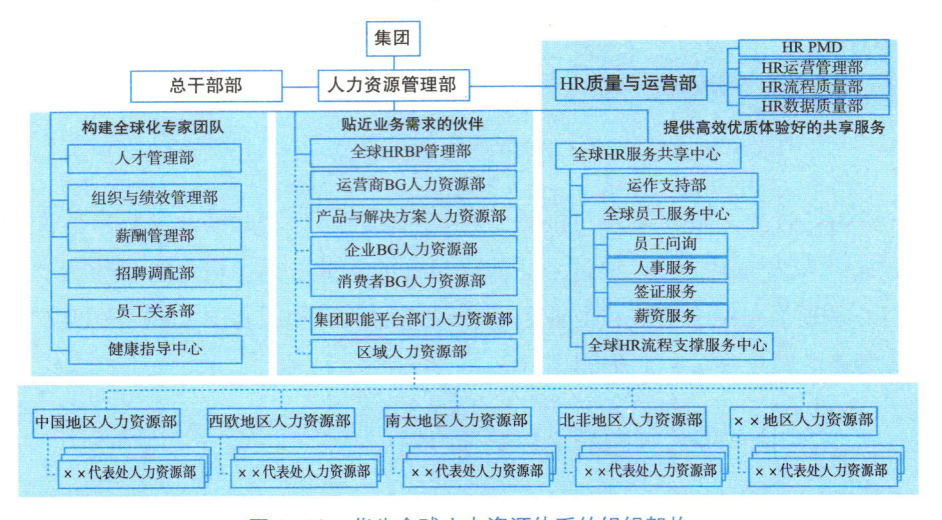

图3-10 华为全球人力资源体系的组织架构

华为董事会设有四个专业委员会，其中一个就是人力资源管理委员会，负责战略人力资源管理。集团设有人力资源部、总干部部、HR 质量与运营部三个职能机构（如图 3-10 所示）：

华为人力资源部主要负责专业化工作，即公司人力资源政策与规则的体系化、专业化建设工作；总干部部主要负责差异化工作，即将人力资源部的政策与规则和业务部门的实际相结合，最终让政策的实施效果能达到预期。

华为总干部部成立于 2018 年，与人力资源部权责分离。这一人力资源管理层面的创新举措，其实在华为内部已经长期应用，只是在这样一个时间点予以明确和强调。早在 1990 年前后，华为的人力资源管理体系中就已经有了各部门干部部的身影，其设立的初衷是为了减轻人力资源管理的中心化，使得公司级的人力资源管理工作有了重要支撑。某种程度上，华为各部门干部部的角色和作用类似于当前通用的 HRBP。

此次公开宣布后，华为的人力资源部和总干部部各司其职，协同推进华为的人力资源管理工作。人力资源部的职责主要聚焦于三项工作：

（1）基于公司的经营发展战略，制定人力资源管理政策，保证公司人力资源政策的统一，以及企业文化导向的一致。

（2）人力资源制度的制定、实施与评估。

（3）人力资源管理组织体系和公共平台的建设。

总干部部主要负责两方面的工作：

（1）落实管理责任，包括公司人力资源政策在本部门的实施与落地，部门组织文化的建设和组织氛围的营造，落实与细化人力资源管理制度。

（2）落实业务责任，包括以业务为导向，进行人力资源的建设与管理，协助部门主管培养、考核与推荐干部。

华为中国区的人力资源管理分为 HRBP 管理部和 HRBP 质量与运营（如图 3-11 所示）：HRBP 质量与运营分为人力资源管理部、薪酬管理、招聘调配部、员工关系，作为 HRCOE 的延伸功能；HPBP 管理部分为运营商 HRBP 部、企业 HRBP 部、代表处人力资源部和区域分中心等。

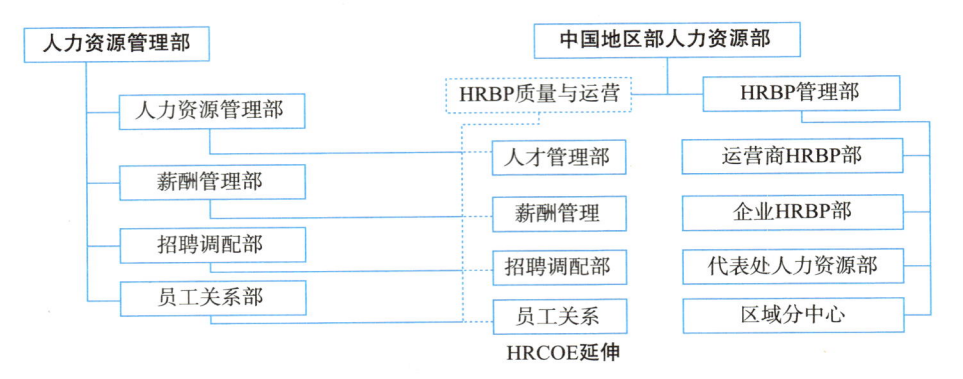

图 3-11 华为中国地区人力资源部的组织架构（示例）

华为总干部部的设立进一步强化了对各级管理干部这个特殊且重要的人力资源的专项管理工作，同时降低了人力资源管理本身的重心，使人力资源管理能够真正放下身段、深入业务，为业务做好服务。正如任正非所说："人力资源部体系管理的规则就是长江的河道，要管好两侧的堤坝；干部部体系就是管好水里的船和人，让船及人在河道内的主航道里，百舸争流，冲击向前。"

3.5.3 让人力资源政策朝着熵减的方向发展

2016年，华为明确提出人力资源政策要朝着熵减的方向发展，使人力资源管理朝着简单、及时、准确的方向优化。

2016年11月30日，战略预备总队就整体业务架构以及部分场景和专业分队的定位与规划进行了汇报："明确继续聚焦主航道，为客户创造价值；人力资源政策要朝着熵减方向发展；持续地研究考核方案，继续优化现有的获取分享制；管理朝着简单、及时、准确的方向优化。"

个人的生命力能为企业带来与时俱进的知识技术创新和业务发展活力，成为企业发展生生不息的动力之源。华为利用微观活力引擎模型（如图3-12所示），对抗个人之熵，激发生命力，促进企业发展。

第 3 章　人力资源管理　　83

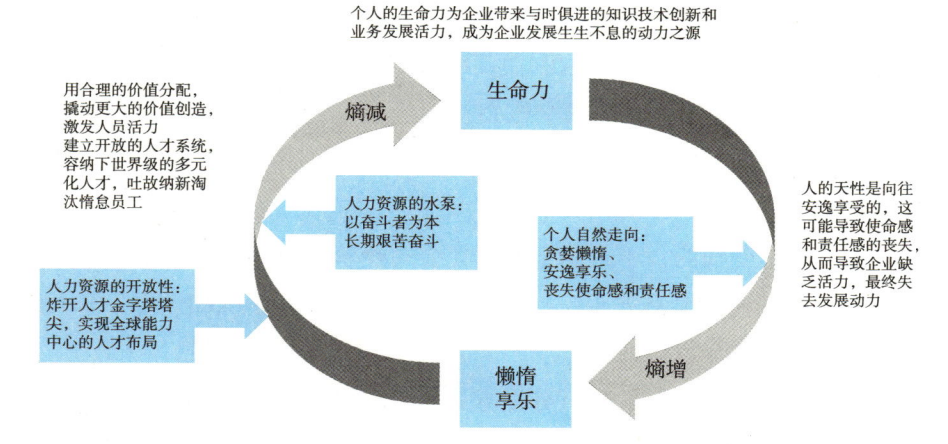

图 3-12　华为微观活力引擎模型

人力资源的水泵

从微观层面来看，华为是由无数个体组成的，人的天性就是向往安逸享乐的，这可能导致使命感和责任感的丧失，从而使企业活力下降，最终失去发展动力。任正非认为："以人为本，是留给国家层面去做的事情。企业是推动社会发展的引擎，以人为本就会失去发展动力、最终'熵死'。"

如何从人力资源的角度，让员工长期艰苦奋斗、激发出生命活力？华为的具体做法就是用合理的价值分配，激发更大的价值创造。任正非认为："企业的活力除了来自目标的牵引、来自机会的牵引，在很大程度上是受利益的驱动。企业的经营机制，说到底就是一种利益的驱动机制。价值分配系统必须合理，使那些真正为企业作出贡献的人才得到合理的回报，企业才能具有持续的活力。"

在华为微观活力引擎中，最重要的功能部分就是华为人力资源的水泵。人力资源水泵的工作原理是用价值分配撬动价值创造，把人的活力充分激发出来。华为将"获取分享制"作为公司价值分配的基本理念，把最佳时间、最佳角色、最佳贡献匹配起来，激发奋斗活力。

这两年人力资源贡献很大，提出来一个'获取分享制'：你赚到钱，交一点分享给我你才能赚钱，你赚不到钱活该饿肚子。获取分享制一出现，这两年利润增长很快，大家的积极性和干劲也起来了。

——引自《任正非华为"激励导向和激励原则"汇报会上的讲话》(2014)

获取分享制是指使任何组织与个人的物质回报都来自其创造的价值和业绩，作战部门根据经营结果获取利益，后台支撑部门通过为作战部门提供服务分享利益。获取分享制强调两个核心：

（1）奖金是挣来的，不是必然的。奖金由公司经营情况、组织绩效和个人绩效共同决定。

（2）奖金是变动的，不是固定的。在公司经营状况好的情况下，不同的组织绩效对应的奖金会有差距；在同样公司经营情况和组织绩效下，个人的绩效不同，个人奖金也会不同。

华为采用获取分享制的价值分配方式，打破平衡，拉开分配差距，激励员工创造更大的价值，从而促进公司与各业务组织的多赢，达到减人、增效、多分钱的目的，避免利益沉淀引起的"熵死"。

人力资源的开放性

华为微观活力引擎模型的开放性体现在：炸开人才金字塔塔尖，在全球能力中心进行人才布局；通过战略预备队培养未来领袖，加强跨部门人员流动；坚持吐故纳新、淘汰惰怠。

1. 炸开人才金字塔塔尖，实现全球能力中心的人才布局

传统的人才金字塔结构封闭，与外界没有能量交换，再加上塔尖很小，能够容纳的人才数量有限，难以为企业带来更多先进的思想和技术。所以，任正非提出"把人才金字塔塔尖炸开"，形成开放的人才系统和组织架构（如图 3-13 所示），这样才能容纳下世界级的人才，打开各类人才的上升通道。

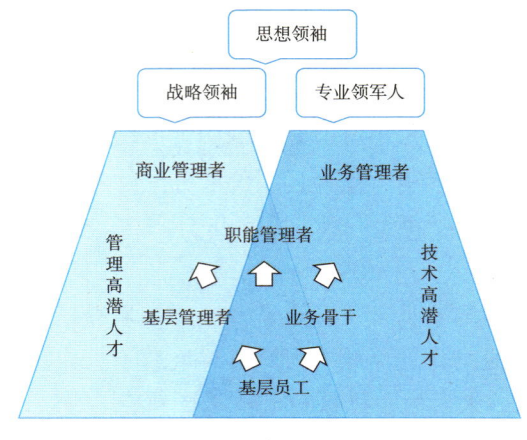

图 3-13 开放型人才金字塔

华为坚持开放式创新，打破人才的组织边界，鼓励华为的人才积极与外部专家、科学家、国际组织、产业组织进行交流。任正非在2017年与上研专家的座谈会上说道："一杯咖啡吸收宇宙能量，并不是咖啡因有什么神奇作用，而是利用西方的一些习惯，开放表述、沟通与交流。你们进行的普通客户关系，投标前的预案讨论、交付后的复盘、饭厅的交头接耳……我都认为是在交流，吸收外界的能量，优化自己。形式不重要，重要的是精神的神交。咖啡厅也只是一个交流场所，无论何时何地都要把握交流的机会，不要狭隘地理解形式。"

华为在全球广泛建立能力中心和人才中心。例如，在俄罗斯研究数学算法，在法国研究美学，在日本研究材料应用，在德国研究工程制造，在美国研究软件架构等。尽管黑天鹅是难以预测的，但是华为可以在黑天鹅的栖息地进行人才布局，最大可能地网罗到黑天鹅，捕捉黑天鹅带来的信息和通信技术的科技跳变。

2. 建立循环赋能机制，培养未来领导者

人在一个位置上待久了，必然会产生惰意，因此必须进行调整和流动。对此，华为建立起了针对各级管理人员和专家进行循环赋能的制度。

"各部门的循环赋能、干部的循环流动千万不能停，停下来就沉淀了，就不可能适应未来新的作战。预备队方式的旋涡越旋越大，把该卷进来的都激活一下。这种流动有利熵减，使公司不出现超稳态惰性。这么大的一次组织换血，这两千多名高级专家和干部会激活整个公司的组织结构的活力。同时，为了避免出现新的知识鸿沟，一定要把外籍员工卷进来，代表处的本地员工也要参与循环赋能。翻译部作为二线作战团队，扩招翻译、组建翻译连，背上同声翻译设备，一同走上战场，让外籍员工也理解高端的解决方案。不然会形成'两张皮'，缺乏整体战斗力，团队就会在激烈竞争中被铲除掉。"

——引自《战略预备队指导委员会在听取汇报时的讲话：人力资源政策要朝着熵减的方向发展》（2016）

华为将战略预备队当作重要的干部能力训战中心，对战略预备队的建设投入巨大，并由任正非亲自担任战略预备队指导员，由三个轮值董事长担任委员。各部门将有意愿、有能力、有资格的优秀干部和人才输送到战略预备队来培养。

华为战略预备队的作用主要体现在以下两个方面：一方面，通过循环赋能培养战略能力，让员工更好地理解并满足客户需求、支撑华为的商业成功；另一方面，通过循环流动改造队伍、让"英雄儿女"成长起来，始终保持组织活力，确保华为的可持续发展。

3. 吐故纳新，淘汰惰怠员工

某种生物能够不断进化的核心不是该种生物越来越强壮、越来越聪明，而是环境不断淘汰不能适应的个体生物。开放性竞争是生物进化的不二法则。

企业也是如此，一个健康的开放系统一定要有吐故纳新的扬弃通道，要能够及时调整或淘汰懈怠的主管和员工。华为在实行末位淘汰制度上坚定不移，裁掉那些不努力工作的员工和不能胜任工作的员工，目的就是激活整个组织，消除"沉淀层"，让一个庞大公司始终保持着精干小公司一般的活力。

微观的有序性产生宏观的力量，华为的生命力促成华为发展的力量。华为通过人力资源的水泵实现逆向做功，增加势能；同时建立开放的人才系统，加速人才流动，实行末位淘汰制度和退休政策，吐故纳新，使人力资源工作朝着熵减的方向发展，激发员工活力。

阅读心得

第 4 章
组织绩效设计

　　组织绩效是指某一时期内,对组织基于自身职责定位而承接的公司或上级组织目标完成结果的综合衡量。组织绩效设计要突出重点,均衡牵引,同时还需要具备可衡量性和可操作性。企业通过促进组织绩效的不断改进,激发组织活力,提升组织绩效,促进商业目标的实现。

4.1 组织绩效的基本概念

组织绩效反映的是组织目标的达成情况，包括量化目标和非量化目标、短期和长期目标、财务和非财务目标、结果目标和过程目标。用 SDBE 领先模型来分析，组织绩效就是以企业或组织为单位，以 KPI 和关键举措来衡量的，以半年度、年度为周期设定的部门目标考核情况。

4.1.1 组织绩效不等于部门负责人的个人绩效

一个公司为什么要做好组织绩效的管理？既然是一个公司，就要确定业绩目标；确定并划分了目标，就要衡量行为达成的结果。所以，组织绩效的目的是引导、牵引组织的行为，同时支撑公司战略的达成，也是识别部门的贡献。公司考核什么、看重什么，员工就要做什么，这就是牵引组织行为。

在华为，组织绩效必须围绕客户的需求和关注点展开，项目组或部门的组织绩效如何，取决于他们在一定时间内帮助了客户解决了多少问题，提供了怎样的解决方案，为客户创造了多少价值。如果客户的问题得不到解决，组织绩效必然是"难产"的。

【案例】华为认可的组织绩效——为客户创造价值

任正非曾在华为公司的大会上讲道："我们不要通过客户关系把客户的仓库装满，而是真正用我们的产品和服务帮助客户创造价值。"为客户创造价值的主张主要包括提供的解决方案是否解决了客户的问题或痛点，解决方案是否具有竞争优势，解决方案能否提升客户未来获取价值的能力、降低客户的整体运营成本、保障客户长期价值增长，等等。

华为项目经理曾勇军记得在一次实战任务中，他所在部门的目标是要帮助客户增加 WTTX 无线宽带用户，目标数量是 40 万新用户，然而起初客户每月的新增用户还不到 1 万，这样的差距让曾勇军和同事们都很着急。

在这样的情况下，曾勇军首先要将队伍进行功能性的整合，在团队整合完毕后，曾勇军开始与同事们梳理思路：运营商潜在的高价值用户在哪里，怎么精准规划站址来让每个基站能获取最多的用户，什么样的建站节奏能"先吃到最甜的部分"，收获优势收益。曾勇军发现，在思考如何达成组织绩效时，他更多是从客户运营的角度来考虑的。

这样的思考帮助曾勇军所在的一线团队找到了正确的切入口，剩下的便只需要大家齐心协力了。在接下来的工作中，曾勇军和团队成员一起确定了精准规划站址需要的步骤、工具、数据，并根据各方信息做出了客户在南非最大城市约翰内斯堡的站址规划。他们一边规划，一边通过不断更新的信息寻找问题，不久他们便发现：30%的基站并没有什么话务量。根据采集到的话务模型，他们立即精确确定了规划方案的改进点。正是这样精细切入客户实际情况的站点规划，在后续进展中完美地满足了客户的诉求，客户的新增用户也得以在短时间内实现了翻倍增长。最终，曾勇军所在部门也完成了他们的绩效目标。

组织绩效的提升，有赖于组织中所有个体的奋斗及努力。对于一家企业来说，组织绩效是企业战略目标的实现程度；对于一个部门/团队来说，组织绩效是部门/团队任务完成的结果。因此，组织绩效并不等于部门负责人的个人绩效，部门负责人的绩效不仅包括其所辖员工的绩效以及所负责部门的组织绩效，还包括其个人的绩效。

如果组织经营效果不好，部门负责人是不可能有好的绩效结果的。一个部门的负责人，不仅必须是一个能冲锋陷阵的能手，还必须是一个能带领团队攻城拔寨的主帅。

4.1.2　组织绩效的三大作用

管理学界曾经就美国（以股东利益为中心）和日本（把员工利益放首位）的不同绩效模式展开了一番讨论，期望得出一个孰优孰劣的结论。不过随着时代发展，现代企业逐渐有了统一的认知：为了在绩效管理体系以及组织绩效管理机制的分配下实现多方的共同胜利，即实现"多赢"，企业的绩效管理必须保持组织目标和个人目标的协同。

组织绩效通常是以年度为单位来对组织目标的达成情况进行考核，组织绩效的作用主要有三个，具体如下：

（1）支撑战略达成的指挥棒。把公司战略目标，自上而下逐级分解，从公司分解到一级部门/业务线，从一级部门/业务线分解到二级部门及业务线下属部门，确保组织的战略诉求落实到组织绩效里面，再从二级部门及业务线下属部门分解到基础岗位，将公司管理者的责任和压力转变成每个部门的责任和压力，促使他们为了实现部门的目标而不断努力奋斗。华为创始人任正非表示，如果战略制定好并分解完后，有部门以及部门负责人感觉不到压力，那么这个部门以及部门负责人就可以撤销了，因为他们对企业战略目标没有贡献。

比如，华为曾在 1998 年的时候提出了要成为"世界一流通信设备供应商"的战略目标，为了实现这个目标，华为高层确定了六个维度的关键成功要素：市场领先、利润和增长、制造优势、顾客服务、人与文化、技术创新。确定一级维度之后，再将每一个维度进行逐级细分，例如顾客服务，可以分解为服务质量、培训客户、项目管理；其中服务质量又可以进一步细分为产品满意度、服务态度满意度、产品安装成本、产品安装准时性、顾客响应速度等指标。考核指标最终就发挥指挥棒的作用，牵引组织和员工的行为，让战略能够有效聚焦。

（2）促进组织协同，牵引所有部门"力出一孔"。组织绩效是通过对组织的考核，促进组织之间能产生足够的协同，激发组织的活力。企业在做组织绩效时，需要进行绩效指标互锁。

很多企业都存在部门墙的问题，部门间的协作配合不顺畅，甚至出现相互推诿扯皮的现象，这种情况下如何通过设计合理的考核指标来实现各部门指标的互锁就非常关键。例如，销售部门设置销量指标，研发部门相应地设置新产品销量指标。销售部门的销量指标达成很大程度上依赖新产品的竞争力，而研发部门的新产品销量指标又依赖于销售部门能否有效获取客户。如此一来，通过指标的互锁来促进销售和研发部门的高效协同，共同为企业和客户创造价值。

（3）对组织贡献进行衡量。组织绩效的评价结果最终体现了部门的价值创造，而价值创造的大小决定了部门奖金包的大小。很多企业想对组织贡献进行衡量，但是因为组织绩效指标设计环节做得不扎实，不敢用。

比如说，有企业把组织绩效转换成绩效系数影响组织中每个人的奖金：假如部门组织绩效为 A，系数为 1.5；部门组织绩效为 B，系数为 1.2。这样的系数转换看上去是衡量了组织贡献，但是效果却不明显。为什么呢？因为绩效考核结果为 A 的部门和考核结果为 B 的部门，仅仅相差了 0.3 的奖金系数，这样并不能对绩效好的部门产生足够力度的激励，从而无法有效点燃部门及其员工的热情。

组织绩效是在战略既定的前提下，衡量企业内部各部门"是否在做正确的事"及其"做事的结果与效果如何"。部门的组织绩效不仅要成为部门负责人的"紧箍咒"，还要作为干部提拔任用的参考前提与必要条件。同时，企业还要将部门绩效考核结果全面应用于部门的调薪、奖金、职级升降上，这样才能牵引部门负责人带领部门员工为了达成部门目标而积极奋斗，不断提升自身业务素质，从而支撑企业战略目标的落地。

4.1.3　组织绩效指标及目标的来源

企业在经营管理中，通常会以年度、季度为阶段设立组织绩效目标，然后在该阶段结束的时候，考察目标有没有达成。组织绩效指标及目标的来源主要有三个，分别是：

（1）战略解码（上级/本组织）：通过 SDBE 领先模型，解码出每一个部门的 KPI 指标以及关键任务（如图 4-1 所示）。在对公司战略进行解码的过程中，无论是按职能部门进行横向分解，还是按管理层次的纵向分解，最终都能实现企业战略目标和部门绩效目标、部门绩效目标和个人绩效目标的上下对齐。

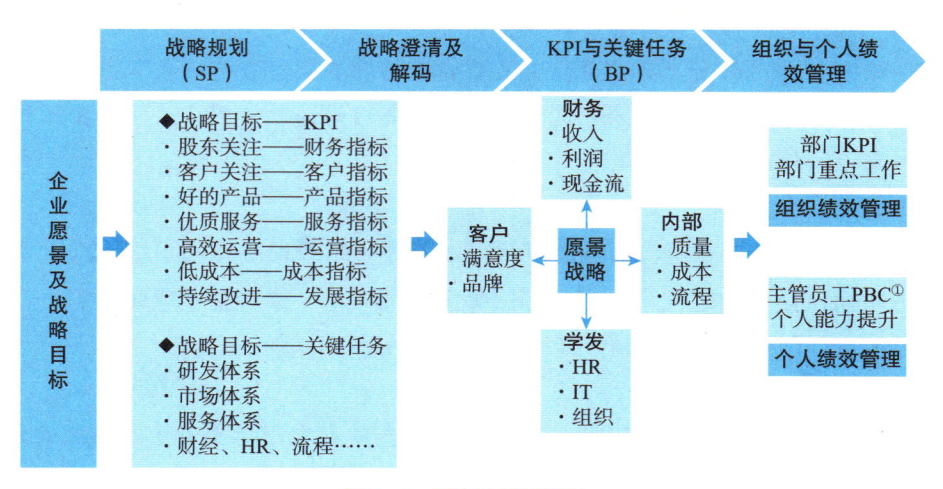

图 4-1　SDBE 战略解码

① PBC：Personal Business Commitment，个人业绩承诺。

（2）责任中心定位：每一个部门都承担一个来自企业最原始的诉求，也就是说每个部门在端到端的流程里应履行的职责和定位也是组织绩效的关键指标。为什么在设计组织 KPI 的过程中，经常会出现错位？为什么不同部门之间会出现扯皮打架、互相不买账的情况？很可能就是因为企业没有对部门进行责任中心定位。部门责任中心定位的不同会直接影响到组织对上级和流程目标的承接方式与责任范围，如表 4-1 所示。

表 4-1 责任中心定位

责任中心	说明	典型部门	典型 KPI
利润中心	责任中心体系的核心，直接面向客户，承担端到端责任、对利润负责	区域产品线 / 地区代表处	收入 / 回款 / 利润
收入中心	面向外部客户创造收入的组织，以追求规模和增长为主要目的	系统部	订货 / 客户满意度 / 竞争
成本中心	为利润中心服务，是利润中心承担客户端到端责任的组成部分，投入与产出之间有着密切的匹配关系，对可控成本负责	生产制造 / 采购	交付质量 / 成本变动率 / 运作效率
费用中心	不直接面向外部客户，为其他责任中心提供服务，投入与产出之间无严格的匹配关系，对费用发生额、改进率负责	职能部门 / 研发及预研部门	服务满意度 / 关键任务

例如，公司成立研发产品线的目的是希望产品线能和销售一起负责推进该产品在市场上的商业成功。确定了这个定位后，企业就要考核该产品线的收入与利润，这些考核指标不是来源于战略解码，而是来源于部门的责任中心定位。

（3）业务短板/管理诉求：为改善组织能力"短板"以及应对管理诉求（包括来自领导、客户、合作伙伴、上下游的诉求）需进行的相关重点工作任务。比如说，笔者团队曾服务的一个客户，他们有 8 家子公司，其中 7 家子公司的销售回款都没有问题，只有 1 家子公司回款出现了很大的问题，那么这家销售回款有问题的子公司就是该客户组织的短板。在制定组织绩效考核时，应针对该短板专门去制定考核指标。

华为的组织绩效目标主要分为三类：战略目标、经营目标、管理改进目标，如表 4-2 所示。战略目标体现的是战略规划（SP）的长期诉求，明确长期战略意图以及阶段性里程碑；经营目标体现的是企业当年的经营诉求和重点；管理改进目标主要聚焦组织关键短板，对标业界标杆进行持续改进，提升能力。

组织绩效的重点在于它是来承接并分解整个公司的或者上级的组织目标的，所以组织绩效不是独立存在的，一定是有上下文的。重视组织绩效能让企业所有员工更高效地执行目标，保证组织整体效能的激活，确保企业战略的顺利达成。

表 4-2　华为组织绩效目标的分类

组织绩效目标分类	举例
战略目标	机会点、格局、竞争、风险管理
经营目标	机会（订货）、增长（收入/回款）、投入（销管研各项费用）、效率（运营资产效率）、汇报（利润/净现金流）、风险（超长期应收）
管理改进目标	客户（客户满意度/品牌）、内部运营（变革/质量/内控）、学习与成长（人才数量/人才质量）

4.2　组织结构支撑组织目标达成

组织是企业经营管理活动的载体，水能载舟，亦能覆舟。组织结构是为战略服务的，组织结构要支撑组织目标的达成。

4.2.1　基于组织目标实现要求，分析组织结构

当企业已经拥有了明确清晰的战略目标后，可以借鉴企业职能关系图（如图4-2所示）来对当前的组织结构进行分析，确定它是否能够支撑组织目标的实现。

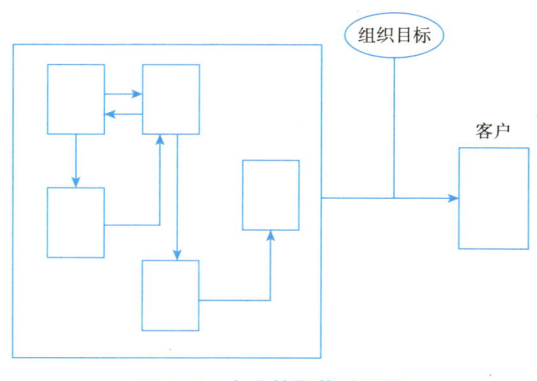

图 4-2　企业的职能关系图

职能关系图是一幅描述组织内关系的图景，它能帮助企业管理者看清组织中职能之间的输入输出关系，并将这些输入输出关系通过可视化方式表达出来。企业借助职能关系图能够识别出组织结构中的"空白地带"，即阻碍着组织能力的发挥以致企业的战略目标无法达成的断点，具体如表4-3所示。

表4-3 职能关系图的具体作用

序号	具体作用
1	理解组织是如何进行系统化运行的
2	识别组织"线路板上的断点"（"断点"主要是指连接缺失、重复或不合理）
3	建立能够消除断点的职能关系
4	评估现有关系，并对人员重新分组，以及重新确立汇报层级关系的备选方案

【案例】基于A企业的组织目标，分析其组织架构

A企业是一家从事软件开发与系统工程的企业。2018年A企业的组织目标是：一、2018年年终公司的客户满意度达到98%；二、在2018年年底前，推出两项新的客户服务项目，以区隔竞争对手；三、在2019年，实现销售收入35亿元人民币、利润3亿元人民币的目标；四、在2019年年底前，将软件包的订单周期缩短到70小时；五、在未来三年内，推出5种新的软件产品；六、在未来五年内，占领航空项目管理软件市场75%的份额。

在有了清晰的组织目标后，A企业接下来需要分辨当前的组织结构能否支持这些组织目标的实现。A企业的组织架构图如图4-3所示，职能关系图如图4-4所示。

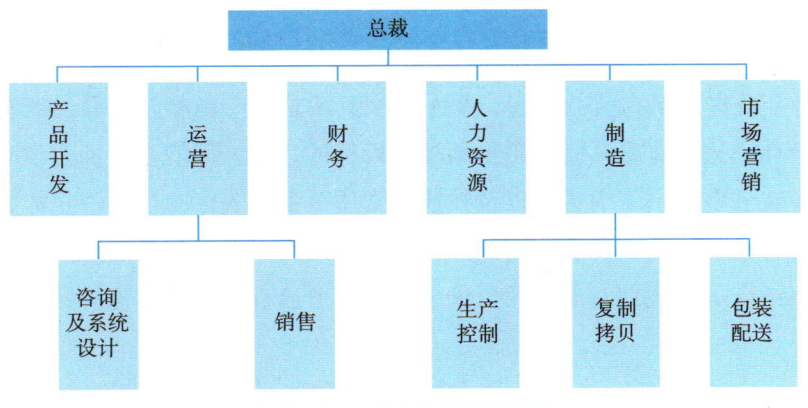

图4-3 A企业的组织结构图

通过这两张图，可以发现 A 企业的组织结构中存在大量的组织设计断点，阻碍着组织能力的发挥，以致企业的战略目标无法达成。这些断点包括：营销没有参与到销售预测中；营销没有和驻地销售相关联；营销没有通过市场洞察识别客户需求；未具备提供客户服务的职能；生产预测是由财务来完成的，出现了职能缺位。

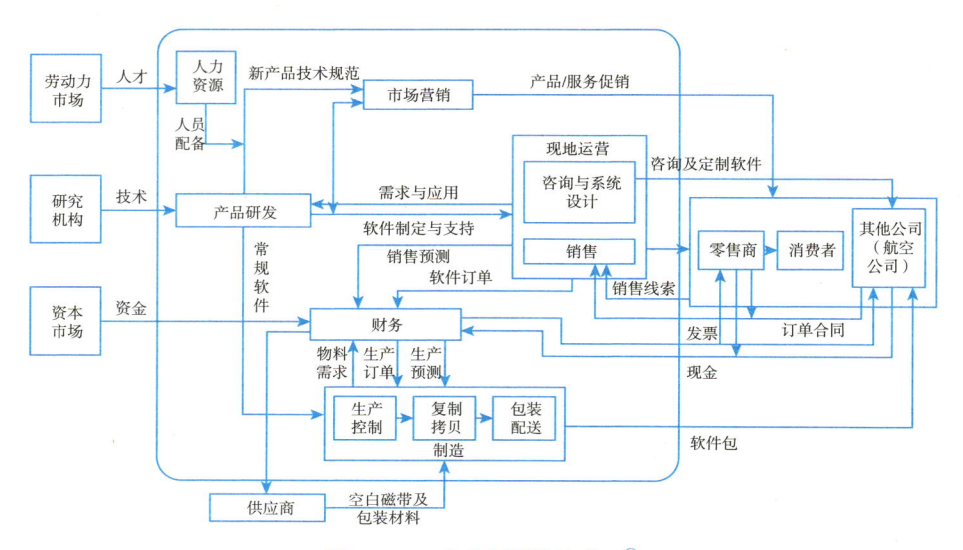

图 4-4　A 企业的职能关系图[①]

企业的战略目标在很多时候并不能独立地划分到各个部门，而是需要跨部门协同作战，因此企业在识别出组织中存在的断点后，需要调整优化组织结构，以消除阻碍组织能力发挥的断点，支持企业战略目标的顺利达成。

4.2.2　梳理业务流程，明确流程现状与绩效目标间的差距

对企业进行研究就会发现，整个组织其实是一个由相互关联的流程组成的集合体，这些流程共同作用推动战略目标的达成。即使企业拥有清晰的战略、逻辑分明的上下级关系以及技能与素质兼备的人才，也不一定能弥补自身在流程上的缺陷，而有缺陷的流程难以实现对战略目标的支撑。因此，企业需要结合战略规划对流程的要求，梳理业务流程，明确流程现状与绩效目

---

① ［美］吉尔里·A. 拉姆勒，［美］艾伦·P. 布拉奇. 流程圣经：让流程自动管理绩效 [M]. 王翔，杜颖 译，北京：东方出版社，2018.

标间的差距。

流程梳理是通过对比流程的"当前态"与"未来态"，找出它们之间的具体差距。其中，流程的"未来态"是指企业战略目标对流程体系的指标要求。流程梳理必须抓住关键问题，优先选择少数关键流程切入，从核心流程逐步向外扩展。

所谓核心流程是指企业向外部客户交付价值的流程，通俗来说，就是直接形成并提供产品与服务的流程，同时也是影响组织竞争优势、对组织战略成功至关重要的流程。

从理解客户需求到满足客户需求的价值创造过程中，对战略产生最重要影响的关键流程如下。

（1）营销管理流程：包括品牌管理、渠道管理、商机管理、合同管理等，目的是通过产品/服务的销售，实现财务目标。在华为，主要由 MTL/LTC 流程支持。

（2）客户管理流程：包含了客户选择、获得、保持、增长和挽留等环节，目的是建立并利用客户关系，实现产品/服务销售。在华为，主要由 CRM/PRM（客户关系管理/合作伙伴关系管理）系统支持，与 MTL/LTC 流程配合。

（3）开发管理流程：涉及需求管理、集成开发管理、发布上市、工程设计、支持及改进等多个环节，原则是"以客户为中心"，满足客户的需求。在华为，最具代表性的就是 IPD 集成产品开发流程。

（4）创新管理流程：根据市场和技术发展趋势开发新的产品、服务、商业模式、流程和关系，目的是抢占市场先机或改善竞争地位。创新管理流程与开发管理流程的区别在于考核机制，并且前者更强调敏捷开发，以及快速的市场验证和迭代。

（5）运营管理流程：保证持续、高效地向客户提供服务，包括交付管理（采购、生产制造、物流）、财务管理、成本管理、数据管理、风险管理、问题管理等。在华为，运营管理流程有集成采购供应链系统 ISC、集成财务系统 IFS、问题解决流程 ITR 等。

每个流程都是由一系列组织活动组成的，但并不是每一个活动都需要改进，而是需要找出这些流程中导致绩效低下的关键点。企业在进行流程梳理时，主要是在解答以下问题：

（1）这些核心流程运行得怎么样？也就是描述流程的作用方式。

（2）这些核心流程在哪里运行得不好？也就是流程中哪个活动存在问题。

（3）为什么运行得不好？即细化描述该流程活动中出现的问题。

为了了解这些问题，企业需要先收集有关核心流程的信息。一般来说，流程信息的内容包括已有的流程文件、流程实际运行情况描述、工作绩效分析报告、日常流程问题记录、客户调查报告以及对全流程负责人的访谈记录等。

再者，流程管理主要是面向三方面的需求——供应商、客户以及公司自身，为此企业在搜集流程信息时要对供应商、企业自身、市场需求、未来趋势等进行调查研究，以得到更详细的流程信息。

此外，流程信息收集工作要尽可能地突出以客户需求为重点。因为满足客户需求是企业生存的理由与基础。在对客户需求的调研中，除了需要考虑企业自身的历史与现状，还要关注外部市场的需求导向信息，重点维持以客户价值导向为中心的调查研究。

最后，企业根据收集到的流程信息，制作并完成梳理分析表（如表4-4所示）。

表 4-4 流程梳理分析表

流程客户		全流程负责人	
流程目标：（1） （2） ……			

序号	活动名称	影响KPI的名称	影响程度（强/中/弱）	作用方式描述	输出文件	问题描述（问题与对策）
1						
2						
3						
4						
5						
6						
……						

备注：以上内容按照流程的先后顺序填写。

企业通过梳理核心业务流程，能够明确流程现状与绩效目标之间的差距，进而针对存在的问题进行完善和改进，以实现组织间流程的无障碍沟通，增强组织间部门的横向合作，提高企业运营效率，提升组织绩效，从而实现企业可持续发展。

4.2.3 组织改进优化，以支撑组织目标达成

组织结构和流程是影响组织目标实现的重要因素，在梳理清晰企业管理流程中的脉络、找到各部分间的内在联系的同时，企业需要基于流程梳理结果对组织结构和流程开展针对性的改进与优化，以支持组织目标的达成。

【案例】IBM 组织改进优化

从 1991 年到 1993 年，IBM 出现了连续三年亏损，总亏损金额达到 160 亿美元。其中，1993 年一年的亏损就高达 81 亿美元，这对于 IBM 来说是史无前例的。

面对市场地位急剧下降以及巨额亏损的困境，郭士纳入主了 IBM。郭士纳进入 IBM 后不久，便发现 IBM 主要存在以下几个问题：

（1）被动挨打，推卸责任。譬如说，当他说到公司市场份额下降得比较厉害时，下属就会说："日立、富士通以及 Amdahl 同类产品的价格已经比我们低 30%～40%。"他继续问："那为什么我们不降低价格，以避免他们像打鼓一样打击我们呢？""降价会造成我们在最需要利润的时候丧失大量收入与利润。"

（2）人员冗杂，机构僵化。在 IBM，几乎所有部门都存在冗员问题，并且相应的权力结构僵化，人员流动比较困难。

（3）系统分立，各行其是。比如，在美国本土之外，IBM 在全球的 160 多个国家开展业务，且在每个国家都有其独立的体系。在实际工作中，IBM 员工要进入另一国家区域经理"管辖"的区域，必须获得对方的同意。仅在欧洲，IBM 就拥有 142 个不同的财务体系。当时，IBM 拥有 128 个首席信息官（现在，IBM 只有一个）；共有 339 种不同的客户满意度调查。

（4）合作困难，互相倾轧。郭士纳初到 IBM 时，曾发现 IBM 的一个硬件事业部，在没有事先通知公司软件事业部的情况下，就私自和 IBM 在软件业务领域的竞争对手 Oracle 公司签订了合约。

为了解决这些问题，郭士纳采取了大胆的行动：

（1）按客户类型重组公司的结构从而彻底打破地域分割和各自为政的局

面。比如，改变区域管理模式，实行垂直管理模式，将 IBM 划分为 11 个行业集团（分别面向银行、政府、保险、商品流通、制造业等行业）和 1 个涵盖中小企业的行业集团。

（2）将 IBM 所有分散独立的广告部门（不仅是在美国国内的，还有遍布世界各地的 IBM 广告部门）合并集中起来，只雇佣一家广告公司奥美来代理 IBM 的广告业务，实现全新形象整合。

（3）推动自上而下的全面业务流程再造，不是循序渐进，而是全面进攻。在任何一个特定时期，都会有 60 多个重大再造项目同时进行。这场再造活动，主要集中在十一个大领域：前六大与外部相关的领域为核心启动领域——硬件开发、软件开发（后与前者合并为产品开发部）、执行、整体供应链、客户关系管理以及服务，后五大领域为内部管理——人力资源、采购、财务、不动产以及信息技术。

在这一系列举措的助力下，郭士纳带领 IBM 走出了低谷，成功完成转型：从一家计算机企业转变为提供信息技术和业务解决方案的企业。

对企业来说，组织就好比铁路系统，流程就好比铁路线，业务就好比火车站。火车的目的地决定铁路线的走向，铁路线的走向确定火车站的设立。如果组织结构与流程没有根据企业战略进行适配性的调整与优化，就难以保障组织目标的达成。

【案例】B 公司的组织结构调整不以组织目标为导向

每到年底，B 公司的领导就开始在纸上涂涂画画，盘算着应当把哪项职能调整到哪个部门。B 公司的组织结构图每年都会进行调整，新的组织结构和人事任命总会让管理层感到一点点惊讶，很多人都不明白为什么某一个职能或者部门会调整到另一个部门，有时还会出现某项职能连续两年被调整的情况，好像公司领导在以实验的方式确定该职能到底放到哪个部门更合适。

让员工略感轻松的是公司流程是跟着人走的，即使调整了部门，办事的人还是同一个，所以即使忘记了某项职能在哪个部门也不影响办理业务。但 2017 年时，事情发生了一些变化，当年公司先确定了各部门的业务目标，之后又调整了组织结构和部分部门负责人，结果新上任的负责人就提出了意见，认为调整后的业务目标不是自己承诺的，部门职能也发生了变化，应当调整业务目标。公司相关领导一方面架不住这些负责人的再三坚持，另一方面也觉得有点道理，就重新设定了他们的业务目标。B 公司调整组织结构的目的肯定也是为了做好业绩，但从操作上来看，其调整组织结构的前提可能不是认为这样能够做出更好业绩，而更可能真像管理层所猜想的那样"先这么调下试试，看看效果"。

组织的调整优化需以组织目标为导向，企业通过改进和优化组织，实现流程与组织的有效整合，提升运营效率，实现企业整体的高绩效，从而最终支撑企业组织目标的达成。

4.3 组织绩效指标设计

组织绩效指标设计不仅需要上下对齐、分层当责，还要基于不同单元的价值定位进行差异化设计，从而让各部门形成合力，同时指标的目标值设计还要能牵引组织目标达成，这样才能支撑企业战略目标的落地。

4.3.1 上下对齐：垂直分解，保证责任层层落实到位

战略解码是指通过可视化的方式，将组织的战略转化为全体员工可理解、可执行的行动的过程。如图 4-5 所示，通过战略解码将战略目标自上而下进行垂直分解，从公司到各部门再到各个岗位，使企业战略目标、组织绩效目标、个人绩效目标上下对齐，各级管理者与所有员工对部门职责和员工的岗位职责一目了然，分层当责，有效支撑战略执行与落地。

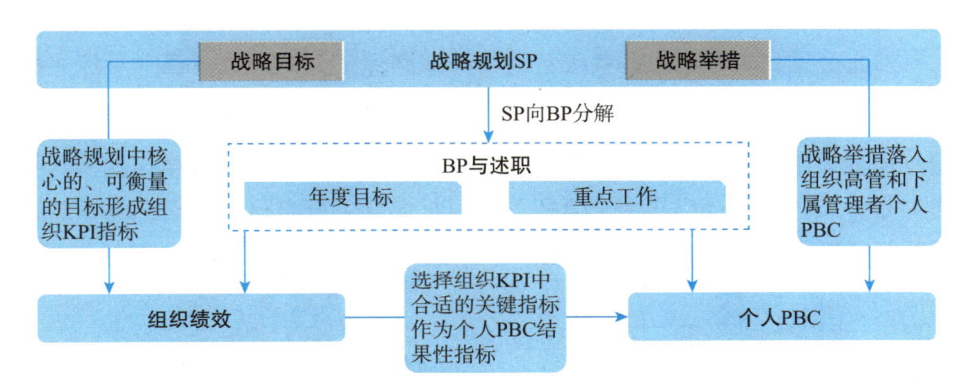

图 4-5 绩效目标上下对齐

在设计组织绩效指标时，企业需要注意各级目标与组织战略的方向是否达到了上下一致。如果个人绩效目标与组织绩效目标之间出现了偏差，那么就无法支撑组织绩效目标的达成。

【案例】项目组成员与项目组的团队目标没有实现上下对齐

一个周六的早上，华为西安研究所接到了一个紧急电话称某省有个32模的站点瘫痪了，导致几万用户的通信都受到了影响，希望研发部门能够马上前去解决问题。项目组长罗璇（化名）迅速组织团队开展工作，但是由于是新建团队，团队成员只对自己职责内的事情比较熟悉，缺少深度解决问题的支撑能力，在处理综合性紧急事件时相互之间配合不熟练，奋战了10多个小时还是没能解决问题。在巨大的压力下，项目团队更加慌乱了。最终，只得求助该省的一个售后服务专家，才顺利地解决了问题。

造成这类问题的原因就是项目组成员与项目组的工作目标没有实现上下对齐，个人工作目标与组织目标之间出现了较大的差距，每个成员只关心自己的"一亩三分地"，缺少对重大业务问题的综合性理解，导致在遇到综合问题时难以组织起团队力量来支撑团队目标的达成。

在这件事情之后，华为西安研究所收到了服务专家发来的邮件："希望研发能'知耻而后勇'。"项目组长罗璇（化名）说："当时觉得特别丢人，于是我们痛定思痛，开始重新梳理和完善对重大事故的处理机制，明确流程和个人分工，强化个人的关键能力，以确保团队对重大业务问题的深度服务能力。"在那以后，再遇到类似的问题，团队都能以成熟的方法来应对，一定程度上也提升了团队绩效水平。

由此可见，只有组织的各级目标都与战略保持方向一致，每个目标才都能实现对企业战略的支撑。在华为的战略解码过程中，公司会根据部门的独特价值来分解战略，确保每个目标都有承接部门，保证部门目标和公司战略方向是一致的；各部门再将分解得到的目标继续下分到员工层面，确保部门目标的达成，这样就能强力支撑公司战略的有效落地。

4.3.2　横向协同：部门指标要"拧麻花"，形成合力

企业无论规模大小，为满足运作的需要，必然会在内部成立相互独立的部门，比如产品研发部、销售部、生产部、人力资源部等，各部门都有自己的

任务和职责，但从公司价值链的角度来看，各部门都是相互关联的环节。因此在设计组织绩效指标的过程中，不仅要确保部门目标与公司战略目标的上下对齐，还要实现部门间的左右连通，建立起各部门间的连带责任和协作关系，保证横向一致性。

【案例】华为设计"拧麻花"式部门指标

华为研发部门主要负责开发产品，而销售部门主要负责开拓客户，把产品销售给客户。基于这两个部门职责的不同和关联，华为设计了它们各自的绩效考核指标，如表4-5所示：

表4-5 华为研发部门与销售部门的组织绩效考核指标（示例）

部门	考核指标	
	关联	不同
研发部门	战略目标、新产品销售、客户满意度、网络运行质量、市场份额、收入/订货、利润率、存货周转效率	产品竞争力、产品进度偏差、产品规格实现、技术断裂点、专利覆盖率、产品质量（返修率/事故）、研发降本
销售部门	战略目标、新产品销售、网络运行质量、客户满意度、市场份额、收入/订货、利润率、存货周转效率	客户关系、客户成功、回款/现金流、资金周转效率/服务成本率/销售费用率

从表中可以看出，这两个部门虽然一个在内，一个对外，但是通过基于部门的价值定位进行差异化的绩效指标设计，让两个部门的绩效指标像"拧麻花"一样，形成合力，从而使得研发部门和销售部门"力出一孔"，共同实现以客户为中心的愿景。

然而，部分企业在设置不同部门的绩效考核指标时，没有考虑不同部门的价值定位，缺少"拧麻花"式的指标设计。如此一来，就会造成有些人干活，其他人等着也能得到回报，不仅无法在部门间的形成合力，甚至会带来内耗。

【案例】Y企业部门指标设计

Y企业是一家制药企业，每年年初，Y企业会制定年度战略目标，由一级部门的负责人签订年度目标责任书，明确挂钩各方面的业绩跟相关的绩效指标，但最终出来的绩效结果却往往令老板非常不满意。

例如，2022年第一季度公司的销售额和利润各方面完成得都非常好，但生产部门因为生产进度跟不上，导致有时会断货，因而完不成考核指标。而人力资源部门的绩效指标因为跟利润挂钩，所以完成得很好。而在老板看来，生产部门虽然出现了断货，却非常辛苦，也为公司业务贡献了很多。而人力资源部门事实上并未贡献多少，只是因为"背"了利润这个指标。这样的考核方法非常不公平（如表4-6所示）。

表4-6 Y企业人力资源部门和生产部门绩效考核指标对比

绩效指标	人力资源部权重	生产部权重
净利润完成率	30%	
人均销售收入完成率	20%	
人工成本占毛利比	20%	
招聘到岗率	20%	
工作计划完成率	10%	10%
制造费用下降率		20%
半成品一次性合格率		20%
采购成本节约		15%
内外部检查缺陷率		20%
设备正常使用率		15%

从表4-6中可以看出，人力资源部考核指标中净利润完成率占比30%，人均销售收入完成率20%，人力成本占毛利比20%，招聘到岗率占比20%，工作计划完成率10%。人力资源部的绩效考核指标中跟销售相关的占比高达70%，而人才组织这一块的占比只有20%，这种设置显然是不合理的。

生产部的绩效指标中制造费用下降率占比20%，半成品一次性合格率20%，采购成本节约15%，内外部检查缺陷率20%，设备正常使用率15%，工作计划完成率10%，其中没有跟销售利润挂钩的指标。

由此可以看出，Y企业对公司经营目标的分解，没有按照部门职责和独特价值定位进行差异化考量，缺少"拧麻花"式的指标设计。

由此可见，组织绩效指标的设计，需要结合不同部门的价值定位进行差异化设计，让各部门绩效指标像"拧麻花"一样，形成合力，使各部门围绕公司的总体目标努力，共同助推公司绩效的提高。

4.3.3　保持均衡：当下"多打粮食"，长期"提升土地肥力"

组织绩效指标的设计，不仅要保证上下对齐以及横向协同，还要兼顾均衡性和导向性。也就是说，组织绩效指标的选取要结合平衡记分卡的四个维度、公司导向以及部门责任均衡考虑。例如今年重点要发展哪个业务，要重点提升哪个能力，在指标设置时就要针对性地考虑并且要加大其相应指标权重。

平衡计分卡（Balanced Score Card，BSC）是战略解码通常采用的工具，从财务、客户、内部运营、学习与成长四个维度（如图4-6所示），按照组织结构自上而下地对战略进行垂直分解，从公司级到部门级、从部门级到团队级，再从团队级到个人级，层层进行；同时又按照业务流程结构横向地对战略进行水平分解，保证战略分解后的一致性。

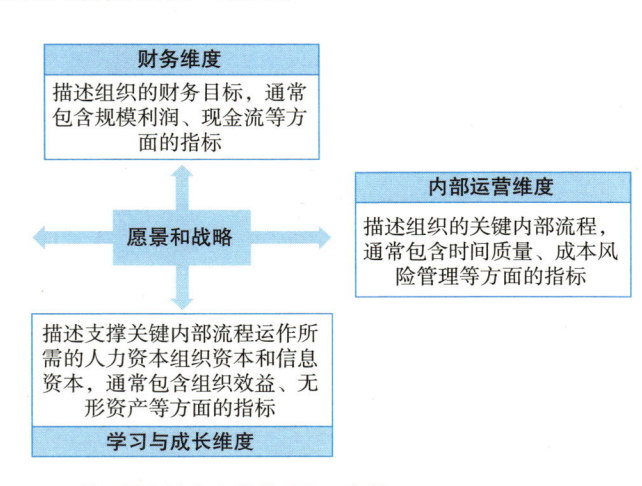

图4-6　基于平衡计分卡的战略解码架构

华为对每个部门的组织绩效考核都会设计四个维度的指标：财务、客户、内部运营、学习与成长，同时还会在各部门的组织绩效考核中，专门设置一个战略目标项，权重15%～25%，将部门战略解码输出的战略关键任务，汇总为一个合集，打包在战略目标中进行考核，如表4-7和表4-8所示。

表 4-7　华为组织绩效指标设计（示例）

牵引点		年度建议 KPI	权重
财务	规模	收入	
	盈利	贡献利润	
	现金流	回款	
客户	满意度	客户满意度	
	长期性	战略目标	
内部运营	效率	运营资产占用率	
	安全性	版本安全问题改进率	
	风险	内控成熟度	
学习与成长	效率	人力资本投资回报率	

表 4-8　华为战略目标（示例）

战略目标名称	长期战略意图	战略目标分解（分阶段目标）		
		2019 年	2020 年	2021 年
云规模增长	整体收入超过 500 亿元；运营商云基础设施份额达到 40%	企业市场高端存储在广东、上海、北京取得突破；运营商市场存储，服务商集团采购短名单取得突破	运营商数据中心订货达到 300 亿元；发展标杆渠道 10 家，行业专业渠道 30 家	实现 500 亿元订货规模

华为通过巧妙的绩效指标设计，来牵引长期和短期间的平衡、内部和外部间的平衡、财务和非财务间的平衡、全局与局部间的平衡，以及自我发展与部门协作之间的平衡，从而确保技能在当下"多打粮食"，又能从长期"提升土地肥力"。

4.3.4　目标设计：要有挑战性且牵引组织目标达成

组织绩效考核要牵引业务发展和组织目标达成，企业真正想要什么，就牵引什么。因此，组织绩效指标的设计应与企业发展的阶段相匹配，始终围绕企业的战略目标来设置，如表 4-9 所示。

表4-9 组织绩效指标设计牵引目标达成（示例）

组织发展阶段	销售组织	产品线组织
市场导入期	发放战略补贴，并将阶段性市场目标与战略补贴挂钩	加强对收入和销售毛利率的考核，牵引市场成交量增长
市场成长期	选用收入和回款等考核指标，鼓励做大市场规模	适当加入利润考核，牵引有质量的扩张
市场成熟期	均衡考核收入、回款和利润等指标，牵引效益和盈利能力	加强成熟产品的人均效益考核，牵引组织将研发人员发力到新的产品领域或公司其他领域

如表4-9所示，在市场导入期，考核销售组织时要避免考核收入、利润这类指标，因为这个阶段销售组织正在"洗盐碱地"，设置战略补贴才是让他们保持积极性的方法。当然，战略补贴也不是无条件发放的，要与阶段性的市场目标挂钩。而对于产品线组织来说，在市场导入期应该要加强对收入和销售毛利率的考核，但不宜考核利润，这样是为了牵引市场成交量的增长。

在市场成长期，应该考核销售组织的收入、回款等指标，但不宜考核利润，目的是鼓励他们在这个阶段做大市场规模。对于处于市场成长期的产品线组织，在考核收入和销售毛利率的基础上，可以适当加入对利润指标的考核，以牵引他们进行有质量的扩张。

在市场成熟期，对销售组织可以均衡考核收入、回款和利润，牵引他们提升效益和盈利的能力。这个阶段的产品线组织，则应加强对成熟产品的人均效益考核，牵引他们将研发人员发力到新产品领域或公司其他领域。

"今天最好的表现是明天最低的要求"，为了牵引组织目标达成，企业在设计组织绩效指标的目标值时也要有挑战性。华为通过设定"底线值""达标值""挑战值"来牵引绩效目标的达成，如图4-7所示。

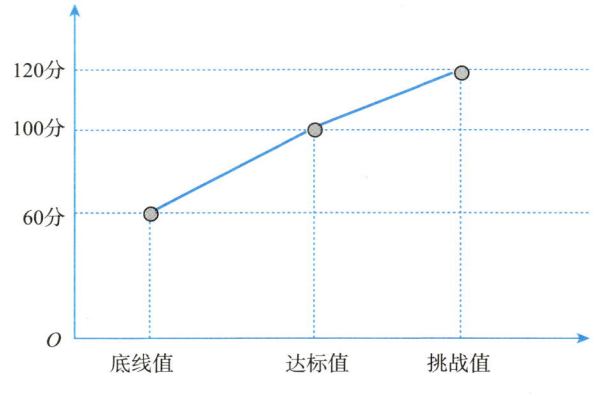

图 4-7　绩效目标值的设定

（1）底线值（60 分）：是绩效指标达成结果的最低要求，是公司战略落地的最基本保证，低于底线值即为不可接受。

（2）达标值（100 分）：体现企业正常的业务发展诉求，是维持管理的基本水准，是绩效指标的正常目标值。

（3）挑战值（120 分）：是在达标值基础上设定的挑战目标，要体现目标强有力的牵引，是需要付出很大努力才能达成的目标值。

这个设计背后的考量是，公司总的期望是达标，但组织之间的达标情况是有差异的，有的可以超额完成，有的可能完不成。对完不成的组织，公司希望他们至少要守住底线，否则对总体目标造成的影响太大；对能完成的组织公司希望他们适当超额以填补那些完不成的组织造成的差距。为了达成这样的管理目标，公司在考核应用上也配套了相应的奖惩方案。

每年年初，华为会根据上一年实际完成的各项指标制定新一年的工作指标。各部门负责人必须根据公司指标的分配情况，对自己部门下一年度的计划指标立"军令状"，承诺内容根据目标值的高低，分为持平、达标、挑战三个等级，并进行内部 PK。一个财年结束后，公司会根据每个部门目标的实际完成情况进行评估。

不能完成承诺目标的部门会受到处罚，不仅会影响部门的奖金、分红，还会使整个部门员工被连带处罚。部门负责人被降职、免职，同时副职不能补充升为正职。冻结整个部门成员下一年度的调薪资格。即使调到先进部门去，也要降职使用。被降职的干部，一年之内不准提拔使用，更不能进行跨部门的提拔使用等。

这样严苛的绩效考核管理，督促着所有华为人都和部门、团队拧成一股绳，团结一致，全力以赴。

华为在设计绩效指标时，始终强调牵引作用且兼顾挑战性，这也是华为能实现快速增长的一个重要原因。总之，组织绩效指标设计要围绕企业的总体目标来设置：企业真正想要什么，就牵引什么；同时，设计的绩效指标还要兼顾挑战性和可达成性，这样就能支撑组织绩效目标的达成。

4.4 部门绩效指标制定

不同组织有不同的组织绩效要求，要承接上级不同的战略目标分解，有各自清晰的目标设定，承担不同的结果责任。企业战略目标分解到各部门后，各部门基于自身的职责和责任中心定位，再将其转换为部门的绩效目标，生成部门的绩效考核表。

4.4.1 梳理部门职责，确定部门重点工作

彼得·德鲁克曾说："战略管理是实现企业目标的一系列决策和行动计划，任何行动从语义学的角度分析都包含这样几个问题，即做什么，由谁做，怎么做，在哪里做，何时做。"

企业的每个重大战略都会经过层层解码：经企业战略管理部门制定，由核心经营管理团队确认后，导出可衡量和可管理的关键要素，再分解到各部门，让各部门充分理解并落实执行。如此一来，各部门就能够找到自己在该战略中所担负的责任，发挥自己的作用。

为确保部门工作的顺利开展，充分发挥其在战略中的作用，企业需要厘清各部门的职责。也就是说，制定绩效指标前要先明确各部门对企业战略目标的价值。企业可以通过对业务流程（价值流）的梳理，来确定各项关键价值活动的责任部门和协同部门，进一步厘清各部门的职责，如表4-10所示。

表 4-10　B 企业关键价值活动梳理及部门职责分配（示例）

主业务流程	序号	关键价值活动	总经办	人力资源部	商务部	财务部	督察处	法务部
战略规划	1	集团战略规划和经营规划制定	★	√	√	√	√	
	2	经营目标制定与下达	★	√	√	√	√	
	3	分公司经营规划梳理与制定	★	√	√	√		
	4	集团经营管理及偏差分析	★	√	√	√		
	5	重大事项的研讨和落地	★	√	√	√		
	6	人力资源规划编制		★		√	√	
	7	经营目标完成总结	★	√	√	√		
	8	组织阶段性战略落地回顾	★	√	√	√		
	9	起草、审定集团规章制度	★	√				
财务审计	10	财务预算规划编制	√	√		★		
	11	费用管理				★		
	12	财务风险管理				★		
	13	资金管理（应收应付）			√	★		√
	14	经营分析			√	★		
	15	税务筹划				★		
	16	投资分析与管理	√			★	√	
	17	审计和风险、内控管理				√		★

注：★ 表示主导，√ 表示协同。

厘清部门职责后，需要结合企业战略目标确定部门的重点工作。各部门重点工作确定的基本思路是：一、为达成部门目标，首要确定部门或团队最关键的、需要优先考虑的、需要团队共同完成的事情；二、对需要考虑的事情开展优先级排序；三、需要考虑的事项最好不超过 8 项。

企业可以将财务维度和客户维度的年度重点工作和措施归类为重点业务

措施；内部运营维度及学习与成长维度的重点工作和措施归类为重点管理措施。并且这些重要措施要符合 SMART 原则，SMART 是指明确的（Specific）、可衡量的（Measurable）、可实现的（Attainable）、有关联的（Relevant）、有时限的（Time-bound）。

各部门需要完成的重点工作不仅会体现各部门在企业战略中的独特价值，还会落实到具体负责人。重点工作责任人在明确工作目标与评价标准后，要输出详细的、可执行的行动计划与完成时间，以确保重点工作的按时落地，如表 4-11 所示。

表 4-11　部门年度重点工作细化表

序号	年度重点工作	评价标准	可执行的行动计划	负责人	协同部门	完成时间
1						
2						
3						
……						

4.4.2　基于责任分解矩阵，分解组织绩效目标

制定部门绩效指标要围绕公司的战略目标，不能由各部门孤立地去制定。企业可以结合部门职责与责任中心定位，把绩效指标落实到责任部门，从而形成部门的绩效指标库。

将公司绩效指标分解成部门绩效指标，常用的一种方法是部门责任分解矩阵法。这种方法也可用于部门目标到岗位目标的分解。

表 4-12 是 Y 企业基于责任分解矩阵确定部门绩效指标的示例。

表 4-12　基于责任分解矩阵确定部门绩效指标（示例）

维度	KPI	营销部	研发部	采购部	制造部	人力资源部	财务部
财务	销售收入	√	√				
	经销商渠道收入	√					
	成本率	√	√				
	三项费用率		√	√	√		

续表

维度	KPI	营销部	研发部	采购部	制造部	人力资源部	财务部
客户	经销商倍增计划达成率	√					
	经销商流失率	√					
	新增客户数	√					
内部运营	每吨采购下降额			√			
	大损耗率				√		
	流程成熟度	√					
学习与成长	E/CGP（工资包占利润的比重）	√			√	√	
	大客户团队达标率	√				√	
	干部储备率					√	

部门绩效指标项的数量，一般建议设为 6～12 项，过少的指标数量容易造成考核不够全面，风险过于集中；而过多的考核指标数量又会分散部门注意力，并且有可能使企业的考核成本过高。因此，选择适当的指标数量不仅能使各部门绩效目标更加明确，也让企业对它们的绩效考核更加具体且有针对性。

此外，为了确保上级的目标和工作重点能够在下级部门得到层层落实，且可能有些指标需要由多个部门来承接，因此在制定部门绩效指标时还需要考虑绩效指标在部门横向间的责任分配与承接，如表 4-13 所示。

表 4-13　KPI 指标由多部门承接（示例）

绩效指标	销售部	财务部	人力资源部	……
公司营收	○	×	×	
公司净利润	○	*	*	
……				

注："○"表示完全承接，"*"表示直接部分承接，"×"表示间接部分承接。

基于责任分解矩阵，把公司目标层层分解落实到各部门，让各部门对自己应该承担的责任一目了然，分层当责，确保企业战略目标更好地实现落地。正如华为倡导的"砍掉中层干部屁股"，其目的之一就是要打破部门本位主义，要求每个中层干部都要有全局观，不能只从本部门的利益角度出发来开展工作。

4.4.3　形成部门指标，输出部门绩效考核表

基于责任分解矩阵将公司绩效指标分解到部门绩效指标后，要根据各个指标在被考核部门的重要程度和对公司经营管理的支撑程度，给各个指标分配权重。

作为绩效指标体系的重要组成部分，权重是对各项指标重要程度的权衡和评价，权重不同会形成不同的评估结果。绩效指标权重的设定是绩效指标制定的最后环节，指标权重的分配在一定程度上能够反映企业的战略意图和价值定位，进而对员工的工作行为有一定的导向作用，引导员工向着组织期望的方向努力。

设计绩效指标的权重时要遵循以下原则：

1. 平衡分布原则

一般而言，绩效指标的权重应设定在5%～30%，不能过高或过低。如果某一项指标的权重过高，员工在工作中就会特别关注高权重指标，而忽视其他低权重指标。而如果权重过低，就不会引起员工的重视，这个指标就会被忽略而失去价值，进而产生"抓大头扔小头"现象。

2. 导向原则

绩效指标的权重设计要能够体现出企业战略的发展方向，与企业战略目标相关度越高的指标权重越高，对企业战略目标支持性越高的指标权重越高。

3. 重点突出原则

根据帕累托法则，一般最重要的指标只有2～3个。如果有2个重要指标，那么每个的权重最好设置在30%以上；如果有3个重要指标，那么每个的权重一般在20%以上。

4. 先定量后定性原则

根据指标"定量为主，定性为辅，先定量后定性"的制定原则，一般优

先设定定量类指标权重，而且定量类指标权重一般大于定性类指标权重。

绩效指标的权重分配在同级别、同类型部门之间应具有一致性，同时又要兼顾每个部门的独特价值。为体现各指标权重的轻重缓急，指标之间的权重差异最好控制在 5% 以上，如表 4-14 所示。

表 4-14　T 企业各部门绩效指标权重（示例）

维度	绩效指标	人资部	财务部	物业部	运营部
财务	营收				30%
	净利润	30%	30%	30%	30%
	费用控制	5%	30%	10%	
客户	客流量				10%
	会员充值量				10%
	产品/服务质量	减分项	减分项	减分项	减分项
内部运营	工作计划完成率	40%	40%	60%	20%
	财产安全			加/减分项	
	人身安全			减分项	
	公共关系维护			减分项	
团队建设	岗位胜任率	10%			
	招聘到岗率	15%			

另外，绩效指标权重还应该考量企业在不同阶段的发展重点，避免一些战略重点事项的权重占比过小、不可量化而被忽略。比如，在设计销售类指标权重时，应该体现旺季与淡季的差别。

在确定各绩效指标的权重分配之后，还需要确定各指标对应的目标值。绩效指标的目标值是企业对未来绩效的期望，是绩效指标的衡量基准。绩效指标目标值的确定是确保绩效管理体系公平客观的关键环节。华为在确定各部门的目标值时，首先要体现公司战略/部门 SP 以及相关管理要求的落地，同时还要体现持续改进原则，并参考业界标杆。华为各部门 KPI 的目标由被考核部门给出建议，交由直接上级决策，并由行业或第三方提供专业支持。

在确定绩效指标各项的权重和目标值之后，就可以输出部门绩效考核表，如表 4-15 所示。

表 4-15　部门绩效考核表模板（示例）

部门名称							
维度	绩效指标	权重	底线值	达标值	挑战值	完成值	得分
财务	收入						
	净利润						
	费用控制						
客户	客户满意度						
	客户需求						
内部运营	运营合规性						
	重点项目落实率						
学习与成长	干部培养						
	岗位胜任率						
合计		100%					

部门负责人栏位于表头。

综上所述，绩效指标权重的设定要体现指标对部门业务和绩效提升的作用与程度，而绩效指标目标值的确立要与业绩目标保持一致，且应具有一定挑战性，以牵引部门和员工为了实现目标持续奋斗，从而在企业内部营造积极向上的竞争氛围。

阅读心得

第 5 章
个人绩效管理

　　个人绩效管理不仅是要促使员工个体达到期望的绩效，而且是要鼓励他们出于主动、愿意尽最大努力付出超越职责、达到卓越的努力，从而推动组织绩效的提升，激活整个组织的活力。

5.1 让员工充分理解个人绩效

员工个人绩效是指员工个人在一定时期内履行其岗位职责与角色要求的有效产出，一般包括工作结果、工作行为和工作态度。通常来说，战略方向是企业高层管理者要关注的事情，而基层员工更需要明确的是自己具体要做什么，做到后能得到什么。因此，让员工充分理解个人绩效，明确为什么做、怎么做是非常重要的。

5.1.1 个人绩效是组织绩效的逻辑起点

个人绩效是组织绩效的逻辑起点，组织绩效的实现应在个人绩效实现的基础上。而组织绩效则是个人绩效实现的基础，组织绩效好的组织，其内部的个人绩效一般都不差。如图 5-1 所示，个人绩效和组织绩效两者相辅相成，缺一不可。组织绩效高低与员工个人绩效收入成正相关，能够充分调动员工的工作积极性和创造性。

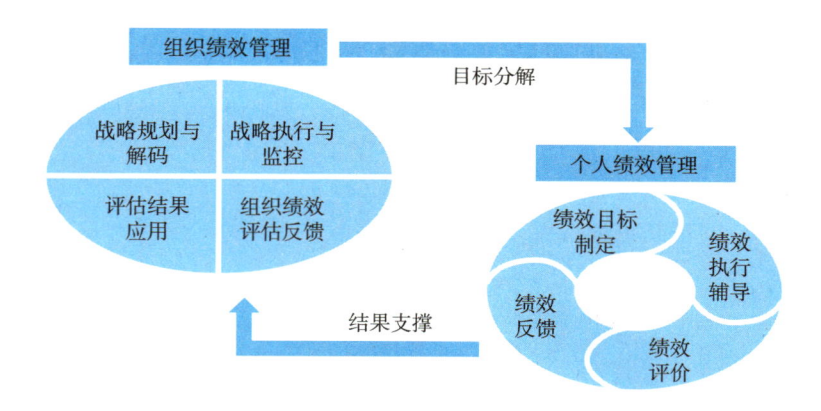

图 5-1 个人绩效与组织绩效相辅相成

在制定个人绩效目标时，首先应当符合的条件就是匹配组织绩效。如果组织的绩效目标能按照逻辑关系层层分解到每一个员工，那么只要每一个员工达成了组织的要求，组织的绩效就能实现了。最终，通过组织绩效的层层落实确保企业的战略目标达成。

公司基于组织的责任定位，自上而下逐级分解战略目标，从公司层面分解到一级部门/业务线，从一级部门/业务线分解到二级部门及业务线下属部门，再从二级部门及业务线下属部门分解到基础岗位。绩效目标按照汇报关系，自下而上逐级承诺，基础员工向二级部门负责人承诺其绩效目标，二级部门负责人向一级部门负责人承诺其部门绩效目标，一级部门负责人向公司领导承诺其部门绩效目标。

彼得·德鲁克认为："企业中的每一个成员都有不同的贡献，但是所有贡献都必须为着一个共同目标。"因此，员工个人绩效目标要与组织目标保持一致，这也是企业设定员工个人绩效目标的出发点。

个人绩效的目标主要来源于：

（1）部门目标：公司目标分解到部门，再由部门分解到个人，确保个人的工作目标和公司、部门的目标方向保持一致。

（2）流程目标：业务流程分解及改进要求，即从流程的角度分解对目标提出的要求。

（3）岗位职责：岗位说明书中对该岗位工作应负责任的界定。各人都有自己的位置和岗位职责，职责范围内的工作是必须保证完成的。

对于企业各层级的管理者，应该适度地把控员工个人绩效的制定，以确保员工个人绩效目标与组织目标保持一致，让组织形成合力朝着同一个方向前进。华为通过运用战略解码、PBC等绩效管理工具，来保证组织绩效和员工绩效目标与公司的战略目标保持一致。

【案例】华为有效实行PBC模式

华为PBC模式是指通过"上下沟通"来设定明确、可衡量、结果导向的个人业绩目标，确保每位员工的工作目标与公司的目标方向一致，从而达到公司和组织的目标。

那么华为如何能够保证PBC模式的有效实行呢？华为要求员工能够按照PBC模式的要求来完成所有工作，并对工作过程中涉及的各方面的细节进行详细记录。华为的员工平时有一项很重要的工作就是要对自己的工作计划进行可视化记录，尽管要做到这样会耗费很多精力而且很难坚持下去，但是华为的管理人员通过一步步改进和完善最终做到了。

华为的管理人员用平时养成的记录习惯，对员工的每一项工作进行详细的记录，让每一位员工对自己最后获得的绩效评价心服口服。如此一来，绩效改进计划也就能够顺利推行。

推动个人绩效的科学管理，使公司战略切实落实到具体的员工，定期监控与辅导，确保员工的工作活动与组织的目标始终保持方向一致，最终保障公司战略目标的成功实现。

5.1.2 个人绩效结果要贡献于组织绩效

个人绩效的实现，归根结底是为实现组织绩效服务的。组织中不同岗位、不同员工的绩效表现，决定了组织绩效的整体效果。个人绩效管理是为了激发个体微观潜能，进而激活整个组织的活力。

华为的绩效导向是责任结果，责任结果就是这个岗位应该承担的职责所要求的结果，最终体现为价值创造（如表 5-1 所示）。

表 5-1 华为的绩效内涵

不评价过程和表面现象 / 事件	评价岗位责任结果 / 贡献 / 价值
• 表扬信的多少 • 苦劳、加班 • 亮点、出彩、影响力 • 个人能力因素 • 过程指标和部门的局部指标	• 为客户创造的最终价值 • 基于岗位职责的有效结果 • 个人对团队目标的贡献 • 表扬信、亮点、难度、进度、加班等所反映的贡献 / 价值

企业通过持续优化个人绩效考核机制，提升每个主管和员工个人的绩效产出，最终实现组织能力的增长和公司目标的达成。

对于企业各级管理者来说，需要适度地把控员工个人绩效的制定，以确保员工个人绩效目标的达成能对组织目标的达成产生支撑作用。而对员工而言，在达成个人绩效目标的过程中，要心系组织目标：在心有余力时，可以在自己个人绩效实现的基础上，处理更多利于组织目标实现的事项。当自己的绩效与同事的绩效存在差距时，要及时反思与总结，以确保在下一阶段能够改进和提升。

管理人员还需要注意不同员工在绩效结果上的差距：对于个人绩效较低的员工应给予重点关注和提醒，及时对他们进行绩效辅导。对员工产生绩效差距的根本原因进行分析，有针对性地制定绩效改进计划，让员工提升个人绩效。

【案例】丰田创始人指导员工改进绩效

著名的丰田生产方式创始人大野耐一在一次工厂视察中发现，一位质检女工在工作时，习惯将很多零件拿到桌面上，摆放在一起再统一进行检查。大野耐一三番五次地对她说："你为什么不直接一个个地检查，然后再一个个地放入箱子里面呢？那样做难道不是更加轻松、效率更高吗？"

女工每次总是说："不是，我这种方式效率才更高。"于是大野耐一又说："你这种方式虽然也可以，但是你可以尝试按着我的方法去做一次。"

女工认为大野耐一的提议很无聊，但是碍于大野耐一是她的上级，还是照着他的方法去做了。经过一天的尝试，每日需要加班才能完成 5000 个零件质检工作的现状被打破了。她轻轻松松地在下班之前就完成了任务。

女工固执地认为自己的方法才是最好、最有效的，所以不肯听大野耐一的建议。大野耐一并没有强制员工改变工作方法，而是循循善诱，在肯定员工工作方法的同时引导她尝试新的方法，由她自己做出比较，得出哪个才更合适的结论。相信以后这位员工自然很乐意执行大野耐一的工作建议了。

一般来说，当员工具备工作胜任力，且能保持较好的工作态度和投入，却依旧不能达成预期的绩效目标时，很多时候是管理者工作中存在以下几个问题：

（1）管理者传达的目标或期望不清晰，或者根本没有明确的要求，可是在绩效考评时，又是以结果导向来量化考察，这使得员工工作中的具体问题得到暴露。

（2）没有提供工作必需的信息、资源和主管支持。对于工作内容，公司是否存在标准流程要求，补充信息应该如何获取，历史上积累的信息和经验是什么，上下游部门有什么样的期望等没有明确的指导或告知。如果这些信息不全，员工仅凭单枪匹马，很容易撞到枪口上，绩效结果自然不会太好。尤其是遇到需要多部门协调配合的工作任务，由于员工个人影响力不够，主管就有必要给予一定的支持和协调。

（3）当员工个人的工作方式和方法有问题时，管理者需要借助部门内的一些资深人员帮扶、帮带，并且鼓励大家多沟通交流，相互分享有用经验，从而降低"走弯路"的概率。

【案例】富士康工人不知为什么要擦拭 3 遍机箱

富士康公司曾发生过一件这样的事情。有一次，总裁郭台铭到下属企业的生产车间巡视，正好看见工人们在擦拭冲压好的电脑机箱，每个机箱都擦了 3 遍。于是郭台铭就问为什么要擦拭 3 遍，工人回答说："上面规定的要擦 3 遍，我们就这么做了，我也不知道为什么擦 3 遍。"郭台铭当时对工人们没说什么就走了。

回到办公室后，郭台铭把负责生产的经理叫了过来，问他为什么让工人每个机箱都要擦拭 3 遍，生产经理回答道："擦 3 次是为了能更好地把机箱冲压时造成的油污擦掉。"郭台铭听完后很生气地说道："那你为什么不告诉工人擦 3 遍的目的而只告诉他们需要擦 3 遍的操作？那是不是有时需要超过 3 遍才能擦干净呢？"

事后，公司对该生产部经理进行了处罚，理由就是他没有明确告知员工工作目标，而是生硬地规定员工需执行的操作。正是因为工人没有明确工作目标，而错误地认为其工作目标就是擦拭 3 遍机箱。如此一来，工人们就会对真正的工作目标——擦拭掉油污失去判断和把握。

当员工个人的绩效结果无法对组织目标作出贡献时，管理者一定要介入并实事求是地寻找原因，而不是一味将责任推到员工身上。即便是员工的责任，管理者也有必要帮助员工解决困难。很明显，管理者是连接组织目标和员工个人绩效目标的桥梁，需要对最终的结果负责。只有当管理者帮助员工达成绩效目标并能为组织目标贡献自己的价值时，才能促进和支撑组织目标的实现。

5.2　个人绩效目标制定

组织绩效的最终实现要落到个人绩效的实现上，结合岗位与业务需求，合理、有效地将组织的绩效目标转化为个人绩效目标，实现上下对齐、左右握手，进而确保实现战略落地。

5.2.1　部门主管要辅导员工制定个人绩效目标

个人绩效目标制定是管理者和员工通过共同讨论以确定员工考核期内应该完成什么工作目标、什么样的绩效才是满意的绩效的过程。没有部门与下属的绩效，部门主管也不可能有好的绩效，所以部门主管应该要辅导员工制定个人绩效目标，让员工更清楚公司战略目标的价值、个人能力、业务重点，以及高效开展工作和达成绩效目标的方法与路径等。

华为在制定个人绩效目标时借鉴了IBM的考核模式，让部门主管辅导下属制定个人绩效目标。团队主管需要与员工进行沟通，辅导他们对自己承诺的目标进行分解并量化，协助其制定个人绩效目标，以便员工在工作时能更好地兑现他们的绩效承诺。

华为部门主管辅导员工制定个人绩效目标的整体思路如下：

（1）了解整体的现状和问题。"今年与去年相比，产品有哪些变化？这些变化对团队的业务提出了什么新要求？"

（2）澄清目标。"团队今年要达到什么目标？为什么设定这样的目标？"

（3）聚焦独特价值。"哪些事情是部门主管必须花大精力去关注的？在这些事情中哪些由主管完成，哪些由下属完成？为何要这样分配任务？做好这些的关键举措是什么？"

（4）强调结果导向，明确成功的真正标准是什么。"这件工作怎样才算落地了？做到什么程度才能让上级和客户很满意？"

（5）回顾目标和问题。"问题解决了吗？上级和客户满意了吗？"

部门主管辅导员工制定个人绩效目标是一个双向沟通的过程。对于部门主管而言，需要深入地了解员工的业务领域，通过沟通理清业务思路，实现上下对齐。而对员工来说，绩效目标沟通不仅能让其开启思路，学会结构化思考，还能帮助员工明确工作方向，避免走弯路，同时找到达成目标的方法与路径。个人绩效目标的制定流程可参考图5-2。

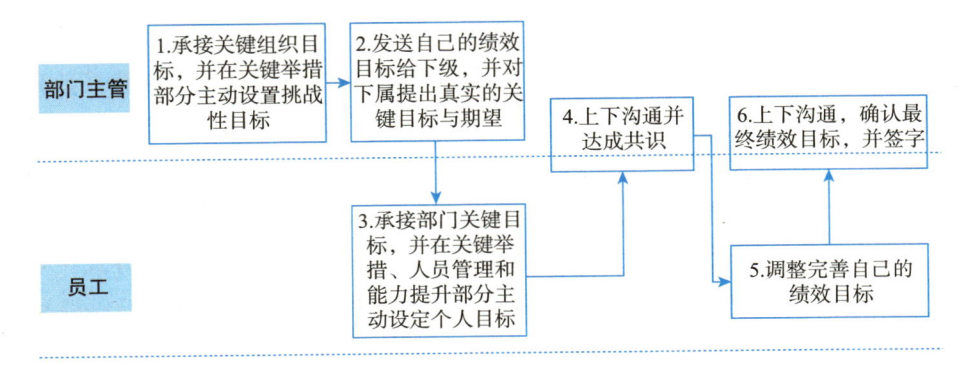

图5-2 个人绩效目标的制定流程

一个良好合理的个人绩效目标，是部门主管与员工都可以接受的目标，是双方互相协商以及妥协的产物。通过辅导沟通，主管帮助员工明确目标，清楚地告诉员工，他们的工作到底应该是销量第一，还是服务第一，又或是应该利润优先。如果员工没有明确的工作目标，那么通常会比较迷惑、彷徨、没有方向感，工作效率会受到影响。同时，员工的努力方向同公司所希望的目标方向难免也有所偏差。

总的来看，主管和员工共同制定绩效目标的模式，有助于主管考察员工的最终业绩，了解到整个工作过程中员工的工作情况，及时调整工作偏差，在帮助员工更好地完成绩效目标的情况下，获得更好的团队绩效，从而实现公司和个人的双赢。

5.2.2 基于岗位职责，差异化设计个人绩效指标

很多企业在实施绩效考核过程中，高层领导会要求人力资源负责人搭建绩效指标库。可是在实际应用的过程中，有些企业会"剑走偏锋"：为不同层级员工都设计一样的绩效指标，使得企业形成了"俄罗斯套娃式"管理，导致企业出现"躺赢"阶层。

【案例】C 企业"一刀切"设计业务部门绩效指标

C 企业是一家连锁药店，有 10 家连锁店。2020 年 C 企业在制定绩效指标时，没有进行差异化设计，对业务员、门店店长、区域经理考核的主要绩效指标都是营业额和毛利。只要门店店长下属的所有业务员完成了当期制定的绩效目标，门店店长的绩效目标也完成了；同样，只要区域内的门店店长的绩效目标完成了，那么对应的区域经理也完成了当期的绩效目标。换句话说，C 企业的各门店店长、区域经理每次只要把门店、区域的经营目标分解给业务员，其余什么都不用做，躺着就能完成自己的绩效目标，获得工资薪酬。

由此可见，企业对员工的绩效指标设计不能采用"一刀切"的方式。不同层级员工的绩效衡量要素要有差异，因为各级员工的岗位职责以及企业战略目标实现过程中对他们的要求是不一样的。

SDBE 领先模型认为应结合岗位与业务需求，合理、有效地将组织目标分解成组织内不同员工的目标，并采用承诺制方式，让具体岗位的员工来承接组织指标和本岗位关键职责对应的绩效目标，并为不同岗位设计差异化的个人绩效指标，以体现他们在部门目标实现过程中的独特价值。企业可以参考以下四个步骤，采用绩效目标责任矩阵法来分解团队目标，如表 5-2 所示。

（1）梳理团队目标。

（2）澄清岗位职责。按照岗位类别的不同，分析并澄清企业内所有工作岗位的职责，奠定个人绩效目标制定的基础。

（3）结合岗位职责和团队整体目标进行分解。

（4）审视各级目标的协同一致性。在目标分解完之后，需要站在整体的角度来分析各岗位的绩效目标，是否与团队目标实现了对齐，是否可以支撑团队目标的达成。

表 5-2　个人绩效目标责任矩阵分解

部门目标、任务	岗位 1	岗位 2	岗位 3	岗位 4	岗位 5	……
关键目标 1/ 任务 1						
关键目标 2/ 任务 2						
关键目标 3/ 任务 3						
……						

以华为"铁三角"模式为例，团队根据业务目标和不同岗位的主要职责，分别设计了各岗位的关键绩效考核指标，如表 5-3 所示。

表 5-3　华为铁三角团队成员关键绩效考核指标（示例）

指标	客户经理	交付专家	解决方案专家
销售目标达成	√		√
回款目标达成	√		
客户满意度	√		
收入达成		√	
成本控制		√	

续表

指标	客户经理	交付专家	解决方案专家
卓越运营目标		√	
产品市场份额			√

综上来看，企业在设计不同岗位的绩效指标时，要综合考虑它们的岗位职责以及在企业战略实现过程中的独特价值，差异化设计绩效指标，这样才能使企业更加合理地进行价值评价和价值分配。充分发挥绩效管理的"指挥棒"作用，以更好地牵引员工向独特价值聚焦，做他们最该做的事情，激发员工的工作积极性，从而实现企业管理效率的持续提升。

5.2.3　导出个人绩效指标，输出个人绩效承诺书

企业在基于岗位职责将部门绩效指标分解到个人绩效指标后，需要给各个指标设置绩效目标、权重以及考核周期等，最终让员工输出个人绩效承诺书。

在绩效指标的制定上，如果由于对某些工作的结果难以衡量，上级在给下级做绩效评价时，难免会因为个人喜好，导致评估结果出现不公正，难以令人信服。因此在制定绩效考核指标时要遵循"四化"原则：即能量化的尽量量化，不能量化的先转化，不能转化的尽量细化，不能细化的尽量流程化。用数字做管理，通过科学合理的计算方法，使结果能够客观反映员工的工作业绩。

在员工个人绩效管理上，企业可以借鉴参考华为的个人业绩承诺（PBC），并结合自身实际管理现状融合使用。华为的个人业绩承诺书包括三个部分（如表5-4所示），分别是业务目标、组织与人员管理目标以及个人能力提升目标。

表 5-4　华为中高层个人业绩承诺书（PBC）

员工姓名		现任职位	
主管姓名		承诺有效期	

说明：总体目标和方向是描述该考核周期内总体的目标和方向，是 PBC 的纲领和基调

总体目标和方向

部门目标：

个人目标：

第一部分　业务目标

说明：1. 业务目标应描述员工的工作目标及方向，不仅是绩效指标和量化数据，而且要清晰标明组织的期望方向，牵引员工设定有挑战性的绩效目标
2. 业务目标应聚焦主业务，数量 3～5 条为宜

关键结果指标（个人承接的组织 KPI）

主目标描述	主目标权重	子目标描述（可选）	子目标权重	评价标准			实际完成情况	得分
				底线值	达标值	挑战值		

个人关键举措目标

说明：按照组织 KPI 等结果性指标考核的主管，应填写"关键举措"，此部分主要描述个人的重点工作和独特贡献，体现了工作的思路，是需要该主管为了实现业务目标亲自负责、重点关注和推动的事情，体现对业务目标的支撑。没有组织 KPI 的主管和员工，则不用填写该部分，但是应将体现工作思路的内容融入主目标和子目标中

重点工作	权重	完成标准及交付量 / 关键里程碑

续表

第二部分 组织与人员管理目标（管理者填写）			
说明：设立3～5个计划和措施，反映怎样进行组织建设、如何有效实施团队建设和人员管理，以建立一个高绩效团队。该部分主要描述组织建设和人员管理内容，体现对业务目标的支撑，其中人员管理的重点是对直接下属的培养和发展			
重点目标（组织建设和人员管理）	权重	完成标准及交付量/关键里程碑	员工对目标完成情况进行自评	主管对员工目标完成情况进行评价

第三部分 个人能力提升目标			
说明：识别要达成绩效目标需要的能力与经验方面的挑战和差距，围绕挑战和差距来制定学习与发展计划提升自己，经主管和下属沟通后确定。个人能力提升计划应该是可完成的、个人定制的计划，关注关键的1～3个计划，明确每个计划完成的衡量标准与时间。同时，主管要及时提供辅导、反馈以及发展机会			
达成目标所需要提升的能力/经验	完成效果及衡量标准	所需支持人（如主管）	计划完成时间

（1）业务目标：分为关键结果指标和个人关键举措目标。关键结果指标是个人承接的组织KPI；个人关键举措目标是指为了支撑公司的组织KPI，个人要承载的关键任务。设置业务目标时，主要可以参考上级PBC中的业务目标部分、本岗位职责说明书、本岗位负责的阶段性重点工作、部门组织绩效指标库等。

（2）组织与人员管理目标：内容包括组织建设和人员管理，体现对业务目标的支撑，应根据不同的组织特点，设置有针对性的目标。通常来说，团队负责人必须设置团队的管理目标。

（3）个人能力提升目标：主要用于牵引员工思考在实现业务目标的同时，个人要实现哪些能力的提升，需要经主管和下属沟通后确定。这个部分仅作为参考目标，但要对所有员工均要求设置，发挥促进组织和个人共赢的作用。

华为PBC对基于企业战略与关键任务的分解，通过过程管理与辅导沟通，来保证战略的可执行性。PBC整合了组织KPI、个人关键举措目标、团队管理目标、个人能力发展目标等，进行全面评估，并强调组织绩效与个人绩效的结合，支撑企业"力出一孔"，激活整个组织。

5.3 分层分级实施绩效考核

企业在绩效考核中，面向不同的业务岗位，应以岗位职责为基础，以客户需求为牵引，实施分层分级的差异化考核，牵引高层管理者更加关注企业战略目标，中基层管理者兼顾中长期目标的达成和战略规划的落实，基层员工追求多劳多得、精益求精，充分激发每个团队成员的潜力。

5.3.1 绝对考核与相对考核相结合

绝对考核是指对每个员工的个人绩效进行单独评估，根据绩效考核分数直接确定绩效等级，通常没有比例的限制。相对考核是指企业为了避免考评上的"和谐"而采用的强制排序法，即将一定范围内的员工按照绩效考核成绩进行排序，再根据比例强制划分为各个绩效等级。

绝对考核是将人和目标/标准进行比较，通过目标达成与否来评价被考核对象的贡献；相对考核是将人和人进行比较，在同类同层人群中进行考核排序，通过在组织中不断"赛马"来激活组织（如表5-5所示）。绝对考核是基础，在完成"人和目标/标准比"的前提下，再进行"人与人比"，也就是说相对考核可以参照绝对考核的结果来进行。在企业实际运用中，绝对考核与相对考核需要结合起来运用，形成绝对考核加相对考核相结合的全面评价模式。

表5-5 绝对考核与相对考核

绝对考核	相对考核
·基于客观事实评价责任结果，即员工的履职情况 ·评价员工职责履行情况中的个人贡献是多少 ·评价考核周期内发生的与绩效相关的正负向事件	·分层分级考核，确保相似层级间的有效比较 ·让最了解员工工作的人参与评价 ·通过集体评议确保评价尺度统一 ·建立绩效申诉机制，并进行绩效结果公示，以保证评价过程公平、公开、公正

绝对考核的机制对绩效考核的要求很高，需要设定合理、有效的评价标准，使得绩效考核分数分布基本合理，才能进一步划分等级。企业在选择绝对考核与相对考核时，可以根据各公司、团队、岗位的情况进行组合使用，具体可参考表5-6。

表5-6 考核方式的选择

考核对象	考核导向	考核方式
公司高管	决策责任导向	绝对考核 + 相对考核
大部分管理者/专家	解决问题导向	绝对考核 + 相对考核
职员	高效执行导向	绝对考核
作业类员工	工匠精神导向	绝对考核

【案例】华为采用绝对考核与相对考核相结合的方式

为了让更多奋斗者分享到胜利的果实，让惰怠的干部感受到末位淘汰的压力，华为对15级以下的员工业绩采用绝对考核，目的是团结大多数；而对15级及以上员工采用绝对考核+相对考核，目的是选拔将军。

对15级以下的基层员工采用绝对考核，以多劳多得为思想，让基层员工更好地理解考核导向，以轻松的心态去进行价值创造，为公司做贡献。绝对考核是对绝对指标的考核，即考核能独立验证的客观指标，而不考核任何主观指标，如劳动态度、工作积极性等，因为它们容易受到人的主观情感左右。在进行绝对考核时，只设立标准基线，将被考核者和标准比，不强制性控制比例分布、实行末位淘汰。

末位淘汰是从西点军校学来的，它的目的是挤压队伍，激活组织，鼓励先进，鞭策后进，从而形成一种选拔领袖的方式。基层员工不能指望他们一下子就去做领袖，而是要让他们在轻松的状态下工作，创造绩效，增加收益。因此，对基层员工的考核应该简单明确，考核的维度和要素不要太多、太复杂。

对15级及以上的员工，尤其是行政岗位的干部，华为则坚定不移地贯彻绝对考核与相对考核相结合的考核方式。通过与同层级的员工进行对比，加强团队你追我赶、争当先进的势能，防止员工产生惰怠心理，不再坚持艰苦奋斗。在进行相对考核时，华为采用末位淘汰制，每年淘汰掉一部分干部到干部资源池，这些干部就没有岗位了，需要自己重新寻找岗位，如超过三个月还找不到岗位，就要被降薪。这样一来，干部才会有危机感，更加珍惜在岗的机会。

相对考核是为了挤压"火车头"，主要用于管理干部，对于非"火车头"可能并不适用。企业不能僵化地淘汰员工，搞得人人自危。比如有些企业里那些原本绩效非常好的员工，休产假回来后发现部门已没有自己的岗位，自己被"末位淘汰"了，这类做法是非常错误的。

华为从战略层面来建设价值管理体系，采用绝对考核与相对考核相结合的方式，日益完善价值评价体系，使得华为人在工作时越来越自主和高效。

5.3.2 用绝对考核牵引组织不断改进

任正非强调："绝对考核的目的是团结多数人。只有团结多数人，集体才能进步，我们就是要实行这样一个制度。如果优秀员工占少数，优秀员工可能会成为讥讽的对象，他们很可能被孤立，不敢大胆地表明主张。优秀员工占多数，落后的占少数，落后在这里就没有土壤了，他们就必须进步。"

在2019年，从分配机制上，华为开始尝试在团队内采用绝对考核的方式。有些小部门可以自愿选择是否采用绝对考核，即只要完成任务，就给团队相应的薪酬包和奖金包，内部自己进行分配。团队自己去打市场，自己去抢粮食，抢得到粮食就多分钱，抢不到粮食就接受低绩效。2022年，华为又提出了"人才堤坝"管理的模式，采用绝对考核的方式，聚焦工作质量，形成企业坚固的"人才堤坝"。

【案例】华为"人才堤坝"管理，实施绝对考核，聚焦工作质量

2022年3月，华为内部实施了"人才堤坝"管理的模式，不再一味强调人才轮岗和流动，员工可以留在自己选择的部门或岗位，从事相对固定的工作。"人才堤坝"管理是任正非在2020年的一次讲话中提到的人才管理理念：

"我们的作战体系应该由主战部队、支援保障部队、后勤保障部队等几支队伍组成。主战部队升官快，但风险也大，因为他们上战场容易'牺牲'，因而空缺多；支援保障部队没有那么大的风险，从事面向作战的平台服务、支持、监管等工作，除领袖型主官及一部分精英专家外，绝大多数是专业类岗位；后勤与平台保障部队主要是支撑与保障作战的岗位，风险更低一些。把这个三层作战体系梳理出来后，对不同的群体采用差异化的人力资源管理方式，人力资源的价值体系就清晰了。

专业类岗位的考核方式以绝对考核为主，基于岗位要求考核，不要搞末位淘汰。绝对考核就是'火车开过去'考核就完成了，不要花很多精力去细化，主要划分为合格、不合格。考核中也不要随意提高业务基线，而要关注工作质量。我跟财务部门讲，不要为了节省一两个人的人力成本，把业务基线不断提高，让每个员工都疲于奔命，这样绩效就没有改进的可能。多减了一两个人，但是出一个差错，就要花更多的人力来修补。不要层层加码。

对专业类员工的考核评价，也要重视对工作质量的考察，不要只看知识和能力。如果员工干得好好的，工作又没有差错，为什么要岗位置换呢？要让他们有安心感，做好本职工作，没有必要一定要年轻化。但是随着公司的进步，岗位标准也会有所变化，专业类岗位的人员也要定期进行自我学习，接受上岗认证考核，不断满足自身胜任岗位的要求。"

绝对考核强调的是自己跟自己比，为什么要跟自己比？因为没有组织和业务是相同的，所以每个组织必须对自己要定期有改进。组织可以通过设立标准基线，让自己和自己设定的标准比。当然，随着企业的发展、员工水平的进步，应该适当调整标准基线，不过每次的调整幅度不宜太大。

绝对考核没有得 A 比例的限制，得 A 的人越多，说明创造的绩效越多，公司能获得的效益也越多。企业合理采用绝对考核，可以让大家团结起来，一起努力把工作做好，从而牵引组织不断提升自己的绩效水平，始终保持强大的市场竞争力。

5.3.3　实施分层分级绩效考核

在组织实践中，无论其规模大小，企业内部都会形成若干的层级和部门，各层级之间、各部门之间的职责是不完全相同的，因此绩效考核也应该和战略目标分解一样，分层分级进行分解，如图 5-3 所示。

对高层管理者的绩效评价，应重点关注中长期综合绩效目标的达成和对公司长期利益的贡献，重视团队建设和干部后备队伍建设，不断提升领导力素质，确保公司可持续发展。企业可以采用述职和 PBC 相结合的考核机制来实现对高层管理者的考核。

高层管理者述职的主要目的是强化高层的责任意识和目标意识，促进高层在实际工作中不断改进管理行为以促使员工和部门绩效的持续改进。同时，强化部门间的协作关系，使各部门及其管理者为实现公司或上级部门的总体目标结成责任和利益共同体。

华为高层管理者述职主要从客户、财务、内部运营、学习成长四个层面，对照经批准的年度业务规划、预算和 KPI，总结实际完成情况；并对下一年度的业务规划、预算和 KPI 做出承诺，且提出要采取的具体策略和措施，以及需要的资源支持。述职的具体内容一般包括八个方面，如表 5-7 所示。

表 5-7 华为高层管理者述职具体内容

序号	述职内容	具体说明
1	成绩 / 不足	总结当期的业务和管理工作，针对 KPI 目标和影响 KPI 的根本原因，按照优先次序，列出最主要的成绩和最主要的不足，并扼要地说明原因
2	对比竞争对手 / 业务环境及最佳基准	通过精确具体的数据与指标，说明竞争对手和自身的地位、潜力和策略的不同；聚焦变化、动向、机会和风险，关注影响公司和部门 KPI 完成业务的市场因素与环境因素，以及对比业界最佳基准
3	KPI 达成情况	总结 KPI 完成情况，分析与历史同期水平相比的差异情况，审视本期目标的完成程度，说明差距和原因
4	提升核心竞争力的措施	提升核心竞争力的措施是指要完成 KPI 和增强管理潜力的措施。各部门围绕公司目标，回顾和评价部门业务策略和重点工作 / 业务推进措施的落实情况，并对措施的实施结果进行预测分析
5	客户 / 内部客户满意度	每个部门说明和分析内部客户满意度，特别是最满意的比率和最不满意的比率，哪些客户和内部部门最满意、哪些最不满意，以及下一期如何改进
6	组织学习与成长	提出提高员工技能的计划和措施并检查实施效果，报告和分析组织氛围指数，检查公司重大管理项目在本部门的推进计划和阶段目标的完成情况
7	预算与 KPI 承诺	根据历史平均水平及与竞争对手的对比，对 KPI 指标和业务目标做出承诺
8	意见反馈	反馈在运作过程中所需支持等意见，以便公司协调相关资源

对中层管理者的绩效评价，要兼顾中长期绩效目标的达成和业务规划的有效落实，绩效考核重点关注他们在本职岗位上短期绩效目标的达成情况和业务过程的行为规范情况。对中层管理者的绩效考核内容主要有：组织 KPI

指标、个人的 KPI 指标、关键举措、重点工作任务。企业通常可以采用述职和 PBC 相结合的方式对中层管理者进行绩效考核。

华为对中层员工绩效考核通常遵循四个原则：

（1）责任结果导向原则：引导员工用正确的方法做正确的事，不断追求更高的工作效率。

（2）目标承诺原则：被考核者和公司在考核期前对绩效目标达成共识，被考核者对绩效目标做出承诺。

（3）考评结合原则：考核初期确定绩效评价者，评价时充分考虑绩效评价者的意见，以补充评价依据，且绩效评价者应及时提供客观反馈。倡导良性竞争的"赛马文化"，将不同层级的员工分开且都在各自的层级内接受相对评价。

（4）客观性原则：考核以日常管理中的观察、记录为主，注意定量与定性的结合，以数据和事实为考核依据。

对基层员工的绩效评价，应该以业绩考核为主，关注岗位短期绩效目标的达成和业务过程的行为规范。让基层员工在日常工作里快速改进，实现个人成长，进而实现对公司总体战略的有效支撑。

华为对基层员工的绩效绝对考核是通过要素考核来实现的，将员工各自的目标达成情况和岗位职责与通用标准来对比。考核分为月度考核、季度考核、年度综合评议，具体内容如表 5-8、表 5-9 所示。

表 5-8　华为基层员工的要素考核表

序号	考核要素	分项描述	得分
	工作量		
	工作质量		
	工作规范性		
	合计得分		

注：无须单独设定考核标准，直接对比通用标准；考核等级简化为 A、B、C、D，无比例限制。

表 5-9　华为基层员工年度综合评议表

基层作业员工年度综合评议表
第一部分：工作产出（70%～80%） 1. 根据月度考核结果计算得出 2. 综合员工做出的贡献确定最终工作产出
第二部分：劳动态度（20%～30%） 重点考核员工对"企业员工商业行为准则"的遵从和劳动纪律等方面

由此可见，企业需要根据业务特点、岗位层级和职责、价值定位等对员工进行分层分级的差异化评价，以最大限度地保障组织绩效考核的公平合理，从而促进全体成员奋发前进、创造价值。

5.4 绩效结果强制分布与结果应用

绩效管理的关键在于绩效结果应用，通过绩效结果等级划分与强制分布，区分干得好的和干得差的员工，激励绩效优秀的员工，管理贡献较低、绩效待改进的员工，从而牵引企业各部门协同发展，激活整个组织，最终实现企业与员工的共赢。

5.4.1 绩效结果等级划分及强制分布

绩效等级是绩效考核后对员工绩效考核结果划分的等级层次，它一方面与具体的绩效指标和标准有关，另一方面也与公司的评价主体和考核方式有关。科学合理地划分绩效等级，以确定不同绩效等级员工的比例分布，是绩效管理成功推进的关键之一。

绩效等级数目的多少主要由企业绩效考核的奖惩力度和参与考核的员工数量决定。当企业对绩效考核奖惩要求比较高且参与考核的员工数比较多时，可以将绩效结果划分为五个等级，以实现对员工的强激励作用，比如腾讯、华为都是将绩效等级划分为五个等级；当企业对绩效考核奖惩要求比较低且参与考核的员工比较少时，为减少内部矛盾，可以将绩效结果划分为三个等级。

在做到客观公正评价员工绩效的基础上，绩效等级的多少和等级之间的差距大小会对员工切身利益有着直接影响。为了使员工绩效结果呈现"两头小、中间大"的正态分布,企业可以采用强制分布法来划分绩效等级,即按照每个员工绩效情况,强制按照一定比例划为某一绩效等级。从国外知名企业惠普、百事可乐,到国内标杆华为、腾讯等,都是使用强制分布法来划分绩效等级。

惠普公司使用的是1~5分的量表,其中15%的员工可以得到5分(最高等级),而5%的员工会得到1分,剩下得到2分、3分、4分的员工各占不同的百分比。

腾讯是按照1星到5星划分员工的绩效水平。其中,4星和5星的占腾讯员工总数的15%~20%,在腾讯内部被定义为"需要充分激励的排头兵";3星的员工占总数的45%~65%,被定义为"被认可的绝大多数员工";1星和2星的员工各占15%左右,被定义为"需要被鞭策的后进者"。

在划分好对应绩效等级和比例后,企业还需要清晰描述每个绩效等级,让管理者能够进行有效区分,这样才能保障在对员工进行绩效考核时,能科学合理地确定员工的绩效结果所在等级,并为下一阶段的绩效改进提供指导。

华为的绩效结果等级划分规则最初是由彭剑锋教授领导的团队从日本引进和设计的,一直沿用到今天。华为将绩效等级分为五个等级,考核比例管理遵循两个原则:一、确定公司对考核比例分布的总体管理规则,如"A(10%~15%)、B+/B(70%~85%)、C/D(5%~10%)",以组织业务类别为单位,保证"考核周期"的考核比例分布符合公司要求;二、管理者按照组织层级分层控制比例,专业员工按照个人职级分级控制比例。具体如图5-3所示:

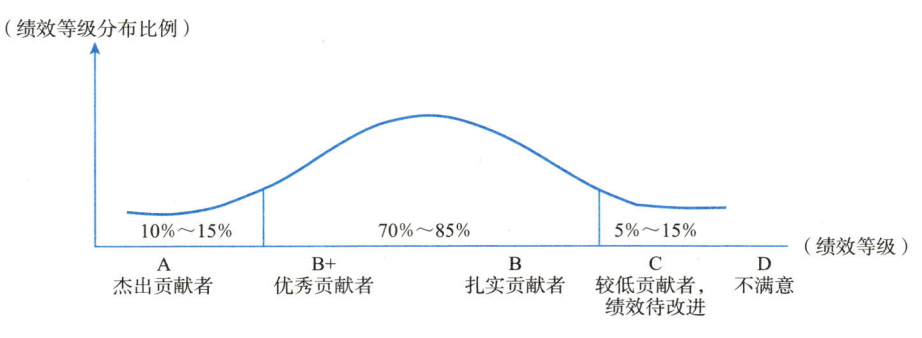

图5-3 华为员工的绩效等级比例分布

（1）等级 A 意味着杰出贡献者，指员工绩效表现在各方面明显超越所在岗位层级的职责要求和绩效期望，绩效结果明显优于他人，是部门员工的绩效标杆。

（2）等级 B+ 意味着优秀贡献者，指员工绩效表现经常超越所在岗位层级的职责要求和绩效期望，并不断拓展工作范围与影响。

（3）等级 B 意味着扎实贡献者，指员工绩效表现始终能够满足所在岗位层级的职责要求和绩效期望，部分能够超出组织期望。

（4）等级 C 意味着较低贡献者，指员工绩效不能完全满足所在岗位层级的职责要求和绩效期望，需要及时改进绩效以正常履行岗位职责要求。

（5）等级 D 意味着不可以接受，指员工不能履行所在岗位层级的职责和绩效期望，明显缺乏正常履行岗位职责所需的知识技能、工作效率和积极性。

在绩效管理中，"大锅饭"是最大的不公平，如果绩效结果没有一个基于级别的横向比较，就会很难推进人力资源管理。如果采取评级和强制分布机制，可能会让绩效排名后 10% 的员工离开；但如果对绩效结果不做划分，可能会使绩效排名前 10% 的优秀员工离开。通过对员工绩效结果进行区分，能够科学合理地分出绩效表现好、中、差的员工，从中识别出企业精兵，为他们创造更多表现机会，激励他们向更高的工作目标冲刺。同时，也能及时对后进者提出改进要求，激励员工不断提升绩效水平，从而推动组织绩效的提升。

5.4.2 绩效结果要公开

IBM 的专家说："绩效管理的本质是为了提升组织和员工的绩效，实现组织和员工的双赢。"华为开展绩效公示，让所有员工直观地面对部门间的绩效差距和员工间的绩效差距，是为了营造一种公平、公正、公开的奋斗环境，刺激全体员工为提升绩效水平而努力。

有员工认为，绩效结果公开有可能导致员工对考评结果产生争议或提出问题，进而影响考核公开的效果。实际上，公司实施绩效管理不仅仅引导着员工持续改进工作绩效，同时还引导着绩效管理体系在实施和运行的过程中不断改进。通过收集员工的反馈意见和对考评结果提出的问题，加以甄别与分析，找出原因，进而推动解决，这才是考核结果公开的真正意义。

【案例】华为将绩效结果进行公示

2011年，为了激励员工，华为决定公示绩效结果。对于绩效结果的公示，基层研发主管蓝田（化名）有一些顾虑。他找到了部门同事以及其他部门主管一起讨论这件事，发现大家都有类似的想法。很快他们就谈论到绩效公示这件事的重点，那就是大家选择加入华为，无外乎是在意两件事：一是获得好的绩效，二是得到好的发展，而这两者都需要通过不断的学习来提升自己的能力。华为的绩效公示这一举措无疑是为这些奋斗者打开了一扇门。绩效公示之后，所有好的经验都会被总结、提炼并分享，这是一个让大家向优秀的人才学习的好机会。

然而，蓝田作为一位基层主管，需要顾虑到更多的问题。绩效公示之后，他的团队成员都会直观感受到团队战斗力的高低以及团队成员间的差距。在蓝田看来，他必须给全体成员一个交代，很多时候他更注重打胜仗，而不愿意花费太多时间在论功行赏上。只要团队获取了整体的大胜利，底下的员工就会坚定地跟随自己。

绩效公布之后，他明显感觉有些员工自我期望过高，他不知道该如何平衡全体员工的心理。忐忑不安过后，蓝田决心与各位项目组长及直接经理一起将整个团队的导向、目标梳理清楚，并基于绩效做好日常的评价、反馈。果然没多久，绩效管理水平提升了，团队成员的绩效也都提升了，蓝田的管理能力也得到了锻炼。

华为能在绩效考核上能够获得如此巨大的成功，依靠的就是公开透明。任正非多次强调："我们要贯彻这样一种制度，就是更多地加强公开性，不要怕公开。从今年开始，考核要公开。公开才会使各级主管和AT（Administration Team，行政管理团队）的权力受到制约，想作弊都难。考核公开以后，激励也就简单了，谁创造的绩效多，谁就能涨工资，不该涨的就不涨。这样就有一个正确导向，让大家拼命往前冲。"

公开透明是公司赏罚分明的重要基础，同时也能加强公司和员工间的联系，使得他们更加信任彼此。在华为，不论向哪个员工提出有关绩效考核的问题时，他们都能说出绩效考核的标准和细节，而且答案几乎都是一致的。华为绩效结果公开的相关内容如表5-10所示。

表 5-10　华为绩效结果公示说明

公示范围	绩效评级为 A、B+/B 的员工（B+ 和 B 作为一个整体，不做区分与标识）；海外本地员工和获得当地工作签证的非本地员工，应在遵从当地法律法规的基础上，由所在国管理团队决定是否公示
公示内容	组织绩效公示：包括组织/团队绩效排名，组织绩效影响个人绩效比例分布的规则； 初评结果公示：员工自评（绩效、劳动态度）、主管评价意见（绩效、劳动态度）； 终评结果公示：终评等级（绩效、劳动态度）
公示渠道以及责任主体	在直接主管范围内公示 3～5 天，可采用 PC 平台、邮件、部门公告栏等公示渠道； 公示责任主体是直接主管，HRBP 进行协助和监控（公示邮件需抄送 HRBP）

绩效考核之所以有激励的作用，并不仅仅是依靠绩效成绩，还有和绩效成绩有关的其他方面，如员工的薪酬、晋升资格等。而绩效结果的公开就能让员工知道什么情况下可以升职，绩效要达到什么水平才能涨工资等，这就会促使员工朝着这些方向去奋斗，提高工作积极性。

5.4.3　建立绩效结果申诉机制

在绩效考核结果出来后，往往有不少员工对自己的绩效结果不满意，因为绩效结果与员工的薪资收入及晋升提拔、培训再造等高度相关，而且这些也是员工在绩效管理中最重视的部分。如果企业处理不好，那么员工会对绩效管理体系的公正公平性失去信心，甚至可能影响企业的绩效导向。为了避免这种情况，企业需要建立绩效结果申诉机制。

在华为，绩效考核结果会通过 PBC 系统进行公示。公示期间，如果员工对绩效考核结果有异议时，可以在 PBC 系统中发起申诉。华为对员工绩效结果申诉的处理流程如图 5-4 所示。

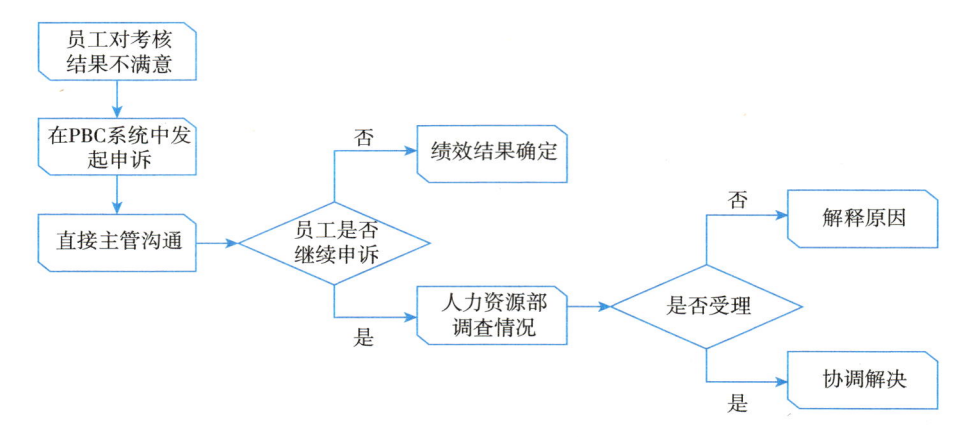

图 5-4 绩效结果申诉处理流程

（1）员工对绩效结果不满意，可以通过 PBC 系统进行申诉，申诉的内容包括：申诉事项、申诉内容（即造成争议的内容）、申诉理由。

（2）直接主管在收到员工发起的绩效结果申诉后，要给予足够的重视，并且在一个工作日内就申诉事项与该员工进行充分沟通，核实申诉内容与理由，并做出初步处理意见。如果直接主管能通过沟通，与申诉员工达成一致意见，那么绩效结果申诉流程就关闭；如果不能达成一致意见，申诉员工对绩效结果仍有异议，可以把申诉转给人力资源部。

（3）人力资源部在接到员工的申诉后，需要在两个工作内给出是否受理的决定。在此期间，人力资源部会核实申诉内容，对于申诉事项无客观事实依据，仅凭主观臆断的申诉不予受理。

（4）对于需要受理的申诉事项，首先由人力资源部对员工的申诉内容组织调查，然后向申诉员工的直接主管、同事、下级以及申诉员工本人做相关了解并从侧面了解申诉员工所在部门同岗位员工的绩效考核情况，以确认申诉问题产生的根源。在这个过程中，人力资源部应及时把申诉的进展情况告知申诉员工。

在调查阶段，为确保调查的客观公正，人力资源部需要注意以下几点：第一，对事不对人；第二，找出申诉问题产生的根源，便于后续对问题进行改进；第三，调查要注意保密。

（5）人力资源部决定受理申诉后，要在五个工作日内给出明确的处理意见，并及时将处理意见转达给申诉人。告知申诉员工的内容包括问题产生的根源而不是谁对谁错、申诉处理结果以及后续改进的内容和方式。同时，人力资源部要填写好员工申诉处理记录表（如表 5-11 所示），这不仅体现申诉处理的严肃性，也能作为申诉处理的证据，便于随时查阅。

表 5-11　员工申诉处理记录表

申诉人姓名		部门		岗位	
申诉事项	□绩效考核　　□薪资/福利　　□其他					
申诉内容					
面谈时间			负责人		
处理记录	问题简要描述：				
	调查情况：				
	建议解决方案：				
	协调结果：				
人力资源部负责人			日期		
备　注：					

通过建立绩效结果的申诉机制，企业不仅能有效地解决员工因对绩效考核结果存有异议时产生的抱怨和不满，还能使公司内部的气氛更和谐，提高公司的凝聚力和向心力。

5.4.4　绩效结果应用是绩效管理闭环的关键

很多公司建立了绩效考核制度，员工绩效管理也进行得非常热闹，但对绩效考核结果的应用却并不尽如人意：考核结果中看不中用，绩效考核流于形式，导致公司各层级逐渐不再重视绩效考核。因此，可以说，绩效考核结果的应用是保障绩效管理实现闭环的关键。

为了让各级主管和员工能够从自身利益出发，重视绩效评估结果，增强绩效考核的效力，华为对绩效评估结果一直是强化应用的。任正非说："物质薪酬是生存的保障，一定要给员工加薪的机会。但是加薪不是无条件的，否则会助长员工贪婪的心理。一定要让员工做出好的结果，拿出好的绩效来交换，有绩效，有结果，给员工多少钱都不过分。"

华为的绩效考核结果直接影响被考核者的物质奖励和非物质奖励，以及其晋升、降职、淘汰等。具体表现有：职位升迁、工资涨幅、年终奖金、股票分红等。绩效考核结果等级为 C 的员工，在制度上不享受涨薪和配股，也没有晋升机会，和绩效等级为 A、B+、B 的员工间相差悬殊，等级为 D 的员工甚至会被劝退淘汰。具体如表 5-12 所示。

表 5-12 华为绩效结果应用

绩效结果等级	职位升迁	工资涨幅	年终奖金	股票分红
A	快速通道	比例高	比例高	比例高
B+	有机会	比例较高	比例较高	比例较高
B	有机会	有机会	有机会	有机会
C	无机会	无机会	无机会	无机会
D	劝退淘汰			

华为在绩效结果的应用上引入了活力曲线，建立了基于绩效考核的强制末位淘汰制度。通过激励先进，淘汰后进的办法，促使整个组织的平均绩效稳步向前。华为的末位淘汰制度重点针对的是干部群体，在对干部的末位考核和不合格处理上更加严格和刚性。

【案例】华为干部的末位淘汰机制

作为最早引入末位淘汰的企业之一，华为已经将末位淘汰融入日常绩效考核管理体系：绩效结果为 D 的员工，华为会直接与其终止合同；连续两个半年考核结果等级为 C 的，基本也会被华为劝退，不被劝退的员工一般也会自己离职。

每个层级不合格干部的末位淘汰率为 10%，对于未完成年度任务的部门或团队，干部的末位淘汰比例还可能更高。2019 年 6 月 18 日，任正非在干部管理工作汇报会议上指出："对主官、主管一定实行每年 10% 的末位淘汰制，迫使他们自我学习，科学奋斗。下岗的管理干部一律去内部人才市场重找工作机会。实在需要向下安排岗位的，一定先降到所到岗位的职级，并继续考核不放松。"

对于已经降职的干部，一年之内不准提拔任用，更不能跨部门提拔任用，以防止"非血缘"的裙带之风。对于连续两年绩效不能达到公司要求的部门/团队，不仅一把手要降职，而且全体下属干部和员工也要负连带责任。另外，华为对不合格干部的末位淘汰不仅仅停留在基层主管层面，对于不合格的中高层干部同样是动真格的。

华为设置末位淘汰机制，能让优秀的员工得到应有的奖励和待遇，也让落后的员工受到相应的处罚。通过末位淘汰增强员工的危机感，使他们为了不成为最后一名而努力工作，从而大大提升员工的工作积极性，同时还能促进干部队伍的"新陈代谢"，保持队伍的活力。

在绩效管理的全过程中，员工最为关注的环节就是绩效结果应用，因为这个环节是对其努力付出的工作结果的兑付与奖励。在华为，员工成长的一切都与绩效挂钩，员工只要把工作做好，做得卓越，就会有好的结果。华为通过坚持对绩效结果的刚性应用，激发员工的积极性，发挥绩效管理的"指挥棒作用"，牵引员工聚焦价值创造，实现公司的可持续发展。

5.5　绩效结果反馈与改进

彼得·德鲁克说："管理的许多职能要真正实施和发挥作用，不能没有沟通。"通过跟员工进行绩效沟通辅导，能够帮助员工及时发现自己在工作中的优点、问题和不足，以引导员工持续改进，达成绩效目标。

5.5.1　做好绩效结果面谈前的准备

在绩效考核结果出来后，不论是针对绩效好的员工还是绩效不好的员工，华为都要求主管和员工进行绩效结果面谈。因为考核不仅要让员工看到结果，更要让员工知道自己下一步要改进的地方在哪里。对绩效结果优秀的员工，面谈可能会涉及工资增长；而对绩效差的员工可能会产生的抱怨情绪，则需要主管进行沟通和疏导。这些都需要主管和员工合理沟通，以保证绩效考核的良性作用。

绩效面谈是管理者和员工双方互动的过程，为了保证绩效沟通的有效性与针对性，双方都应该在绩效面谈前做好充分的准备。

【案例】一次没有准备好的绩效面谈

杨阳是C公司财务部一名新来的员工，入职才半年。从2013年7月开始，杨阳连续三个月的绩效考核结果都不是很理想，尤其是9月他的绩效是部门内最差的。于是，他主动找到部门主管汪部长要求面谈。

面谈开始后，杨阳向汪部长说，这个月他的KPI指标完成情况的确是不够理想，也遭到了公司项目部的投诉，得了部门的最低分，他心里非常难过。但他希望知道自己如何做才能改进自己的绩效。

面对充分准备的杨阳，汪部长在面谈过程中显得手足无措，一时无言以对。他只是简单地安慰杨阳，并表示会考虑下一个月调低对他的考核指标，帮助他把工作做得更好，也会动员其他同事给他提供帮助。但是当杨阳问汪部长，如何调整他的考核指标、谁能提供帮助以及提供什么样的帮助时，汪部长只表示自己正在考虑中。

杨阳对汪部长的说法并不满意，认为自己在这种情况下非常无助，他是非常希望自己的直接主管能够在工作改进上提供指导性帮助的，但是汪部长的答复对自己没有任何价值。他认为这样下去，自己肯定是今年第一个被淘汰的员工。

从案例中可以看出，汪部长在绩效面谈前没有做好充分准备，导致绩效沟通的效果不能使员工杨阳满意。对管理者来说，面谈前他们需要做的准备主要有：

（1）明确本次面谈所要达到的目标，而且要尽量详尽。也就是说，主管希望通过这次绩效面谈达成什么样的目标。比如：计划要与员工谈哪几件事？如何确定最终目标？预计多长时间可以达成目标？理想的结果是怎样的？

（2）确定适宜的谈话时间以及面谈人，同时选择一个不受干扰的谈话地点，并通知面谈对象。

（3）回顾员工的绩效目标，并从企业内部各层面收集员工资料，以及与绩效考核指标相关的员工日常工作表现记录。比如个人业绩承诺（PBC）及 PBC 变动表、员工绩效信息记录。

PBC 表和 PBC 变动表都是整个绩效管理工作的基础文件，在和员工进行绩效面谈时，应将这些资料准备充分，以便需要时可随时与员工一同查看。

员工绩效信息记录的来源可以是员工本人自述，也可以由其他相关部门提供，或者是管理者在对员工进行绩效辅导沟通阶段收集与记录的内容。这些资料是进行绩效面谈的重要依据，但往往也成为某些管理者忽视的薄弱环节，应在工作中引起足够的重视。

（4）制定好面谈提纲，并根据面谈提纲，通知被面谈者需要准备哪些问题，比如工作所遇到的困难和所需要的资源与支持等。

（5）做好心理准备，基于对员工平日的了解，管理者应根据员工的绩效结果，预测员工可能会对哪些内容有疑问，哪些内容需要向员工做特别解释说明。只有仔细思考每项考核内容，才能更好地主导绩效面谈，使之朝着积极的方向进展。

对于员工来说，员工在绩效面谈前需要做好以下准备：

（1）准备好证明自己绩效的资料或证据。在很多情况下，管理者会让员工根据关键业绩指标逐项简单陈述绩效指标完成情况，因此员工应该充分准备表明自己绩效指标完成情况的一些事实依据。对于优异的业绩，应列出客观的事实依据；对于不理想的业绩，应用事实依据来说明理由。

（2）准备需要向管理者提出的问题以及资源支持需要。绩效面谈是双向沟通的过程，员工既可以向管理者提出自己所关心的问题，也可以向他们提出一些在工作上的资源支持需要。员工提出的问题可以是关于企业战略的、部门绩效目标的以及个人绩效目标完成时遇到的困惑等。

（3）准备好个人绩效改进计划。绩效管理的目的是提高绩效，制定切实、合理的个人绩效改进计划是绩效管理得以成功的重要一环。员工应针对工作中的不足之处，制定一份个人改进计划初稿。

绩效面谈是一件困难且有挑战性的工作，是管理层和员工之间的重要桥梁，有助于增强双方的信任，形成和谐的组织氛围。管理者通过绩效面谈引导员工客观认识自己的成绩和不足，为员工接下来的工作改进提供方向，帮助员工改进绩效，使组织业务得以更高效地运转。

5.5.2　根据员工绩效表现实施针对性绩效辅导

绩效辅导的目的在于发现并分析制约员工工作绩效提升的因素，进行对症下药的辅导，以让员工的知识、技能、态度等方面得到系统性的改善，从而发挥出他们的最大潜力，提高个人和组织的绩效，最终实现多方共赢。

管理者在对员工进行绩效辅导时，应根据员工不同的绩效结果有不同的沟通侧重点，实施针对性的绩效辅导。

对于高绩效员工，绩效辅导的重点是强调他们的优势，增强他们的信心；听取他们对个人发展的期望和对团队的建议；对他们提出更高期望，引导他们接受有挑战性的工作；和他们共同商谈个人发展计划，聚焦个人能力的提升，并承诺给予定期的关注。

在辅导该类员工时要切忌：第一，默认员工是因高绩效结果而被激励，并只是告知结果，进行简单的沟通；第二，忽略员工自我的发展期望；第三，因担心员工自满而刻意给予较多批评，使他们不清楚自己真正做得好的地方在哪里。

对于低绩效或者绩效表现平平的员工，绩效辅导的重点是肯定员工的长处，并罗列客观事件来说明对员工给予该绩效结果的理由；与员工一起分析绩效偏低的因素（知识短板、技能欠缺、态度问题和外部障碍等）；明确期望，指出需要进一步改善的地方；和员工共同讨论改善的地方，制定详细的改进计划，并提供资源支持。

在辅导该类员工时要切忌：第一，没有做好准备就与他们进行沟通，凭模糊印象来辅导；第二，为了说服该类员工，与他们争辩绩效结果，而忽略员工当下的情绪与感受；第三，以其他借口作为绩效偏低的挡箭牌，回避直接主管的责任；第四，担心员工无法接受绩效偏低的结果，在沟通中主要谈论其优点，而忽略对他们绩差进行客观分析，反而给员工带来错觉。

针对员工不同的绩效结果，华为主管对员工进行绩效辅导时会有不同的侧重点，如表5-13所示。

表 5-13 华为员工不同绩效结果的沟通侧重点

员工绩效结果等级	沟通侧重点
A（杰出贡献者）	认可、鼓励，提出更高的目标和要求，并指出员工未来发展方向和对其的期望
B+（优秀贡献者）	认可、鼓励，指出不足并提出期望
B（扎实贡献者）	认可、鼓励，指出不足，摆出事实，并提出期望
C（较低贡献者，绩效待改进）	摆出事实，提出具体可行的改进期望
D（不可接受）	摆出事实，遵循公司原则，提出合法合理合情的要求和措施

对于那些绩效未达标的员工，华为的主管会运用 PIP（绩效改进计划）工具（如图 5-5 所示），给他们提升绩效的机会，激发他们的改进动力，从而最终达成绩效目标。

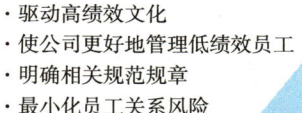

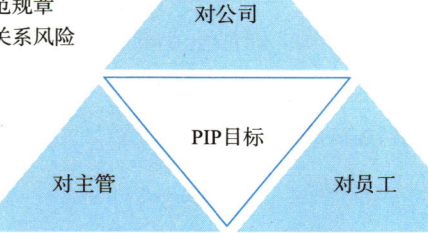

图 5-5 华为的 PIP（绩效改进计划）工具

华为员工的绩效改进计划是直接主管与员工针对员工在工作中取得的成果、存在的不足、改进方向、绩效目标要求和具体实施方法等进行沟通后，协助员工制定的改进计划。绩效改进计划应符合 SMART 原则。

在华为，当员工在绩效考核中触发了以下任一个条件时，各级主管就会启动绩效改进计划：

（1）员工连续两次绩效考核的考评结果都是"C"。

（2）员工绩效评价结果为"D"，并且该员工没有做出"自主选择"。

（3）员工的绩效水平和其制定的个人绩效目标差距过大。

绩效改进既是绩效辅导的出发点，也是绩效辅导的落脚点。通过对不同员工实施针对性的绩效辅导，帮助员工制定绩效改进计划，让绩效未达标的员工获得一个改善绩效的机会，能够帮助各级主管有效识别并管理低绩效员工，从而驱动企业高绩效文化的形成与发展。

5.6 绩效管理的实施保障

彼得·德鲁克说："目标管理到部门，绩效管理到个人，过程控制到结果。"对绩效实施过程实施强力保障，才能真正发挥绩效管理的作用，支撑企业战略的实现。

5.6.1 完善的组织绩效管理体系

组织想要达成某项战略目标，或达到某一业绩水平，需要建立与之相匹配的组织结构、管理制度等。想要让企业所有员工都能高效地执行战略任务，保证组织整体效能的激活，确保企业战略的顺利达成，最关键的是企业要建立完善的绩效管理体系。

国内企业的绩效管理体系形成历程，大致可以划分为人事考核、绩效考核、绩效管理三个阶段，如表 5-14 所示。

表 5-14　绩效管理体系形成历程

发展阶段	详细说明
人事考核	主要关注对员工的品格或特征的评估，业绩考核不是考核的主要方面；德是排在第一位的，其次是能、勤，最后才是绩
绩效考核	强调对工作任务、工作事项的考核，而对人的品德、态度等的考核退居次要位置；同时，强调对绩效结果的应用，且偏重事后奖惩
绩效管理	绩效管理是一个由绩效计划制定、绩效考核、绩效辅导、绩效改进所形成的循环系统，推动员工在绩效目标的牵引下，不断改善绩效，达成绩效目标，提高企业整体绩效

从"绩效考核"转向"绩效管理"，通过管理者的努力，让员工释放能量，为企业发展和整体业绩做贡献。华为副董事长、轮值董事长徐直军曾说："站在管理者角度来讲，做绩效管理，就是要让你的下属愿意死心塌地跟着你一起干、迎接挑战、追求卓越，去一起达成组织的目标！"

为了做好绩效管理，华为一直在完善组织绩效管理体系。基于组织绩效管理体系，把组织的目标分解到每个奋斗者身上，奋斗者就有了相应的个人目标。同时，为了让奋斗者发挥主观能动性，努力达成个人目标，绩效管理体系还需要进一步为奋斗者明确利益分配方式。

【案例】华为绩效管理体系的建立

华为高级副总裁吕克先生是华为组织绩效管理体系建立的亲历者，是他成功地建立了华为的职位管理体系和全球薪酬管理体系。1993年，吕克以实习生身份加入华为，一开始的岗位是技术研发，他参与了智能平台增值系统的软件开发等研发工作。但在2009年以后，他逐渐深入接触了人力资源方面的管理工作。在人力资源部工作期间，他发现要实现员工的个人绩效目标与组织绩效目标的一致，就要建立一个绩效管理体系进行目标分配，并建立起绩效奖金管理机制来分配奖金。

一次在接受《华为人报》的采访时，有记者问吕克为什么设计这样的绩效管理体系，吕克回答道："大约用了两年时间我们建立了组织绩效管理体系，以及组织绩效同组织奖金的回报关系管理机制，使奖金的生成和分配有了依据，同业务目标的完成间有了相对直观的挂钩关系。现在的问题是绩效KPI的导向可能在操作执行中过于片面或强化，反而造成部门墙、指标僵化等管理弊端；而一些部门为了落实工作要求，也容易要求在KPI中加入很多指标，从而使得KPI数量更多，也更复杂。但是，这也证明当时这套管理系统很有用，大家都觉得要用它来达到管理目的。客观地说，这套体系和机制在当时华为快速发展的情况下，有利于更清楚理解目标和把目标有效地分解到各个部门，从而为业务目标的达成起到了非常大的推动作用。"

绩效管理和组织内各项具体管理工作紧密联系，在实施过程中难免会遇到一些阻碍，为了确保组织绩效管理体系规范有序地运行、加强对绩效管理工作的控制和监督，华为一方面在人力资源管理系统中建成一整套的绩效管理流程，负责绩效管理工作的策划实施、监督和制度适宜性的评估纠偏等；另一方面，业务绩效目标的实现主要基于一套规范的组织运作与管理体系进行指导、监督与评估，AT（行政管理团队）、ST（经营管理团队）会议运作便是例行的运作模式，经营分析、重点工作落实、组织绩效评价、资源分配等都是通过这两类会议的形式，进行管理团队集体讨论决策的方式来进行。

建立科学合理的绩效管理体系，企业需要基于自身的战略目标，对管理需求进行分析，并在实施过程中不断总结与改进，以促进绩效管理更好地落地。

5.6.2 各方协同配合，保障绩效管理落地

绩效管理的顺利推进实施，不仅需要企业决策层的重视与支持，还需要自上而下所有人员主动参与、积极承担相应的绩效管理责任。简言之，各方协同配合是绩效管理落地的重要保障。

华为在绩效管理中，通过企业高层、人力资源部、直接主管、被考核者以及相关部门的协同配合，来保障绩效管理的有效落地，如图5-6所示。

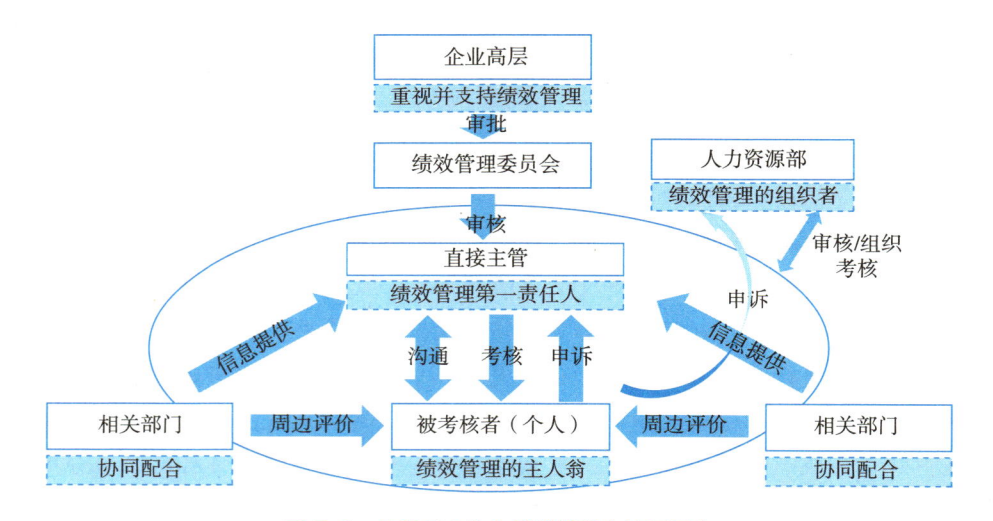

图5-6 各责任主体在绩效管理中协同配合

1. 企业高层要重视并支持绩效管理

绩效管理在很多企业中推广失败或者难以持久，其根本原因在于企业高层没有给予足够的重视和支持。人力资源部门仅仅是公司里的一个部门，如果没有公司高层授予的权力，怎么考核与其平级的管理层及其他部门呢？而且绩效管理包括计划、辅导、评估、反馈、激励等各环节工作，需要从不同部门收集大量的企业工作绩效数据，如果没有公司高层的支持，收集齐全准确的绩效数据也会存在一定困难。所以，绩效管理作为企业的一项高端、管

理工作，需由企业高层亲自主导，并给予足够的重视和资源支持，才能有效避免企业的绩效管理工作停滞不前或是流于形式。

在华为，企业高层是统筹企业整体绩效管理工作的责任主体，除了重视并支持绩效管理，还要承担主要的绩效管理责任：确定企业战略规划；组织确立战略成功要素和财务评价标准；组织制定企业年度经营计划和企业级KPI；定期重点关注企业级KPI变动情况，发现问题并及时组织评估。定期召开经营研讨会，对阶段性经营管理状况进行检讨，制定对策；分解指标到部门，审核部门KPI，并确定KPI的权重；与部门签订目标责任书；组织开展中高层管理人员的中期述职。

2. 人力资源部是绩效管理的组织者

在绩效管理实践中，很多部门主管与员工都认为绩效管理是人力资源部的事情。有些业务部门的主管在被人力资源部要求对下属进行绩效管理时，甚至会不配合："我们做业务已经够忙的了，你们还要我们填写各种表格，把你们的工作转嫁给我们。"而直接主管也不想对下属的工作表现进行评价，总是想由人力资源部门来评价考核员工的工作表现。在这种认知下，绩效管理效果往往不尽如人意。

华为强调，人力资源部门是绩效管理的组织、协调部门，赋能、支持管理者。人力资源部门的主要职责是为各级主管提供专业方法、工具和赋能支持；解读并有效传递公司政策，对主管进行赋能，提供专业的辅导支持，保证主管理解到位；跟踪AT（行政管理团队）绩效评价工作的进展与效果；收集各部门初评结果，汇总分析，确保质量；协助AT开展集体评议，记录整理会议决议；根据AT要求，跟踪绩效结果沟通进展与效果；协助主管识别需重点关注的低绩效、绩效跳变员工，向其提供专业意见与辅导支持；受理员工的绩效咨询、申诉调查处理。

3. 直接主管是绩效管理第一责任人

绩效管理机构只是绩效管理的赋能组织，直接主管才是绩效管理的第一责任人。直接主管不仅要承担起辅导下属制定绩效目标、客观考核评价下属工作表现的责任，还要指导绩效表现不佳的下属达成绩效目标。

华为在绩效管理上一直主张"主管责任制"，并且对各级主管有以下职责要求：带领团队创造优秀绩效，指导、支持、激励与合理评价下属人员的工作；重视绩效管理工作，各级主管的重要绩效考核指标应包括组织建设、领导团队、培养后备干部等；以高度的责任感与使命感落实后备干部与骨干员工的选拔培养；敢于管理，强化综合绩效考核，打造高绩效团队；加强对下属的目标制定、过程辅导，坚持贯彻绩效分层分级考核制度；通过自上而下绩效考核的压力传递，不断挖掘组织绩效产出。

4. 员工是绩效管理的主人翁

员工的理解、认同与配合是绩效管理成功落地的保证。企业绩效、部门绩效最终都要落实到企业每一个员工的绩效目标上。绩效管理涉及的目标管理、利益分配，都与员工息息相关。员工参与程度越深，就越容易认同企业的绩效管理工作。

在华为，员工作为绩效管理中的被考核人，也是绩效考核的主体，可以全程参与到绩效管理中：①绩效目标制定阶段，员工可以结合部门目标、岗位职责与主管沟通，明确自己的工作重点，并签署个人绩效目标责任书。②绩效辅导阶段，员工在日常工作中可以主动寻求主管的支持与辅导；一、三季度末可以通过总结自己的工作表现，与主管确认或更新个人绩效目标责任书。③绩效评价阶段，员工对自己在考核周期中的工作表现进行自评总结；同时，就主管可能不清楚的绩效事实，可主动汇报沟通；如果员工对绩效结果有异议，可以向直接主管或人力资源部门进行申诉。④在绩效反馈改进阶段，回顾周期内重点工作，主动寻找改进点，并向主管确认；就下一阶段的工作方向和重点与主管进行沟通。

绩效管理与企业的人力资源管理、经营管理、组织架构以及战略目标都具有一定的关联，科学的绩效管理需要各方责任主体的协同配合，共同承担起绩效管理的相关责任，确保绩效管理的有效落地，真正发挥绩效管理的作用。

5.6.3 三权分立，确保绩效管理的公平公正

三权分立是西方关于国家政权架构和权力资源配置的一种政治学说，主张立法、行政、司法三种国家权力分别由不同机关掌握，各自独立、相互制衡。

在管理上的三权分立机制是指具体事务的决策权、监督权、执行权分属不同部门或岗位，不集于一身。为了确保绩效评价的公平公正，企业可以借鉴与参考三权分立机制。图5-7是华为绩效评价中的三权分立机制。

（1）直接主管（建议权）：在员工对照自身PBC进行实际完成情况的自评后，直接主管负责对下属的绩效进行初评，确定初评结果并在部门公示。全流程负责人拥有建议否决权，可以否决直接主管对下属的绩效评价结果，并且对于初评结果为A、C和D的下属员工，可以要求提供绩效事实。

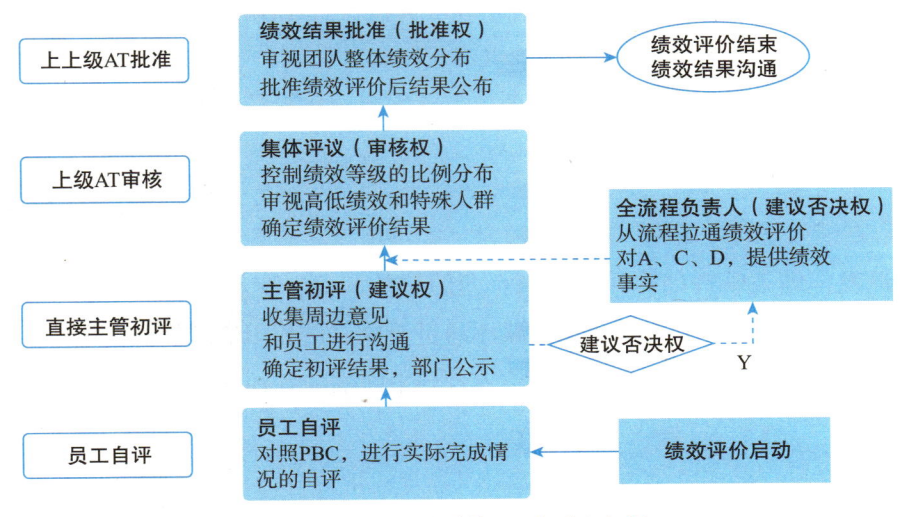

图5-7 华为的绩效管理三权分立机制

（2）上级AT（审核权）：在直接主管对员工绩效进行初评后，直接主管的上级AT会对照员工PBC，集体评议下属员工的绩效，科学控制下属员工绩效等级的比例分布，并审视高低绩效和特殊人群，确定绩效评价结果，上报给上上级AT。

（3）上上级AT（批准权）：上上级AT作为绩效考核的复核者，不仅要审视团队整体绩效分布，还要对上级AT上报的绩效评价结果进行审核批准，

再在公司公布评价结果。

如果被考核的员工对自己的绩效考核结果有异议，可以向直接主管提出。直接主管要与员工针对有异议的地方进行沟通，给出处理意见，并就处理意见进行沟通。

华为通过分别赋予直接主管建议权与全流程负责人建议否决权、上级 AT 审核权、上上级 AT 批准权，来实现对绩效评价的保驾护航。华为在运用三权分立机制时，还明确了各方在绩效管理中的职责，具体划分如下：

负责绩效管理的日常实际运作部门具有建议权；

属于矩阵管理（包括在跨部门委员会中担任成员）的相关管理部门在绩效管理的建议阶段具有建议否决权。一般而言，同一部门针对同一事件不可同时拥有建议权与建议否决权；

促进公司成长过程中能力建设与提升的组织具有评议权；

代表日常行政管辖的上级组织具有审核权；

代表公司全流程运作要求、全局性经营利益和长期发展方向的组织具有否决权和弹劾权。

在绩效管理中采用三权分立机制，能够保障绩效管理的公平公正，最大化地发挥绩效管理的作用，维护企业的整体利益，有利于企业长期稳健发展。华为的三权分立机制是在实践中通过反复讨论和印证后确立实施的，企业在参考借鉴时，需结合自身在绩效管理中面临的各种各样的具体情况灵活运用。

阅读心得

第 6 章
目标协同作战

彼得·德鲁克认为："任何商业企业都必须建立起真正的团队，并且把每个人的努力融合为一股共同的力量，充分发挥团队精神。企业中的每个成员都有不同的贡献，但是所有贡献都必须是为了实现企业共同的目标。"面对数字化时代快速变化、竞争激烈的市场环境，企业中的不同组织和不同力量，必须围绕共同的目标协同作战，这样才能充分激发组织活力，让企业实现可持续增长。

6.1 OKR 与 KPI 融合使用，实现组织协同

组织协同是一个规模企业经营和管理中最重要的事情。随着数字化时代的到来，组织需要变得更加敏捷灵活，才能快速响应变化，这个时候，协同就成为必然。OKR 的很多特质有助于将协同变为现实，企业将 OKR 与 KPI 进行融合、使用，能够更好地实现跨部门、跨业务单元、跨公司、跨行业的协同，激活组织，持续为组织创造价值。

6.1.1 OKR 的起源与发展

在 OKR：*Driving Focus*，*Alignment and Engagement with OKRs* 一书中，Niven 与 Lamorte 将 OKR 定义为"一种批判性思维框架和持续性练习，可以使员工相互协作、集中精力，推动企业不断前进"。

OKR（Objectives and Key Results），即目标与关键结果，其中 O 表示目标，是对企业将在预期方向所取得成果的精练描述，主要回答的是"你想要完成什么事情"；KR 表示关键结果，是对衡量既定目标成果的描述，主要回答的是"如何确认你做到了这件事"。OKR 的起源可以追溯到 20 世纪 50 年代。

1954 年，彼得·德鲁克在《管理的实践》一书中正式提出了具有跨时代意义的目标管理理念（Management by Objectives，缩写为 MBO），主张"目标管理及自我控制"。具体来讲就是让企业管理人员和员工亲自参加工作目标的制定，在工作中"实现自我控制"，努力完成目标的一种管理方法。德鲁克的目标管理理念对美国企业的高管们产生了重要影响，他们纷纷开始在自己企业内创建 MBO 体系。

1968 年，英特尔公司创始人兼 CEO 安迪·格鲁夫将 MBO 模型引入英特尔，并对原有的 MBO 体系进行了升级，形成了我们今天所熟知的 OKR。与德鲁克的 MBO 体系相比，格鲁夫的 OKR 在许多方面都做出了调整，比如目标制定的个数、目标设置的频率以及目标的难度等。更重要的是，OKR 打破了众多企业自上而下的体制，强调自上而下与自下而上相结合，这对 OKR 的成功实施起到了重要作用。1974 年加入英特尔的约翰·杜尔是 OKR 的追随者，在英特尔开始学习 OKR。1999 年，约翰·杜尔将 OKR 引入谷歌并将

其发扬光大。

2014年，OKR传入中国。最开始主要是一些有硅谷背景的初创企业在推行，后来OKR逐步受到IT、互联网、高科技企业的追捧而变得流行。2015年以后，百度、华为、字节跳动、知乎等企业都逐渐使用和实施OKR，并成功在企业内部推广。

"科学管理之父"泰勒认为："科学管理的根本目的是谋求最高劳动生产率。最高的工作效率是雇主和雇员达到共同富裕的基础，要达到最高的工作效率的重要手段是用科学化的、标准化的管理方法代替经验管理。"而OKR正是一个通过设立目标和确定达成目标的关键结果，来进行企业管理，提升组织效率的科学管理方法。

OKR通过自上而下的目标分解和自下而上的目标保障，起到承上启下的作用（如图6-1所示）。将公司的大目标（愿景、战略、策略）逐级分解成每个员工的工作目标，然后根据工作目标指导员工项目制定和任务执行；员工各个项目、任务的完成，最终逐级向上以保障公司目标的达成和公司愿景的实现。

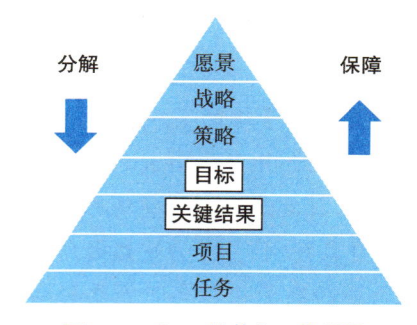

图6-1 OKR的整体运作逻辑

OKR的核心特征主要表现在以下几个方面。

（1）目标对齐：公司、部门、个人都要设定自己的OKR，且所有的OKR之间必须达成一致性，能够互相支持，即保持横向和纵向的目标对齐。

（2）数量不宜过多：OKR是由O和KR组成的，在设定OKR时，建议O不要超过5个，每一个O下面的KR不要超过4个。当然这个数量只是参考，具体实操过程中可以根据实际情况进行调节，但要秉承"少而精、突出重点"的原则。

（3）必须要可量化：OKR 中的 O 可以是定性目标也可以是定量目标，但是 KR 必须是可量化的。O 和 KR 的制定都要符合 SMART 原则。

（4）目标设置要有挑战性：设置的目标不能是很轻易就能完成的，没有挑战性的目标对企业没有任何意义。

（5）公开透明：每个人的 OKR 在整个公司里都是公开透明的，员工可以查询到任何其他人的 OKR，包括 CEO 的，这样做的目的是使团队之间更好地协作。

（6）不直接关联薪酬：每月或每季度或每半年度要给 OKR 进行打分，并且公示。打分的目的是评估员工的工作进度和工作成果，最终的打分可以作为员工年度调薪、晋级晋升等的参考依据，但不应该成为决定性因素。

由此可见，OKR 是一种企业、团队、员工个人目标设定与沟通的极佳实践工具，是通过结果去衡量过程的实践方法。同时，OKR 也是一种能促进员工与团队协同的思维模式。

6.1.2 OKR 是指南针，KPI 是仪表盘

关于 OKR 和 KPI 的区别，有个非常形象的比喻：OKR 是指南针，指南针最重要的作用，是让一个无法量化考核的团队，通过层层分解的目标和关键任务，向同一个方向协同前行；KPI 是仪表盘，指标就是仪表盘上的一个个数字，车速、转速、油耗、里程数，只要数字达到了，任务就完成了。

OKR 是管理沟通工具，关注的是过程，不与考核挂钩，而是鼓励员工设定有挑战性的目标，能够更大程度地发挥员工积极性，有利于鼓励创新。KPI 是考核工具，关心的是结果，成绩跟奖金挂钩，从而刺激员工更加努力地工作，同时员工也会承受更大的压力。OKR 和 KPI 的本质区别主要体现在几个方面，如表 6-1 所示。

表 6-1 OKR 与 KPI 的区别

区别	OKR	KPI
定义	是一套定义、跟踪目标及其完成情况的工作模式和管理方法，是关注过程与进行沟通的工具，用来测量员工对企业战略的贡献	将企业战略自上而下层层分解为具体指标，并以此来跟踪员工绩效，是关注结果与进行考核的工具，测量员工是否达成绩效指标

续表

区别	OKR	KPI
立足点	贡献导向，关注的是目标，鼓励员工围绕公司愿景做有挑战性的事情；保证员工朝正确的方向走："我要做的事"	控制导向，关注的是指标，监控员工的工作结果和指标达成；让员工朝前走："要我做的事"
制定过程	员工与领导共同设定挑战性目标，共同为达成目标努力	员工和领导进行指标分解和补充，对员工进行自上而下的任务委派
驱动机制	依靠员工基于自我价值的驱动	需要依靠外在激励因素的牵引

1. 设计的立足点不同

OKR 是贡献导向，目标 O 可以是定量的也可以是定性的，重点关注的是提出极具挑战性和追踪意义的目标，使员工在正确的方向上以超常的热情朝着目标努力，通过激发员工积极性从而取得超出预期的进展和结果。OKR 设置的目标不是轻易就能实现的，因此是否 100% 完成并不是那么重要，通常情况下，完成目标的百分之六七十就足以得到一个超出预期的结果。

KPI 是控制导向，必须有明确的定量的指标，追求的是高效率地完成这些指标。KPI 在选择指标时，关注的是有能力做到同时又必须做到的目标，以此来引导员工做出企业期望的正确行为，落地企业的战略决策，持续获得高效益回报。KPI 侧重于完成明确的目标，要求 100% 完成，甚至超越目标。

2. 制定过程存在差异

OKR 侧重的是上下左右的多维互动，实现 360 度对齐。在制定过程中有三个特点：第一是方向的一致性，企业需要首先明确对自身发展最重要的事务，将之转化为战略目标。团队或部门再基于企业的战略目标，设定各自团队或部门的目标，最后员工根据所在团队或部门的目标来确定个人目标；第二是员工的主动性，OKR 不是以上级委派任务的形式来分配的，而是由员工根据自身价值和能够为企业做出的贡献主动制定的，反映的是组织内每个个体对企业的责任感和对自身工作的期望值；第三是跨部门的协同，OKR 要求各团队的目标与关键成果必须获得其他协同团队的认可，因此在设计过程中需要有信息系统作为支撑，让 OKR 对所有员工做到公开透明，加强团队间的沟通和协作。

KPI 的制定通常是自上而下委派式的，是对企业战略进行层层分解，对获得优秀业绩所必需的条件和要实现的目标，进行自上而下的定义。KPI 更多反映的是组织希望个体做出的绩效行为。现在由于外界环境的变化，企业对员工的成长越来越关注，提出了很多所谓的创新绩效、成长绩效，但是这些从根本上看还是组织对员工提出来的要求。对于个体能够为企业战略的实现主动做出什么贡献，在具体的KPI指标中体现得并不明显，因此KPI的协同性往往比较差。

3. 驱动机制的区别

OKR强调员工基于自我价值的驱动去实现绩效目标。OKR不仅是企业的愿景，也是员工个人价值的充分体现，员工实现OKR的过程也是实现其自我价值的过程。

KPI的执行一般需要依靠外在激励因素的牵引，包括基本的薪酬、绩效等。这是因为KPI的制定以自上而下的形式为主，很大程度上反映的是企业要求员工实现的工作结果，员工常常处于被动接受的状态，个人意志无法得到体现。

OKR和KPI是不同的，但并不是对立的，KPI其实是OKR的来源，KPI能反映一个组织、团队和个人成功的关键指标；而OKR会使KPI完成得更好，因为OKR比KPI更富有挑战性，能促进团队的创新和突破，从而产生更好的效果。

因此，企业在引入OKR后，可以将其和KPI进行融合应用。OKR和KPI的融合应用，可以有以下两种形式。

第一种是KPI+OKR，这种融合是要把完成难度大、重要性高的KPI指标设定为目标O，然后再根据目标O制定出有效的关键结果KR。这种融合应用形式不但突出了核心目标，更有非常明细的达成路径，适用于销售岗位和财务相关的目标等。

第二种是OKR+KPI，这种融合是先制定出科学的目标O和有效的路径KR，然后再从KR中选取最重要的部分指标作为KPI用于考核激励。这种考核指标所占的比重不应过大，否则员工的重点将会从如何积极完成目标，变成只关心考核指标的达成与否，而忽略了其他重要的事情。

OKR和KPI就像是企业管理中的两大利器，不同的考核模式下，企业应用它们的目的不一样，要根据自己当前需要的目标来决定。OKR适用于追求创造性、灵活性的人，KPI适用于有相对稳定且明确目标的人，在同一企业的不同发展阶段，同一部门的不同性质工作中，OKR和KPI都可以共存并相互补充。因此，企业如果想要实现业务创新与突破，但又不想让现有体系被干扰太多，那么可以使用两者有机融合的模式去推进。

6.1.3 打通目标与绩效的关口，实现目标与绩效管理的协同

绩效管理的根本是树立合理的绩效管理理念，找准正确方向，做正确的事。而OKR正是对传统目标管理、绩效管理方法的纠偏，使之回归本源，从强调数字到强调目的及路径，从被动执行到主动承接和自发突破，从忽视过程到重视过程辅导。

在SDBE领先模型中，可以将持续绩效管理与OKR目标管理相结合，系统地帮助企业掌握绩效管理和目标管理的发展历程、理念、流程、工具和表单设计，打通目标与绩效的关口，实现目标管理与绩效管理的协同，激发员工的潜能和意愿，促进企业从"管理自我"迈向"挑战自我"（如图6-2所示）。

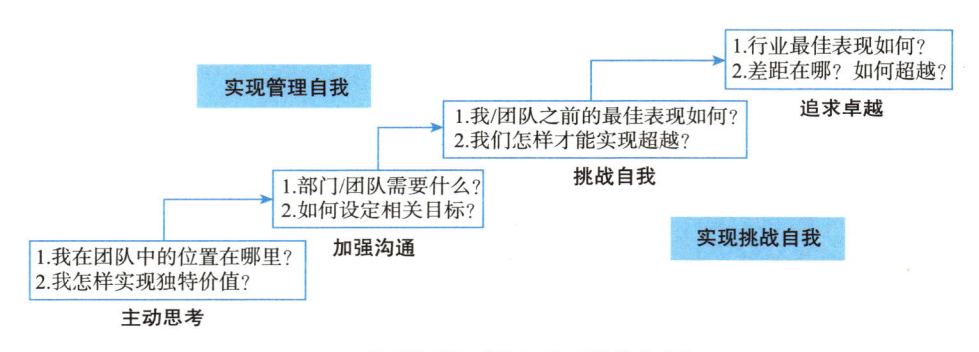

图6-2 从"管理自我"迈向"挑战自我"

持续绩效管理专注于员工与管理者之间持续的有效沟通，通过定期检查和评估，帮助其纠正方向，鼓励员工保持参与并实现他们的目标，能够增强OKR的有效性。主要体现在几个方面：一、通过持续的、定期的检查，使绩效讨论具有可操作性；二、通过持续的反馈来确保目标的一致性，使每次的绩效讨论更有意义；三、通过将员工的目标与绩效评估联系起来，鼓励员工更多地参与和使用OKR；四、用自我评价来肯定员工取得的成就；五、采用OKR来反思过去的业绩，使得员工与管理者对所完成的工作都能有更全面的了解。

【案例】OKR 助力元气森林提升组织协作效率

元气森林成立于 2016 年，是自主研发、自主设计的创新型饮品品牌，主打低糖低脂饮料，力求"美味与健康并存"。旗下自主开发了包括元气森林、乳茶、燃茶、满分、纤茶和外星人等多个系列产品。

元气森林展现出了势不可当的发展趋势，成了饮料界的超级网红，名气甚至高于此前备受消费者们青睐的"肥宅快乐水"。元气森林系列产品已覆盖全国超 30 个省份，并出口美国、澳大利亚、新西兰、新加坡等多个国家。元气森林在 2018—2021 年的销售额增长率分别是 300%、200%、309%、260%。2021 年 12 月 20 日，胡润研究院发布《2021 年全球独角兽榜》，榜单中主要介绍了 2000 年之后成立且估值超过 10 亿美元的非上市公司。其中，元气森林在胡润研究院发布的中国前十名榜单中排名第九，估值达到了 950 亿美元。

元气森林的成功，一方面是因为其找到了当下饮料行业"0 糖 0 卡 0 脂"的流量密码，打出了独特销售策略；另一方面就要归功于其内部采用了高效的 OKR 管理法。

早期，元气森林主要以"任务"的形式来指导战略落地，员工用 Word 写日报、周报，之后由助理人员手动汇总并统计工作情况，仅仅是统计汇总通常就需要花费 1 小时。统计完后再统一在周会上进行汇报和修改，通过高频复盘来追踪任务的完成情况。这种单点创作、单向传递、手动汇总的形式，把大部分的时间都浪费在了"追踪"上而非"任务"本身上，效率和效果都不够理想。

2020 年，元气森林引入了飞书并开始采用 OKR 管理法。元气森林采用 OKR 的一个重要原因就是 OKR 中有一部分 O 和 KR 是能由员工发起的——让员工能自下而上地影响团队决策甚至是企业发展方向，利用大家的智慧发掘更多的机会，创造更多的价值。另外，OKR 的公开透明，让每个人都能随时随地地对接他人的工作。元气森林通过采用 OKR 加强了组织内部员工间的工作协同性，大大提升了组织内的工作效率。

明确的目标和强力的执行是持续绩效管理的先决条件，能够帮助企业聚焦重点、落地执行。OKR 能够引领组织打破舒适区，持续扩展能力辐射边界，实现持续绩效管理与目标管理的协同，最大限度地激发员工的积极性和创造性，不断提升产出，促使企业整体战略在组织层面和员工层面的落地，形成合力，持续创造高预期价值。

6.2 目标对齐，上下同欲

《孙子兵法》有云："上下同欲者胜。"意思是说上下有共同的愿望，才能众心齐一。对任何企业而言，确保员工凝聚在一个共同的目标之下都是头等重要的大事，这就是 OKR 对齐。

6.2.1 OKR 对齐的定义与作用

根据 OKR 专业软件提供商 Koan 与 OKR 咨询公司 TBG 共同发布的《2020 年度 OKR 报告》数据，在对中国企业的调查中，有 82% 的企业选择 OKR 是为了"战略落地和执行"，74% 的企业选择 OKR 是为了"改善部门协作"。由此可见，OKR 是实现上下左右目标对齐、横纵协同的重要工具。

OKR 对齐是一个复杂且持续的过程，不仅仅"目标"和"关键结果"要对齐，过程中还要对实现过程进行讨论和确定。OKR 对齐包含垂直对齐和水平对齐，最基本的做法是先进行"组织 OKR 对齐"，然后是"团队 OKR 对齐"，最后是"个人 OKR 对齐"。

1. 组织 OKR 对齐

在企业 CEO 带领高管制定年度目标包括季度 OKR 和月度 OKR 后，组织 OKR 对齐要做的是垂直对齐：向上同企业的使命、愿景、战略做对齐，也就是说年度目标支撑使命、愿景、战略的实现；向下与团队层级目标做对齐。

组织 OKR 拟定后，组织中高层管理者需制定各自的团队 OKR 并以此对组织 OKR 再进行修正，从而产生正式的组织 OKR，最后通过邮件等途径向全体成员公布组织层级的 OKR。

2. 团队 OKR 对齐

各团队在组织 OKR 确定后开始拟订自己团队的 OKR。团队 OKR 对齐要做的是垂直对齐和水平对齐，同时还要提出自己想要的 OKR。团队是有层级的，有大团队（类似一般企业中的部门），也有小团队（3～10 人左右的），团队之间要依次进行 OKR 对齐。

团队 OKR 的垂直对齐，是向上对齐上层的组织的 OKR，向下对齐团队或者员工的 OKR，通过这一过程，将各层目标纳入团队 OKR 中，实现"从上到下"和"从下到上"的双向沟通。团队 OKR 的水平对齐，主要是在团队目标的制定中找到有"依赖关系"和"协作关系"的团队，当然可能也有团队"有兴趣"主动承担其他团队的目标。

团队 OKR 拟定后，团队领导要分别和上层管理者进行一对一确认，从而产生正式的团队 OKR，并通过邮件等途径向团队成员公布。

3. 个人 OKR 对齐

个人 OKR 是 OKR 体系中的最终端节点，个人 OKR 对齐要做的是垂直对齐和水平对齐，同时也可以提出自己想要的 OKR。

个人 OKR 的垂直对齐，主要是向上对齐，即向团队 OKR 对齐。个人 OKR 的水平对齐，除了对齐正常的协作，还可能要对齐"兴趣"和"关系"驱动的协同工作。

团队成员拟定个人 OKR 后，要和团队领导进行一对一的沟通，从而确认最终的个人 OKR。

字节跳动副总裁谢欣在一次媒体分享中说道："在字节跳动，大家的 OKR 都是公开的，即使是入职第一天的员工，也可以直接看到张一鸣的 OKR。这主要是为了确保大家工作目标的一致性，以及让人非常快速地了解其他人的职责。比如我们有非常多的跨部门合作，'坐在一起开会却不认识对方是谁'的情况很常见。我经常的做法是，拿起手机，点开他的（飞书）头像，看一眼他的 OKR，半分钟就知道他的主要职责和工作重点是什么了。"

因此，在字节跳动，OKR 不仅是自上而下拆解的结果，而且是高效沟通与协同的基础。员工的 OKR 除了与上级有关，还与本部门同事、跨部门同事有关，要实现上下左右目标的全方位对齐。

组织内各级 OKR 彼此对齐，就相当于把组织联结成一张完整的大渔网，可以聚合整个组织有限的资源，来达成重要的大目标。如果不进行 OKR 对齐，就相当于把大渔网拆散，变成若干个小渔网，各业务部门、团队各自为政，就只能完成一些小目标。OKR 的全方位对齐，能让全员对组织目标达成共识，打破团队间的壁垒，调动团队间的高效协同，这样的组织才能更敏捷地应对外部变化，实现可持续增长。

6.2.2 垂直对齐，确保全面承接战略

OKR垂直对齐是指自上而下和自下而上相结合制定OKR，确保组织的战略目标落实到基层员工。由组织层面到团队层面再到个人层面，要让上级设立的目标得到下级的充分配合，而下级付出的工作努力也能获得上级的认可，从而提高整体的工作效率，避免出现上级目标无人配合、下级工作白费力气的情况。

【案例】字节跳动的三种OKR垂直对齐方式

字节跳动员工制定OKR时，有三类依据：自身的近期业务、直属上级的OKR、其他平行部门的OKR。其中，员工对直属上级OKR的承接方式分为三种：分解式承接、转换式承接、直接承接。

（1）分解式承接：当上级的O涉及多个维度时，下属员工采用分解式承接。例如上级的O是"提高××产品的市场份额"，需要市场、销售、产品等部门同时提供支撑，那么各下级部门可以将上级的O按照自己对应的职责范围进行分解，形成自己的O。

（2）转换式承接：如果上级的KR与下级的职责范围可直接对应，则下级的O可从上级的KR出发进行转换。如图6-3所示，上级的O是"优化产品体验，一季度新客户数量增加60%"，下分4个KR，分别是KR1"加快产品反馈收集和迭代速度，每月核心体验优化点达到6个"，KR2"销售线索增加100%"，KR3"新客户签约成功率超过70%"，KR4"搭建有效的销售团队，招聘5名金牌销售"。那么产品、销售、人力资源部门负责人的O就可以从上级的KR中进行转换：产品部负责人的O从KR1转换成"加快产品反馈收集和迭代速度"，销售部负责人的O从KR2和KR3转换成2个，分别是"增加销售线索"和"提高新客户签约成功率"；人力资源负责人的O从KR4转换成"搭建有效的销售团队"。

（3）直接承接：如果上级的某项O与下级的职责范围重合，则下级可以直接引用上级的该项O作为自己的O。

```
上级OKR                          下级承接

O：优化产品体验，一季度新客户数量
增加60%

KR1：加快产品反馈收集和迭代速度，        产品部负责人O：加快产品反馈收集和迭
每月核心体验优化点达到6个              代速度

KR2：销售线索增加100%                销售部负责人O1：增加销售线索
                                 销售部负责人O2：提高新客户签约成功率
KR3：新客户签约成功率超过70%

KR4：搭建有效的销售团队，招聘5名       人力资源部负责人O：搭建有效的销售团队
金牌销售
```

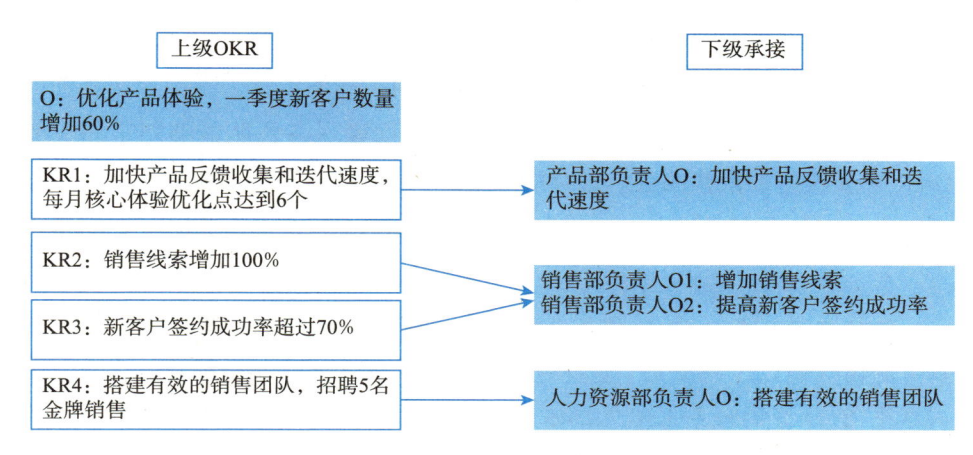

图 6-3　转换式承接上级 OKR（示例）

员工的目标与企业的最高目标保持上下协同，OKR 的影响力就可以被放到最大。通过目标的垂直对齐，每个人的目标更加清晰，员工可以实时跟踪自己的 OKR。当员工真正看到自己的工作给企业创造了价值时，可以更好地激发员工的工作积极性，让他们时刻保持斗志，从而有力地促进企业的发展。

6.2.3　水平对齐，实现横向协同连接

OKR 水平对齐是指横向对齐，目的是让相关联的部门能够朝着共同的目标前进，并且在过程中统一步调，相互协作，各尽其才。孤立的个体与相互联系的群体解决问题的能力是不能相提并论的，通过 OKR 的水平对齐，在组织中实现跨职能的、点对点的、团队对团队的横向协同连接。

团队与团队 OKR 的水平对齐，主要体现在整体价值的产出。在组织内部进行高度协同与连接，需要团队间共通时间节点、共同服务客户、业务相互嵌入、业务逻辑互补等。团队中个人 OKR 的水平对齐，主要体现在对资源的有效利用，是团队专业性和团队效率的体现。实现团队内部个体的水平对齐，需遵循团队 OKR 优先或者目标交集优先，个人的 OKR 都需要以团队的 OKR 为核心。

为实现 OKR 的水平对齐，需要制度化地同企业里的各个部门进行详细沟通，很多企业会设置专门沟通 OKR 的会议——OKR 共识会。在共识会中对撰写出来的 OKR 进行沟通和纠偏，比如你的 OKR 制定得是否合理，是否与其他团队的 OKR 有冲突，是否支撑了上级和横向相关团队的 OKR 等，从

而确保整个组织的OKR是对齐的，更好地实现横向协同。

通过共识会上的沟通，找出各个团队之间实际的依赖关系，切实评估固定期限内实现合作的可能性和所需资源，从而确保各团队能够制定相关的OKR来反映这种依赖关系。最终的OKR可以通过不同的形式来体现，可以由各个部门各自创建相互依赖的OKR，也可以几个相关部门共用一个OKR。

当部门间存在OKR依赖关系时，可以制定依赖于其他团队的OKR。例如市场团队制定了一项O"更快地提供更好的潜在客户给销售团队，提升收入水平"，下分的一条KR"在45天内将潜在客户转化为付费客户的比例提升至20%"是与销售团队存在依赖关系的，那么市场团队则需要依赖销售团队快速把潜在客户转化为真正客户来完成这一目标。

当多个部门共同服务于一个目标时，可以共用一个OKR。例如产品团队和工程团队制定了一个共同的OKR，其中O是"成功发布产品的2.0版本"，KR1是"产品2.0版本测试用户的净推荐值从40提升至55"，KR2是"同1.0版本相比，产品2.0版本用户平均咨询时间降低40%"。

团队之间OKR的水平对齐是十分重要的，当团队中成员在需要完成什么任务以及如何完成任务上达成一致时，就能够促进团队间高效合作，减少沟通障碍，驱动团队的积极性，更快更好地完成总体目标。

6.3 公开透明，促进协作

组织及个体的协同能力是影响组织绩效的核心因素之一，组织的很多项目往往不是靠一个团队能完成的，而是需要不同团队配合，集众人之力才能完成的。OKR的公开透明能促进组织从上至下、从下至上以及横向之间的360度协同，让组织更加敏捷灵活，始终保持强大的战斗力。

6.3.1 让组织目标可视化，产生协作正推力

多部门、多团队协作的问题一直是企业工作中的难题，团队间的相互协作往往需要花费很多的时间在反复沟通上，而且在沟通过程中还可能出现各种问题，导致工作效率低下、员工间相互抱怨等现象。OKR的公开透明，能

够让目标可视化，当所有人的目标都清晰可见的时候，沟通成本就会大幅度降低，从而对团队、员工间的协作产生正推力，大大提高工作效率。

员工在工作过程中可以随时查看其他员工的OKR及工作进度，对需要相互协作的工作内容及时进行沟通、协作。团队也可以随时了解其他团队的OKR和工作进度，及时调整自己的工作进度和工作内容来相互配合，协同推进工作项目的完成。

【案例】OKR公开透明，MyFitnessPal更好地满足产品经理需求

MyFitnessPal是美国一款很有名的健身运动App，创立于2005年，到2015年被Under Armour（安德玛）收购前已拥有8000多万名注册用户。随着公司业务的持续增加，公司的规模不断扩大，公司的产品经理人数越来越多，对工程团队提出的需求也就越来越多。然而，工程师团队的人数有限，究竟该如何满足产品经理的各类需求，哪些先做、哪些后做，成了困扰工程师团队的问题。

公司在拿到A轮投资之后，就开始运用OKR目标管理方法。面对当前出现的这种情况，公司规定在之后的周例会上，各个部门的负责人需要把下一阶段的需求都展示出来，并由各部门一起商讨该如何协同，讨论之后再统一把讨论结果写到各自的OKR中，随后公布于众。这样一来，所有的产品进度和需求点都被统一公开展示出来，工程师团队就可以根据总体目标进度来选择哪些需求先做，哪些需求后做。同时，各个部门的产品经理也彼此有了更深入的了解，更有利于产品的优化和改进，大大提升了公司的运营效率。

由此可见，当部门之间有相互依赖的工作关系时，可以通过信息的公开透明，了解对方的目标与进度，进而有针对性地调整自己的工作安排，打破"部门墙"，提高企业内部协作程度。OKR的公开透明加强了员工之间的相互信任和高效沟通，在友好协作的同时互相产生正向推力，促进组织蓬勃向上。OKR公开透明的意义主要体现在以下三个方面。

（1）公开透明能提升运营效率：每个员工的OKR都是公开透明的，大家可以随时查看，及时了解企业的战略目标、团队的工作目标与工作进度等，如此一来，就可以减少以往70%～80%用来同步信息的会议。同时也可以避免组织内出现不同的人在无意中做着同一件事而造成的时间和成本浪费。

（2）公开透明能激发员工热情：OKR 既是目标也是责任，公开透明将使得员工个人的具体工作内容与上层的工作目标、企业的战略目标进行直接关联，更能激发员工的工作激情和工作成就感。同时，每个员工的工作进度、工作目标都将"曝光"在其他人的眼中，无形中增加了许多工作监督者的存在，也让员工自我价值感不断增强，从而实现自我驱动。

（3）公开透明有利于敏捷管理：敏捷管理概念源于丰田创造的"精益管理"理念，以及在 2001 年由一组软件开发人员起草的"敏捷宣言"。在当下的 VUCA 时代，具有高敏捷性的组织才能更好地应对外部环境的快速变化，而敏捷一定是建立在公开透明的基础上的。OKR 公开透明，信息共享，让每一个员工清楚地看到组织当前的优先事项是什么，部门之间相互的需求是什么，从而让员工更加清楚自己应该做什么，更有针对性地促进组织内部协作，迅速应对变化。

随着互联网的突破性发展，公开透明已成为组织日常运营的必要条件，坚持 OKR 的公开透明，让员工对企业的整体发展更加清晰，从而增强组织协作效率，促使企业形成公平的文化氛围，使得每个人都有动力，都有价值，激发大家更多的热情和智慧，为企业贡献更高的价值。

6.3.2　多种手段相结合，让 OKR 实现公开透明

公开透明是 OKR 的重要特性和原则之一，对 OKR 在企业内部的推行有着重大的意义。公开透明原则要求组织所有的 OKR 信息都是公开的、可视的，包括目标、进度信息及评分，个别需要保密的信息除外。也就是说在 OKR 实践周期中，每个人的 OKR 的目标、关键成果等都要公开透明，并且需要不断更新 OKR 的最新进度。在 OKR 实践周期结束后，每个人的 OKR 评分也要公开透明，可供查看。

OKR 公开透明遵循以下几点：
（1）组织的高管能看到所有人的 OKR 信息。
（2）上级可以看到所有下级的 OKR 信息。
（3）下级可以看到直属上级的 OKR 信息。
（4）团队成员可以看到彼此的 OKR 信息。
（5）工作有关联的人员可以共享 OKR 信息。

（6）当涉及一些敏感数据或关键项目时，相关 OKR 信息可以选择保密，或者使用代号替代。

为了实现 OKR 的公开透明，企业通常可以采用以下三种形式：一是通过内部共享文件方式进行公开；二是在办公区域内进行公示；三是运用企业内部信息系统进行公开。OKR 本身是为了应对变化而生的，因此变化的及时记录和信息的及时传递非常重要。在用信息系统来管理 OKR 时，需要考虑系统是否包含表 6-2 所示的关键功能。

表 6-2　OKR 系统需包含的关键功能[①]

序号	关键功能
1	OKR 的制定/更新
2	OKR 目标的对齐关系和依赖关系的标注
3	OKR 进度更新
4	预警系统
5	公开范围设置
6	信息更新记录
7	消息通知
8	与组织架构、岗位及内部邮件系统连通
9	社交功能：点赞、评论
10	与其他管理要素、管理环境关联

用各种形式实现 OKR 公开透明，让员工 OKR 相互对齐，协同作战。大家都想成为别人眼中更好的自己，当有人做得不好时，就会主动去学习那些做得好的人，见贤思齐、砥砺前行。

【案例】字节跳动用飞书实现 OKR 的公开透明

作为一家追求极致效率的公司，字节跳动是如何实现 OKR 的公开透明，推动信息高效传递的呢？

---

① 姚琼.OKR 使用手册[M].北京：中信出版社，2019.

据说字节跳动从成立开始，就一直在不断地寻找效率高的协作工具。副总裁谢欣曾表示："每件工具只要改进 5%，就能对公司总体效率产生巨大影响，并且一旦用上好的工具，你就回不去了。"于是，字节跳动在经历了几番"折腾"仍然没有找到满足协作效率要求的工具的情况下，自主研发了一站式协作平台——飞书。

目前，字节跳动整个公司十多万名员工都是通过飞书来进行协作、完成 OKR 目标管理的。十多万名员工，所有的工作进展状态及流程都在飞书上呈现。在字节跳动内部，每个人都能了解张一鸣的 OKR，知道老板的工作重点及进程。部门负责人就可以随时参考老板的 OKR，结合自己部门近期工作安排，再考虑如何从自己部门的角度支持老板的 OKR。同时，也可以随时将自己部门的 OKR 关联其他相关部门的 OKR，来看自己该如何配合别的部门工作。

如果以信息孤岛的方式实施 OKR，就不能及时让参与者了解变化从而快速做出响应，这样的 OKR 也就不会成功。而飞书 OKR 确保了相关人员对于信息流转的关注，比如员工可以针对 OKR 内容进行圈词评论，@ 对应同事，并用飞书套件中的 IM 功能进行整合打通，什么时候制订计划、什么时候回顾总结，员工都能在飞书中收到及时提醒。

字节跳动创始人张一鸣的透明文化并不是一句口号，而是实实在在落实在组织管理上的。字节跳动每两个月会召开一次 CEO 面对面和部门业务沟通双月会。在会议上，张一鸣会对公司的重要决策、战略方向、面临的危机和问题做梳理，他希望通过这种方式让更多人参与到公司决策中，让更多的想法能够自下而上地涌动。字节跳动通过企业文化和系统工具，降低了信息传递的阻力，让具有创新能力的人才可以在这样的环境中被发现。这种公开透明的形式，能够大幅度地提高企业经营活动的效率，也为培育企业竞争优势提供了新的方法。

公开透明是推动实现 OKR 的价值和收益的关键一环，企业可以结合多种方式来实现 OKR 公开透明。在选择具体方式时需特别关注是否能够与企业的 OKR 管理实际相符合，同时也要考虑员工的工作习惯，方便员工使用。

6.4 定期追踪与复盘，提升组织协作效率

定期举行 OKR 复盘会议，追踪当前的 OKR 状态，是 OKR 执行过程中一个重要环节。通过定期追踪与复盘 OKR，团队之间可以更好地了解彼此的工作进度和遇到的问题，通过协调资源相互配合，来提升组织协作效率。

6.4.1 将 OKR 与日常工作融合，定期追踪

近几年，随着外部环境的不断变化，传统的 KPI 模式越来越跟不上现代企业的发展，很多企业都纷纷开始尝试使用 OKR，但整体的实践效果却难以达到预期。其中有一个重要的原因就是企业在运用 OKR 时只是走个形式，没有做到定期追踪，等到期末评估的时候，已经错失了绝佳的行动机会，结果也往往不尽如人意。

因此，在 OKR 在执行过程中，最关键的就是要和日常工作融合起来，可以通过每日站会、每周周会、月度例会、季度复盘会的形式来定期追踪。

1. 每日站会

每日站会的主要目的是聚焦障碍解决，让团队成员通过沟通交流，聚焦当下遇到的问题和难点，并找出问题的解决办法。每日站会的时长一般控制在 15 分钟内，主要针对几个问题进行沟通：昨天做了什么？今天准备做什么？遇到了什么问题？需要什么样的支持？每日站会可以让管理者及时了解团队成员的工作情况，做好协调。

2. 每周周会

每周周会主要聚焦的是 OKR 的完成进度以及所遇到的障碍，领导要关注团队成员未来的行动计划。每周周会的时间不能过长，尽量控制在 1 个小时内。员工要明确工作优先级：下周的工作重点是什么？做哪些事能让 OKR 的达成更进一步？每周周会可以让团队成员都了解其他同事下周的工作重点，并提供必要的协助，以保障团队目标的稳步达成。

3. 月度例会

月度例会主要是对 OKR 进行月度总结，可以重新评估并更新 OKR。月度例会的时长通常控制在 2 小时内，员工汇报 OKR 完成进度，提出问题与困难，团队共同讨论未来的解决思路与策略。通常情况下，月度 OKR 完成

进度需要有数据的支撑。

4.季度复盘会

季度复盘会针对 OKR 季度完成情况进行复盘，需要完成 OKR 点评和评分，鼓励做得好的，改善做得不好的。同时，季度会上还要就下一季度的 OKR 进行展示与公示。季度复盘会的时长可以控制在 3 个小时以内。

【案例】字节跳动将 OKR 与部门周例会结合

在字节跳动，OKR 与周例会是紧密结合的。部门每周的 OKR 例会都会针对以下几个要点来开展，具体如表 6-3 所示。

（1）会议讨论主体。以部门负责人的 OKR 作为讨论主体，以此来判断整个部门的工作进度。

（2）目标完成情况。如目标的达成情况、遇到的问题和风险、需要的支持等。

（3）关键结果（KR）进度。包括关键结果达成的情况、问题、风险等。

（4）下一步行动。及时罗列出下周的行动计划，并设定具体负责人及截止日期。

表 6-3　X 部门周报（示例）

周例会要点	说明
OKR	O：进行 ×× 产品商业化探索，形成规模化产品能力，营收达成 2000 万元
	KR1：完成行业分析，定位目标市场，获取有效客户线索数量 ×× 条 @ 陈悦
	KR2：完成产品资料库，形成完整有效的行业解决方案，客户转化率不低于 ×%，其中 KA 客户不少于 ×× 家
	KR3：搭建完备的客户服务体系，能够有效传递客户需求，并推进形成解决方案 @ 林雪
OKR 整体进度	营收达成 500 万元，达成率 25% 整体节奏偏慢，需要更多的市场拓展；活动平均转化率低，需要明确客户定位，增加尝试手段
下一步行动	明确新的活动方案，并审核通过 @ 陈悦

在追踪与复盘的过程当中，可以看到完成情况，明确哪些地方是有效的，哪些地方有可能更好，哪些地方做得不尽如人意。只有这样才能让 OKR 成为工作指南，指导员工寻找更有效的措施和方法，以保证 OKR 的实现。

6.4.2 做好 OKR 复盘，让员工聚焦组织目标达成

通常来说，最少每周需要进行一次 OKR 进度更新，每季度需要进行一次 OKR 复盘。在复盘过程中，需具备四个要素并做好记录，记录模板如表 6-4 所示。

表6-4 OKR 复盘记录模板

主题		时间	
地点		参加人	
事件/活动概况描述			
（1）回顾目标	初衷：		
	目标/关键结果：		
	提示问题： • 当初行动的意图或目的是什么？ • 想要达到的目标是什么？ • 预先制订的计划是什么？ • 实现设想需要做到什么？		
（2）评估结果	亮点：		
	不足：		
	提示问题： • 实际发生了什么事？ • 在什么情况下发生的？ • 是怎么发生的？		
（3）分析原因	成功的关键因素：		
	失败的根本原因：		
	提示问题： • 实际情况与预期有无差异？ • 如果有，为什么会发生这些差异？哪些因素导致没有达到预期目标？失败的根本原因是什么？ • 如果获得成功，关键因素是什么？		
（4）总结经验	关键发现：		
	行动计划：		
	提示问题： • 我们从此过程中学到了什么新东西？ • 如果有人要进行同样的行动，我们会给出什么建议？ • 接下来我们该做什么？哪些是我们可直接行动的？哪些是其他层级才能处理的？是否要向上级汇报？		

（1）回顾目标，回顾当初的目标和期望是什么。回顾目标时，需要将目标清晰明确地列出来，确保团队成员对任务的目标和成功的标准理解一致。一个好的目标应该符合 SMART 原则，SMART 原则的含义是：S（Specific，明确的）、M（Measurable，可衡量的）、A（Attainable、可实现的）、R（Relevant，有关联的）、T（Time-bound，有时限的）。OKR 中的 O 和 KR 都必须是可量化的，且 O 的数量一般来说不要超过 5 个，每个 O 下面的 KR 不要超过 4 个。

（2）评估结果：评估现在做到了什么程度，现在的结果和目标对比处于什么状态。找到结果和目标之间的差距，明确与原定目标相比有哪些亮点和不足。

（3）分析原因：分析在 OKR 实施过程中亮点和不足产生的具体原因。可以从主观和客观两个维度来分析，通常来说主观原因基本是可控的，客观原因基本是不可控的。把握关键问题，进行深入分析，可借助工具及方法，如头脑风暴法、鱼骨图、5W1H 分析法等。

（4）总结经验：对整个过程进行整体分析，然后提炼总结出运作、处理或解决类似问题的通用流程、方法或核心要点，从而将 OKR 复盘变成可迁移的有效工具。

OKR 复盘要以提升团队作战能力为目的，以明确结果和产出具体执行计划为重点，根据现有的结果，总结并共享好的经验，以提升下一次 OKR 执行的整体质量。团队成员要敢于反思，深入问题进行思考，拓展思路。

为保证 OKR 的执行效果，还需要周期性地对 OKR 执行情况进行评分。OKR 评分是一个自我控制的过程，目的是衡量关键结果和目标的完成进度，不适合作为奖惩的依据。常见的 OKR 评分方式如表 6-5 所示。

表 6-5　OKR 评分方式

评分方式	具体说明
方式一	直接对目标完成程度进行判断，不需要进行详细计算 评分 1.0：达到挑战性目标，完成 评分 0.7：没有达到挑战性目标，但达到期望的目标 评分 0.3：没有达到期望的目标 评分 0：不可接受的结果，未完成
方式二	区分数量型 KR 和里程碑型 KR，分别评分 数量型 KR：按完成比例评分，即已完成结果/目标要求结果 里程碑型 KR：完成目标评分为 1.0，未完成目标评分为 0

OKR 评分应该由 OKR 制定者自己评定，除了打出分数，还要写明原因，成功的地方在哪里，失败的原因是什么。如果大家对评分有争议，往往可能是员工对 KR 的度量设置还不够清晰，最终需要和团队及领导沟通并达成一致意见。OKR 评分除了上面介绍的两种方式，也可以用进度条、百分比、不同颜色等来描述 KR 的完成情况，企业可以结合自身的实际情况来设定。

【案例】谷歌的 OKR 评价：理想的 OKR 得分在 0.6～0.7 分

谷歌推出的 OKR 的评价，评分范围为 0 至 1 分，分为 4 个档级，如表 6-6 所示：

表 6-6 谷歌 OKR 评分说明

分值	说明
1.0 分	完全完成目标，取得了极其卓越、几乎不可能实现的成果
0.7 分	虽然没有完成目标，但是付出了极大的努力，取得了关键成果
0.3 分	没有完成目标，取得了通过常规努力就能够实现的成果
0 分	没有完成目标，也没有取得任何成果

在谷歌，如果多数员工 OKR 得分在 0.9 以上，那么很可能说明目标设置得过于容易；如果多数员工得分在 0.4 以下，则说明目标可能设置得过高，或者目标定位错误；只有多数员工得分在 0.6 至 0.7 才是比较理想的，这说明多数人在正确的方向上努力，并取得了不错的结果。

一个完整的 OKR 闭环包括制定、对齐、跟进、复盘四个环节，做好 OKR 定期追踪与复盘，能确保员工的目标始终与企业的战略目标保持一致，并将精力持续聚焦在目标的达成上，从而牵引所有员工"力出一孔"，在达成个人绩效目标的同时，助力企业再创佳绩。

阅读心得

第 7 章
全面激励管理

　　一切成功的企业，都是建设好合理而先进的利益驱动机制，以吸引优秀员工并激发其活力。企业在激励管理上除了要重视薪酬与福利等硬性机制，还要加强发展与认可等软性激励，满足员工物质、精神的需求，达到全面激励。

7.1 全面激励的原理和理念

著名史学家、文学家司马迁在《史记》中说道:"天下熙熙,皆为利来;天下攘攘,皆为利往。"企业的经营机制,不能缺失利益驱动机制,只有让那些真正为企业创造价值的人得到合理的回报,企业才能持续拥有活力。

7.1.1 构筑内外利益差,让组织充满活力

企业经营的关键是利益分配。企业必须打破利益平衡,主动构筑内外利益差,才能让企业产生利益的交换和流动。就如同水位差产生河水的流动、温差产生气流一样,利益差让组织充满活力。

构筑企业外部利益差,是指通过与外部企业对标,给员工提供相比同行和市场上其他企业更有竞争力的利益分配机制,不断提升企业吸引和留住优秀人才的能力;构筑企业内部利益差,是指利益分配向企业的奋斗者、贡献者倾斜,让他们获得比普通劳动者更多的利益回报,通过拉开利益分配的差距,充分激发组织活力。

华为通过提供有竞争力的利益分配机制,构筑内外利益差,吸引和留住了大量优秀人才。《华为基本法》中第三十条明确规定:"我们要通过影响每个员工的切身利益传递市场压力,不断提高公司的整体响应能力。"媒体曾经公开过一份华为公司2016年校园招聘中发放给一位应届毕业生的录取通知书,其基本内容如下:

本岗位为研发类,工作地点在南京。薪酬福利除个人所得税外,还包括三项主要内容:第一,税前年薪为288000元,其中包括税前月薪18000元,年终奖金72000元(要求考核评级至少达到B级);第二,公司会对入职满一年且绩效表现优秀的员工提供长期激励计划,也就是给员工配股或发TUP(时间单位计划);第三,公司除了按国家法律法规给员工缴纳社会保险和住房公积金,还承诺在聘用期间为员工购买商业保险。员工试用期为6个月,合同年限为4年。

同年,国内其他IT公司平均年薪不到70 000元,其整体回报和华为制定的应届毕业生薪酬框架差距较大。

可见，根据员工对组织的不同贡献，华为在利益分配上强调要有动态变化，要打破平衡，以真正激励有贡献、有能力的员工，用差距来鞭策员工持续奋斗，为企业创造更多的价值。

【案例】华为利益分配强调要打破平衡

任正非曾表示："要把奖励和机会向成功者、奋斗者、业绩优秀者倾斜，大胆倾斜。我们要拉开差距，后进者就有了奋斗的方向和动力，组织才会被激活。"在具体执行中，华为为了合理打破价值分配的平衡，做出了很多努力和尝试，其中最鲜明的就是奖金分配机制的改革。

早些年，华为的奖金分配还是遵循过去"大锅饭"的形式：哪个部门业绩好，就给予集体奖励；哪个部门业绩差，就给予集体处罚。例如华为在2015年时，将管理改进节省出的费用，分发给所有员工，每人都能获得一千美元。但随着市场的发展和管理者认识的提高，华为开始意识到：这样的规模型分配对人才的实际激励作用很小，集体奖励和集体处罚几乎等同于没有奖罚，无法作用到每个员工身上。

于是，从2001年开始，华为逐步制定了透明的业务部门奖金方案，固定奖金政策，形成员工激励和员工约束的可持续发展机制。

2007年，华为接受了英国代表处对本地员工的双轨制考核建议，将短期奖金激励与PBC晋升考核很好地结合起来，保证了"差距"的有章可循，也实现了本地员工奖金透明化，员工自己可计算、可管理，避免了传统的"奖金大排队"。同时，任正非在EMT会议上指出，要逐步制定相对完善的奖金方案来激活组织。高层团队的责任是确定奖金的导向机制，并授权下级团队策划多样化的分配方案。要按业务需求和管理要求来细分奖金的发放规则，增强激励的针对性、及时性，以产生明显的杠杆效应。

2009年，华为继续对奖金方案进行优化，一方面打破了跨区域的平衡，另一方面打破了区域内部的平衡，同时更打破了人与人之间的平衡。如果看到哪个部门奖金分发得很平均，则该部门的干部必定要下岗。

华为在利益分配上"给火车头加满油"，打破平衡，拉开差距，激发优秀人才持续奋斗。华为认为火车头就是拉动公司前进的那些人，拉车的人创造价值、创造业绩、为客户服务，而坐车的人则坐享其成，因此拉车的人和坐车的人获取的利益必须是有差距的。

7.1.2 用合理分配撬动更大的价值创造

20世纪60年代，美国心理学家约翰·斯塔西·亚当斯针对员工收入提出了"公平理论"，其中最主要的观点是：当个体在工作上做出一定的成绩并获取了相应的报酬后，他将参照他人的报酬所得比照自己的所得。企业中的个体不仅会考量自己劳动付出和收入之间的比例关系，还会去对比相关人员的收入和付出比例。当个体通过比较，发现自己与相同工作者的收入与付出之间的比例是相等的，就会感觉公平且心情舒畅，并热情地工作；但是如果个体发现两者之间不对等的时候，其内心就会感到不公平，并因此心生怨气，从而影响到工作积极性。

21世纪初，在亚当斯"公平理论"的基础上，德国社会行为学家弗雷·莱纳德又有新的发现，他指出，"相对"差距是客观存在的，企业也可以合理利用这一点，至少让员工明白，这种差距并非制度上存在缺陷，而是因为不同员工为企业创造的价值不同，才导致收入差距的存在。既然这种差距并非不可填补，那么收入较低的员工便想要追赶，而收入较高的员工也会努力提高以维持这种差距。企业内部便能形成良性的竞争环境。

要打破利益均衡分配原则，就要坚持"以贡献大小确定奖金多少"。任正非表示："分钱不是'排排坐，吃果果'。我们应该对'最佳角色''最佳贡献''最佳贡献时间段'给予相应的合理报酬。"

最佳角色是指最受员工欢迎的、最能给员工挑战的以及最能逼员工担责的岗位。最佳贡献是指员工完成挑战目标，取得最好的结果，并在得到客户最大认可的同时，为企业创造的最大价值贡献。对于员工来说，他们在最佳贡献时间段以及最佳角色中是比较有利于他们做出最佳贡献的。什么是最佳贡献时间段呢？最佳时间段是指人最有活力、最有干劲、最有勇气的时间段。人的工作生命周期很短，公司要让员工在最佳贡献时间段放射光芒。最佳贡献时间段因人而异，和年龄关系不大。合理报酬是指能让员工内心得到足够的获得感和成就感、继续保持艰苦奋斗的回报。如华为对做出最佳贡献的员工给予分享制报酬，要比别人拿到手的多得多。工作能力一般的员工薪酬也应比社会平均水平高20%~30%，当然工作效率也要高20%~30%。

《华为基本法》首先详细指出了华为薪酬激励是按照"按劳分配与按资分配相结合"的原则进行价值分配的，并说明了华为是依据"才能、责任、贡献、工作态度、风险承诺"标准进行价值分配的。华为的价值分配采用"机会、职权、工资、奖金、股权、红利、福利以及其他人事待遇"的形式。华为各分配形式的依据是：华为员工的工资分发采取职能工资制，奖金的提取与利润总额挂钩，薪酬奖金的分配与个人或群体的贡献和责任挂钩，工作态度的好坏决定退休金的多少，并且员工对企业的贡献大小决定其医疗保险的多少，股权和红利则取决于华为员工的贡献、责任与工作时间。

企业要让员工在最佳贡献时间段和最佳角色中做出最佳贡献，除了要激励员工的奋斗意识，还要注重合理分配利益。华为通过合理的利益分配，撬动和推动员工在自己的岗位上发挥出最大的价值，从而让企业始终保持强大的战斗力。

7.1.3 利益牵引，指哪打哪

本杰明·富兰克林曾说："如果你想要说服别人，要诉诸利益，而非诉诸理性。"《华为基本法》第五条规定：华为主张与顾客、员工、合作者结成利益共同体，努力探索按生产要素分配的内部动力机制。

任何一家企业的人力资源都可以划分为三类人：奉献者（贡献大于回报），打工者（贡献等于回报），偷懒者（贡献小于回报）。正常情况下，无论偷懒者、奉献者和打工者怎么贡献，他们都应该得到与贡献相匹配的回报。而在一个不合理的机制下，当奉献者总是吃亏时，他就会反思，对自己的行为产生怀疑，进而减少自己的贡献，使贡献回报向低层级滑动，最后他就变成了打工者。同样，打工者也会向偷懒者转变。结果是，奉献者变成了打工者，打工者变成了偷懒者，最后大家都偷懒了，付出和贡献很小。

华为通过创新利益分配制度，让员工分享企业成长的收益，从而让员工利益和企业发展休戚相关、荣辱与共，使员工产生主人翁意识和使命感，形成"高压力、高绩效、高激励"的良性循环。

一是高压力。首先是危机文化压力。华为内部很少谈成功，大部分时间在谈危机和挑战。很多企业把压力控制在管理层范围内，而华为则不断向全体员工传递危机意识，让所有员工始终能感受到外部市场竞争的压力。其次是内部竞争压力。1996年，华为就以市场部集体辞职为契机，引入末位淘汰机制，通过"干部能上能下、工作能左能右，人员能进能出、待遇能升能降"的"四能机制"，将外部市场竞争压力转化为内部竞争压力，使员工始终处于内部人才竞争压力之下，不敢懈怠。任正非指出："让管理层有危机感，如果因为吃饱了而懈怠，就有'饿狼'在虎视眈眈你的职位，你的职位随时有人替代，你的地位有可能马上不保，可谓危机四伏；让基层有饥饿感，基层员工还没'吃饱'，财富积累还没达到一定程度，只有不断提升能力、不断拼命干，才能获得更多报酬。"

二是高绩效。华为强调以责任结果为导向，强调机会和资源向高绩效者倾斜。华为每年的年度目标都是有挑战性的，除了2002年和2012年，华为的年度目标都达到了。对于绩效管理，华为建立了战略绩效解码体系、组织绩效管理体系和个人绩效管理体系。员工绩效承接部门组织绩效，确保公司目标能层层落实。组织绩效结果不同，内部员工个人绩效结果的分布比例也不同。并且，绩效考核结果直接挂钩员工的奖金分配、职业生涯发展等。

三是高激励。华为的激励包括物质激励和精神激励。从物质激励来看，包括三部分：工资、奖金和股票分红。如果员工被外派国外，还有外派补助和艰苦补助。华为2019年年报显示，2019年公司在员工工资、薪金以及其他福利上支出达1490亿元，以华为19.4万名员工计算，员工平均年薪约为76.8万元。以近20万人的体量，保持如此高的平均薪酬水平，足以令员工开足马力工作。从精神激励来看，华为设置了最高管理奖"蓝血十杰"奖，截至2019年8月，华为已经有1077人荣获该奖项；还有"明日之星"奖，至今有14.8万个华为人获得该奖项；还有家属奖，任正非亲自为华为人的家属颁奖，他指出："我们奋斗的目的，主观上是为了自己和家人幸福，客观上是为了国家和社会。最应该获奖的，应该是我们员工背后几十万的家人。其实他们才是真正的非常伟大。他们忍受了多少痛苦，才成就了华为，没有他们就不可能有华为的今天。"还有各种部门级奖项等，各种精神激励方式非常丰富。

责任共担、利益共享是任正非的一项基本管理理念，华为把奖励和机会向承受压力大、工作难度大、做创造性工作的奋斗者倾斜，通过利益牵引，让员工自觉自愿地流向公司需要冲锋的岗位，并持续艰苦奋斗。

7.2 避免激励一类人而麻木一群人

根据帕累托法则：企业 20% 的关键员工创造了 80% 的价值，企业理应将 80% 的薪酬激励资源分配给表现最好的 20% 的精英员工，但同时也要想办法使贡献价值量处于中间的多数人受到激励，避免出现"激励一类人而麻木一群人"的激励困局，实现企业工作要求与员工内在工作价值需求相匹配，让不同生态位的群体都能感受到自我价值。

7.2.1 差异化设计不同层级员工的激励机制

不同层级的员工，企业对其要求不同，员工本人的追求也不同。相同的激励措施往往起不到有效的激励效果。因此，企业在设计激励机制时，应以充分的工作分析和职位评价为基础，明确员工的不同需求。针对不同层级员工的关注重点，通常有不同的激励方式，如表 7-1 所示。

表 7-1 不同层级员工的关注重点和激励方式

员工层级	员工关注重点	主要激励方式
高层干部	事业发展空间；长期利益；责任和权力；特别福利；社交网络；企业形象	股权激励；利润分享；负责挑战性事业或项目；被充分信任；特别福利计划；社会荣誉
管理者	职业发展空间；专业技能的精深；较好的薪酬福利；晋升机会；长期留任或职业转换；获取跨领域知识	晋升；加薪；年终奖；多领域培训；期权
基层员工	较好的薪酬福利；晋升机会；工作环境和时间；快速成长机会；企业文化	加薪；晋升；多领域培训；嘉奖；培养；领导关怀；可视化激励
操作员	有竞争力的薪酬福利；学习和成长的机会；上级的领导风格；工作环境和时间；企业文化	加薪；晋级；培训和培养；绩效认可；轮岗；嘉奖；工作关怀；可视化激励

华为在设定激励方式时，始终坚持针对不同的员工和不同的层级，遵循"让基层的员工有饥饿感，让中层员工有危机感，让高层的员工有使命感"的原则，层层解构。因为"饥饿感""危机感"和"使命感"是这三个层级的员工各自不同的底层动机，只有在企业机制设计中抓住这些动机，员工才可能通过机制将其转化为工作动力，并基于这样的动力，自然而然地表现出

高绩效的动作和行为（如表 7-2 所示）。

表 7-2　华为不同层级员工的薪酬结构（示例）

职位类别	收入配比
高层管理人员	固定收入占总收入的 30%，浮动奖金为 30%，股票分红为 40%
中层管理人员	固定收入占年总收入的 50%，浮动奖金为 30%，股票分红为 20%
专业技术人员	固定收入占年总收入的 60%，浮动奖金为 25%，股票分红为 15%
操作人员	固定收入占年总收入的 85%，浮动奖金为 15%，无股票分红

华为激励机制的设计主要涉及两大理论：一是 ERG 理论，二是双因素理论。ERG 理论是克雷顿·奥尔德弗在马斯洛需求层次理论的基础上，提出的更加接近实际经验的理论。该理论指出，人一共存在三种核心需要：生存需要、相互关系需要以及成长和发展需要。在公司管理中，华为将这一理论衍生得更加职业化、工作场景化（如图 7-1 所示）。

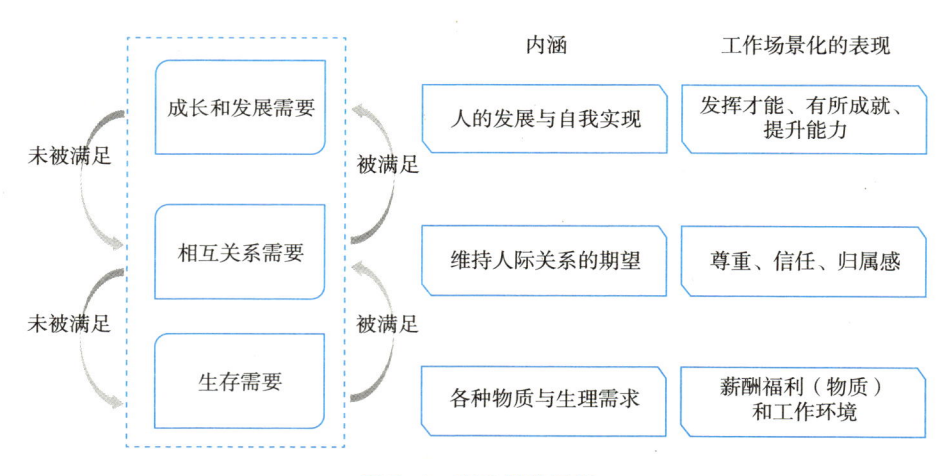

图 7-1　ERG 理论图解

华为对这三种核心需要在工作场景中的表现做了"转译"：生存需要，即员工的薪酬福利（物质）和工作环境；相互关系需要，即员工在与上级、同事、下属相处的过程中，彼此是否存在足够的尊重、信任，是否对自己所处的团队、部门，甚至公司，有足够的归属感；成长和发展需要，即员工是否具备充足的工作表现机会，是否有任职资格体系或职业发展通道引导员工发展，员工是否能够得到有效的赋能或相应的辅导。

双因素理论则指出，引起人们工作动机的因素主要有两个：一是激励因素，二是保健因素。只有激励因素才能给人带来满足感，而保健因素能消除人们的不满。这意味着，只满足员工的某些需求，并不一定能激励员工的积极性。

如图 7-2 所示，如果一家企业只是在保健因素上加大激励员工的投入，即便投入无限加大，员工满意度也只会无限接近并维持在一个较低的水平，这说明企业应当在保障保健因素的基础上，注重员工更高层次的激励因素。

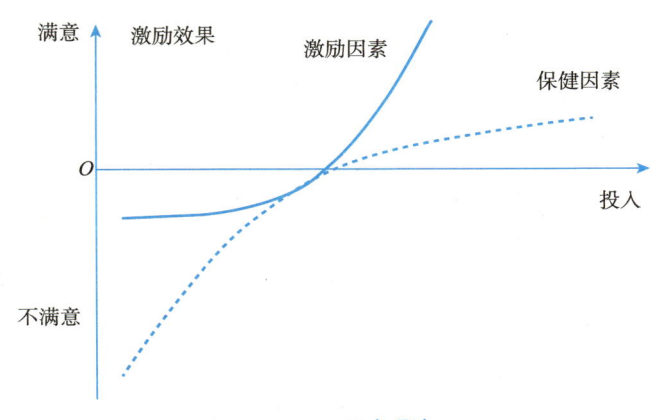

图 7-2　双因素理论

在华为，处于基层岗位的员工也能获得行业内有竞争力的薪酬待遇。如果只是拉高关键员工的薪酬，对基层员工的薪酬不做调整，就容易在公司内部形成对立的两个群体。为了避免这种情况，华为强调价值分配在坚持向奋斗者倾斜的方针下，要照顾到公司的每个角落，让每个员工都能享受到公司的收益。这样就能使公司中的这两个群体都获得有竞争力的薪酬，保证公司组织结构均衡。

总的来说，针对不同层级的员工群体，需通过差异化的激励设计来激活员工的"战斗力"，使有限的激励资源能产生最大的激励效果。

7.2.2　多维度拓展激励资源：利、权、名

激励资源在企业里永远是有限的、稀缺的、宝贵的，企业要突破限制，多维度地拓展激励资源。从员工对利益感知角度，利益分配可以概括为：分

利、分权、分名，如图 7-3 所示。

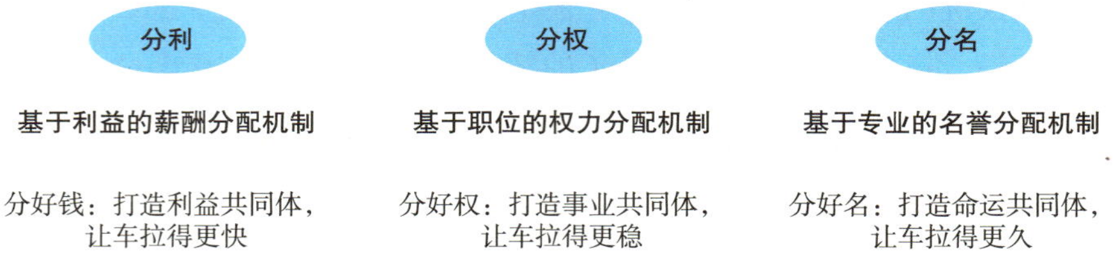

分利
基于利益的薪酬分配机制
分好钱：打造利益共同体，让车拉得更快

分权
基于职位的权力分配机制
分好权：打造事业共同体，让车拉得更稳

分名
基于专业的名誉分配机制
分好名：打造命运共同体，让车拉得更久

图 7-3　多维度拓展激励资源

（1）分利：基于利益的薪酬分配机制。企业根据员工的岗位角色、价值贡献、业务场景、工作态度等来进行利益分配（包括工资、奖金、分红、津贴、福利等），通过薪酬的分配在企业与员工之间构筑利益共同体。

华为分利的激励形式有很多种，主要有即时激励、短期激励、专项激励、中期激励、长期激励等。

①即时激励：解决员工的行为塑造问题。在华为，主管可以给任何值得鼓励的员工行为发放荣誉券以进行即时激励。荣誉券代表的是荣誉，同时也相当于一种企业"内部货币"，"面值"一般都不大，员工可以拿获得的荣誉券在华为内部超市购买商品。荣誉券发放给哪些人、什么时候发放，由主管全权决定。

②短期激励：解决员工的基本报酬问题。短期激励机制对应的是工资管理机制，主要是指每月发放的固定底薪部分。华为有比较完善的宽带薪酬档级表，工资标准和职级水平是对应的，每个职级对应一个工资范围，根据员工任职能力和绩效结果的不同，同一职级员工的工资金额是有差异的。职位等级越高，职级内工资薪酬差距越大。

③专项激励：解决战略贡献问题。针对战略贡献或者一些关键任务项来设定，如华为在 2022 年推出了 2 亿美元耀星领航出海专项激励，此激励为面向华为出海开发者的专项激励。政策中表明：国内部分为 1 亿美元的耀星扶持，出海开发者在国内合作的业务可以获得国内耀星扶持激励；海外部分为 1 亿美元的华为终端全域流量资源，可为出海开发者提供全域运营流量扶持。

④中期激励：解决员工奖勤罚懒的问题。中期激励机制是指奖金管理机制，先设定公司的奖金池，然后根据部门绩效将奖金分解到各部门，最

后分解到个人。公司整体盈利，部门才有奖金，以此来激励团队协作和集体奋斗。

⑤长期激励：解决员工为谁打工的问题。例如华为的虚拟配股和 TUP 计划都是长期激励机制，通过分享公司长期价值增长，来鼓励员工关注长期目标，牵引员工绩效持续提高，激励和保留关键员工。

（2）分权：基于职位的权力分配机制。企业将权力授予德才兼备的员工，让员工在行使权力的过程中，激发出使命感，如此通过权力的分配在企业与员工之间构筑事业共同体。

华为很会利用权力资源来激励员工，设置了很多的头衔和职权。比如华为设有董事会和监事会，其中设有轮值董事长、常务董事、董事和监事会主席、常务监事、监事等职务。华为董事会根据需要，还组建了相关专业委员会来辅助决策，分别为人力资源委员会、财经委员会、战略与发展委员会、审计委员会。能够进入董事会或监事会的员工，公司都会对其进行充分授权，这既是权力的分配，更是公司对员工的一种认可。

再比如，华为的轮值 CEO 制度也是一种权力的分配，把 CEO 的权力分配给核心高管。2011 年，华为开始实施轮值 CEO 制度，轮值 CEO 由三名副董事长郭平、徐直军、胡厚崑轮流担任，每人轮值半年。轮值 CEO 在当值期间要对公司的生存发展负责，是公司经营管理和危机管理的最高责任人。

（3）分名：基于专业的名誉分配机制。企业根据使命、愿景、价值观等来设置荣誉机制，对优秀员工进行表彰，营造庄重的仪式感，让优秀的集体和个人产生发自内心的自豪感和价值感，通过名誉的分配在企业与员工之间构筑命运共同体。

颁发奖项和荣誉是华为管理的重要手段，评奖获奖也成为华为人工作的一部分。华为在 2018 年公布的《华为人力资源管理纲要 2.0（讨论稿）》中明确指出："要用好、用活荣誉仪式与荣誉信物，通过正向积极、感人至深、催人奋进的荣誉表彰仪式让优秀的组织与个人获得更大的荣耀感，让荣耀感进一步激发出组织与个体更大的责任感，让个体性'一枝先秀'的榜样引导出群体性'百花齐放'的奋进。"

华为设有专门的荣誉部，秉承着"在合适的时间，利用合适的方式，因为该奖励的事，奖励该奖励的人"的原则，组织开展公司内荣誉认证和颁发工作。华为对奖励非常重视，荣誉部首任部长是由公司党委书记兼任的。华为以员工内在的自我激励为导向，设置了很多荣誉奖项，如"金牌奖""蓝血十杰""天道酬勤奖""零起飞奖""明日之星""优秀家属奖"等。

任正非非常重视荣誉表彰工作，很多荣誉奖项的奖牌和奖杯都是任正非亲自确定设计方案，并亲自颁发的。华为有很多奖品含金量很高，发的是纯金奖牌或奖章，例如市场部集体大辞职纪念章、公司级"金牌个人"奖、公司级"金牌团队"奖。

总的来说，钱是分配资源，权力是分配资源，荣誉也是分配资源，企业应该多维度拓展激励资源。分好利、分好权、分好名，在企业与员工之间构筑利益、事业、命运共同体，让企业这辆车被拉得更快、拉得更稳、拉得更久。

7.2.3 长期激励与短期激励相结合

短期激励促收成，长期激励促发展。企业的激励体系建设，需要长短期激励相结合，以持续激发员工的动力，为企业的长期发展注入源源不断的活力。

在2000年美国薪酬协会提出的"整体薪酬"概念中，整体薪酬包括固定薪酬和可变薪酬，其中可变薪酬又包含短期激励薪酬和长期激励薪酬，短期激励模式和长期激励模式的对比如表7-3所示。

表7-3 短期激励模式和长期激励模式对比

对比项	短期激励	长期激励
含义	基于实现短期（年度或更短）业绩结果而实施的激励计划，如工资、年度奖金	基于实现长期（一年以上）业绩结果而实施的激励计划，如股票、期权
优点	便于对员工进行及时奖励或惩罚，管理灵活度高，可以根据不同情况适时调整	可以平衡长期目标和短期目标，实现长期激励，保留骨干员工
缺点	可能导致员工行为的短视化，致使企业长期利益受损	激励周期长，无法根据快速变化的外部环境进行及时调整

在企业管理实践中，长期激励要与短期激励进行有效结合。比如，华为对不同职位采用的薪酬激励模式都是长短结合，只是侧重点不同。针对高管职位和研发人员：注重未来的薪酬，即长期激励，更多强调长远决策和绩效，奖励员工的忠诚和长期服务，减少对当年绩效的激励。针对销售和后勤部门人员：强调当前的薪酬给予，即短期激励，根据公司当前的盈利及时调整薪酬。

对于短期激励，企业应根据员工的实际贡献来调整他们的短期回报，用项目奖金等激励方式来为员工"加满油"。华为有很多对成功项目进行重大奖励的例子：2012年，华为在埃塞俄比亚电信网络扩容项目中标50%的市场份额，实现规模进入该国首都价值区域、规模搬迁现网设备，一举扭转了华为在该国的市场份额劣势。拿下该项目之后，华为果断对北非地区部、重大项目部、该国代表处及相关项目组颁发总裁嘉奖令，给予项目组600万元的项目奖励，对做出突出贡献的项目组关键成员予以职级晋升，项目组其他成员及对该项目有过贡献的人员一并得到表彰和奖励。

对于长期激励，它的主要作用是吸引高级人才加盟，稳定企业的核心骨干团队，为此企业在设计薪酬激励制度时，要让长期激励维持在一个合理的水平，而且在市场上也要有竞争力。

【案例】足球队推出"一年一签"政策

随着职业体育变得越来越商业化，大牌球员的收入也越来越高。2022年《福布斯》全球年收入最高的运动员年度排行榜显示，阿根廷球星梅西以1.3亿美元位列第一。面对足球运动员高昂的工资支出，许多球队都推行"30岁以上球员一年一签"政策，即对于30岁以上的球员，球队每次只与其签订为期一年的合同。一方面是因为30岁以上的球员能力普遍开始下滑，"一年一签"可以让球队及时评估球员的能力和价值；另一方面是因为30岁以上的老球员很多都已经功成名就，工资通常比年轻球员高很多，很大可能存在动力不足的情况，就想续签一份"大合同"以保障将来退役后的生活。

足球队推行的"一年一签"政策本质上就是为了尽可能规避老球员拿着长合约"出工不出力"的风险，是一种间接增加短期激励，控制长期激励的做法。如果企业给员工持续稳定的长期激励，初期可能会有效地激发员工的积极性，但随着时间的流逝，长期激励就会逐渐失去对员工的激励作用，无法产生长期效用。

华为通过设置合理的长期激励机制，留住了大部分骨干人才，激发员工长期地参与到企业价值创造中。华为的虚拟配股和 TUP 计划就是长期激励的一种。虚拟配股只有华为最核心的骨干员工才能获得，分红的依据是华为上一年度的收益，也就是利润，并且分到股票的骨干员工如果离职，其股票将会被收回。TUP 计划通常以五年为一个周期，分期向员工发放奖励，到期后立即收回，即便员工还在华为，如果业绩没有达到一定的标准，也不能继续获得新的 TUP 奖励。

企业在设计薪酬激励制度时，必须打破稳定的态势，应该将长期激励与短期激励结合并灵活运用，使各层级、各岗位的员工都具有一定程度的饥饿感，时刻处于"激活状态"，这样既有助于留住优秀人才，又可以有效地激发组织的活力。

7.3 对薪酬包的弹性管控

好的价值分配机制能持续激发员工的工作热情，为企业可持续发展注入源源不断的动力。企业应该以贡献为准绳，构建薪酬包弹性管控机制，将薪酬管理实践与理论对应起来，使薪酬的设计和分配更加科学合理，确保员工的付出必有相应回报。

7.3.1 工资性薪酬包管理原则：减人、增效、加薪

企业薪酬包通常分成两个部分：工资性薪酬包和奖金包。其中，工资性薪酬包包括上一年度固定的存量薪酬总额，这是不能随意变的，叫作"薪酬包的吃水线"，是刚性的固定成本。还有一部分是固定薪酬的增量，包括新增人员要增加的薪酬包和调薪包以及用于离职补偿的薪酬包，如图 7-4 所示。

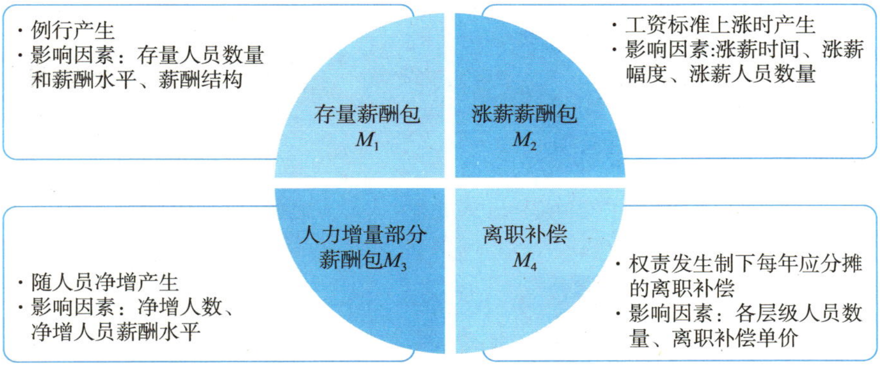

第 7 章　全面激励管理

- 例行产生
- 影响因素：存量人员数量和薪酬水平、薪酬结构

存量薪酬包 M_1

- 工资标准上涨时产生
- 影响因素：涨薪时间、涨薪幅度、涨薪人员数量

涨薪薪酬包 M_2

人力增量部分薪酬包 M_3

- 随人员净增产生
- 影响因素：净增人数、净增人员薪酬水平

离职补偿 M_4

- 权责发生制下每年应分摊的离职补偿
- 影响因素：各层级人员数量、离职补偿单价

说明：年度工资性薪酬包 $M_0 = M_1 + M_2 + M_3 + M_4$

M_1：在岗员工的存量工资性薪酬包，不考虑涨薪，不含离职补偿

M_2：在岗员工的涨薪薪酬包，不含离职补偿

M_3：人力增量部分的工资性薪酬包（调入＋新招－调出－离职），不含离职补偿

M_4：离职补偿，为各层级离职补偿预算单价 × 各层级离职人数之和

图 7-4　工资性薪酬包的构成

从图 7-4 中可以看出，企业从存量、涨薪、增量和离职 4 个方面对工资性薪酬包进行估算和预测，以确保薪酬预算更加准确，为公司的经营管理提供支撑。

此外，基于企业经营的动态变化情况，对工资性薪酬包的管理，不同的部门也应该是不一样的。对于职能部门和规模较小的部门，主要以"工资性薪酬包＋岗位编制"为考量做定额管理。而针对利润中心、成本中心，一般对工资性薪酬包进行弹性管控。具体的工资性薪酬包管控指标如表 7-4 所示。

表 7-4　工资性薪酬包的管控指标

序号	管控指标	指标说明	适用部门		H 企业的应用部门示例	年度薪酬预算管控
1	薪酬包占比	工资性薪酬包与销售毛利比	产出能用经营指标衡量的部门	牵引盈利	生产部、研发部	1.预算额度管控：综合考虑企业的财务状况、薪酬结构及企业所处的市场环境因素的影响，确保企业的薪酬成本不超出企业的承受能力 2.人员编制增长管控：预测企业年人效增长比，确定人员增长上限
		工资性薪酬包与销售收入比		牵引规模	销售部	
2	薪酬包	工资性薪酬包	战略投入部门		战略投入部门	

续表

序号	管控指标	指标说明	适用部门	H企业的应用部门示例	年度薪酬预算管控
3	定岗定编	岗位编制＋工资性薪酬包	支撑性组织，无法用经验指标衡量产出的部门	职能部门	3. 过程管控：以季度为周期，监测薪酬总额与经济效益的动态变化，及时预警；年度结果纳入监测或考核

工资性薪酬包的确定通常从两个维度来考虑：第一个维度是看历史值，把前三年的历史值作为基线，在此基础上，要求逐年改进；第二个维度是看标杆，比如看内部的标杆，或者看外部行业的标杆。有了内外部标杆之后，公司就会确定未来如何通过几年的时间，逐步达到标杆的水平。

根据工资性薪酬包预算结果，企业对工资性薪酬包是否确定或有调整空间就能更有把握。企业应该基于"减人、增效、加薪"的管理原则来开展工资性薪酬包的管理，具体措施如表7-5所示。

表7-5　工资性薪酬包管理的具体措施

序号	不同情况	管理策略
1	有空间	（1）优先给优秀员工涨薪，提高他们薪酬的市场竞争力 （2）在给优秀员工涨薪后，再考虑人员的增减
2	无空间	（1）优先考虑减少人员的净增数量 （2）调整拟新进人员的层次结构 （3）减少离职补偿/末尾清理/自然流失 （4）推迟或停止调薪 （5）在最坏的情况下才考虑裁员

华为将工资性薪酬包的增长跟人均毛利挂钩，例如规定员工要拿到28万元的固定工资，以此倒推出要实现人均毛利目标100万元，从而倒逼员工努力成长，将人均毛利提上去。华为还将毛利设定成多个包：研发费用包、市场产品管理费用包、技术支持费用包、销售费用包、管理支撑费用包、公司战略投入费用包，并分别找到不同的"包主"负责，"包主"根据毛利来计算总成本，从而开始主动关注成本管控。原先可能各部门都希望多给自己加点人手，而在设定一个成本基准线后，部门负责人可能就会考虑该如何合理地

对岗位进行合并，考虑人员兼岗，不再随意招人。

员工可能不会为了销售收入的提升而努力，但会为了个人回报的提升而努力。企业应该鼓励增量，如果无法创造价值，就不允许无限制地加人，而要对人员进行精减，以保证核心员工能力与个人收入的提升。为此，很多公司提出"用三个人，干五个人的活，拿四个人的工资"的措施。企业在工资性薪酬包的管理上，坚持减人、增效、涨薪的原则，有效地牵引了企业效益的提升，实现了企业长期稳定发展。

7.3.2 薪酬包的弹性管控与调整

薪酬包弹性管控是一个动态的过程，是相对的，而非绝对的，在保持工资性薪酬包基线比例和奖金包的基线比例恒定的情况下，工资性薪酬包和奖金包的绝对值就随企业经营收入的波动而波动。在实际操作过程中，考虑到影响工资性薪酬包的刚性因素（如加薪容易减薪难，员工招入容易辞退难等），以及滚动预测的准确性，企业可以将奖金包作为调节因素。

【案例】华为薪酬包弹性管控机制

华为为强化薪酬分配理念，激励优秀员工的主观能动性，运用了薪酬包（包括工资性薪酬包和奖金包）管控机制，如表 7-6 所示。

表 7-6　华为的薪酬包管控机制

管控方式	具体内容
宏观管控	薪酬包与公司主要经营指标挂钩，实现宏观弹性管控，形成自我约束、自我激励的机制，增强薪酬总量管控的可预测性
分层控制	薪酬包同相应的经营财务指标挂钩，体现不同的激励导向 促进各业务单元建立自我约束、自我激励的管控机制 奖金包是薪酬包的弹性要素，工资性薪酬是薪酬包的刚性要素

在实际过程中如何操作呢？在华为，薪酬包的控制基线为销售收入的18%，其中刚性的工资性薪酬包占销售收入的10%～12%，弹性的奖金包占销售收入的6%～8%。

假设2022年某业务单元的预计销售收入是60亿元人民币，如果按工资性薪酬包10%的比例来做预算，得出工资性薪酬包为6亿元人民币，进而以以此为基线制定公司 2022 年的人力资源规划、预算调薪计划与招聘计划。

如表 7-7 所示，如果公司的销售目标是按计划全部实现的（100%），那么奖金包的基线比例是 8%，奖金包的实际额度是 4.8 亿元人民币。

表 7-7　华为薪酬包核算（示例）

类别	①完成（100%） 计算	金额/比例	②超额完成（120%） 计算	金额/比例	③未完成（90%） 计算	金额/比例
实际完成		60 亿元		72 亿元		54 亿元
实际工资性薪酬包比例	6÷60	10%	6÷72	8.33%	6÷54	11.11%
奖金包比例	18%−10%	8%	18%−8.33%	9.67%	18%−11.11%	6.89%
奖金包额度	60×8%	4.8 亿元	72×9.67%	6.96 亿元	54×6.89%	3.72 亿元

如果公司的销售目标超额实现（120%），而工资性薪酬包仍然按原定计划的 6 亿元来计算，那么实际的工资性薪酬包占比为 8.33%，从 18% 中减掉 8.33%，奖金包的占比就是 9.67%。实际的奖金包是 6.96 亿元，比原来的 4.8 亿元多了 2.16 亿元。

如果销售目标只完成了 90%，也就是 54 亿元人民币，实际的工资性薪酬包还是按 6 亿元来计算，那么工资性薪酬包的占比为 11.11%，奖金包的基线占比减少为 6.89%，那么奖金包就只有 3.72 亿元。

由此可见，在销售目标不同的完成情况下，实际可供分配的奖金包直接受销售收入的影响：目标完成得越好，奖金越多。这样就能牵引各部门把蛋糕做大，以便有更多的奖金可分。

当然，上面的场景没有考虑到人员调整。在实际操作中，华为会针对销售目标超额完成和没完成的情况，通过人员动态调整以确保工资性薪酬包和既定的基线比例适配。

企业通过构建薪酬包的弹性管控机制，不仅将员工收入与公司经营状况挂钩，让不同业务部门实现自我激励、自我约束；还能将管理者的关注点从人才队伍能力、员工数量，牵引到员工队伍的投入产出比上，从而促使管理者主动思考如何通过各种手段来提升现有队伍的产出，进而在激励规模上有更多的空间来激活队伍。

7.4　推行奖金获取分享制

奖金不是必然的、一成不变的，也不是分来的，而是赚来的。通过推行获取分享制，企业不仅能把在市场上的经营压力无依赖地在内部进行传递，还能在内部营造多劳多得的氛围，激发员工的奋斗动力，牵引他们持续为企业创造价值。

7.4.1　从授予制转向获取分享制

"获取分享制"是相对于"授予制"而言的。授予制，是自上而下进行业绩评价和利益分配，以贡献定回报来激励个体。授予制是按照上级意愿来分配公司的利益，容易导致企业高管、中层以及基层间的利益分配不均，从而在公司内部产生矛盾，破坏企业内部团结的氛围。

而获取分享制是自下而上的，指的是任何组织、个人的物质回报都来自其创造的价值和业绩，作战部门（团队）根据经营结果获取奖金，后台支撑部门（团队）为作战部门提供服务分享奖金，遵循多劳多得的原则。

随着公司的发展，华为在分配奖金的方式上用"获取分享制"取代了"授予制"，华为实施获取分享机制的主要目的是：

（1）保证所有员工都能分享到公司的收益，并计算出自己应获得的收益，使员工的回报与其创造的价值相匹配。

（2）强化后台对前台一线的支撑力度，加强前后台岗位配合和流程效率提升，实现前后台业绩挂钩。

（3）增加薪酬弹性，将员工利益与个人价值的实现和贡献产出进行合理衔接，提高激励的有效性。

（4）导向对客户需求的满足和客户体验的提升。

（5）实行"自下而上"的激励方式，倾向对基层业务单元的直接激励。

华为的获取分享制强调"分灶吃饭"，每个部门、每个员工都知道自己的奖金来自哪些目标，自己做什么事情能够拿到奖金。获取分享制使员工的回报和业务发展结合得更加紧密：部门的薪酬包和业务产出相挂钩，部门的奖金包也与收入和利润相关联。这样一来，由获取分享带动业绩突破，业绩突破反过来又促成获取分享的双向良性互动得以形成。

如图 7-5 所示,"获取分享制"下奖金包的确定需遵循四个步骤:

第一步,公司层面的奖金包生成。基于公司的业绩产出(如收入、利润、现金流),按照一定的比例系数加权求和得到公司的奖金包。

第二步,经营单元的奖金包生成。经营单元,比如区域、产品线这样的利润中心,根据经营单元业绩产出(如收入、贡献利润、现金流),按照一定的比例系数加权求和得到经营单元的奖金包。

① 公司层面奖金获取分享	② 经营单元的奖金获取分享	③ 非经营单元的奖金获取分享	④ 部门获得奖金包
	区域1 区域2 产品线1	供应链 功能部门	
公司奖金包从公司的业绩产出(如收入、利润、现金流)按照一定的比例系数加权求和而得到	经营单元奖金包从经营单元的业绩产出(如收入、贡献利润、现金流)按照一定的比例系数加权求和而得到	非经营单元奖金包增长幅度是在经营单元奖金包平均增长幅度的基础上打一定折扣	通过计算、兑换、调节三步获得最终的部门奖金包

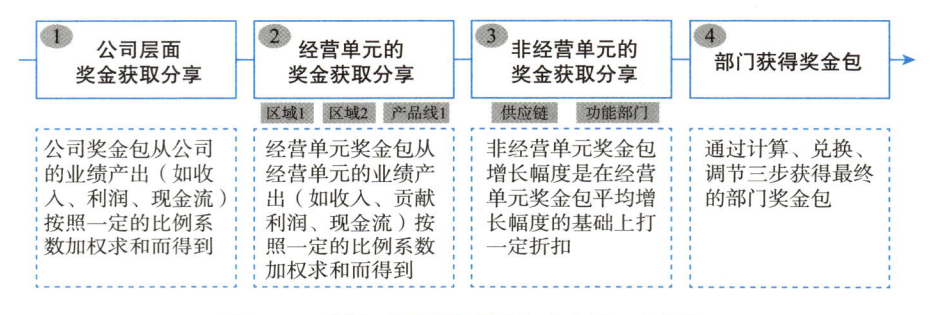

图 7-5 "获取分享制"奖金包确定的四个步骤

第三步,非经营单元的奖金包生成。非经营单元,比如供应链、功能部门(人力资源部、行政后勤部等职能部门)等成本中心或费用中心,其奖金包的增长幅度是在经营单元奖金包平均增长幅度的基础上打一定折扣。折扣没有固定标准,是通过经验数据慢慢测算出来的。

第四步,部门奖金包的计算与调整。

(1)计算:通过自上而下计算得到公司层面的奖金总包 1,通过自下而上计算汇总得到公司层面的奖金总包 2。

(2)兑换:当奖金总包 1>奖金总包 2 时,可以进行同比例放大;而当奖金总包 1<奖金总包 2 时,也要进行同比例缩小,这就叫兑换。

(3)调节:调节就是指公司高管层面有权利在不同的部门之间进行奖金包调节,通过这种调节来解决均衡性问题和战略诉求问题。

任正非曾说:"获取分享制,要有包容性而不是压榨性,要包容客户、员工的利益,也要包容资本的利益,包容各种要素(如知识产权)的利益,这个机制才能永久生存下来。"公司推行"自下而上"的获取分享制,既需要制度来保障，也需要明确制度的界限和覆盖范围。

一方面，华为实行的是100%员工持股，没有任何外部的财务股东。因此，华为的股东绝大部分都具有"劳动者"和"资本人"的双栖特征，这样就能更好地做到"公司的利润分配，由创造价值的员工用行动说了算"。

另一方面，推行获取分享制之前，华为就已经指出了其覆盖对象的明确界限——"以奋斗者为本"，只有围绕客户为公司做贡献的奋斗者，才能够获得和贡献相匹配的财富、权力和荣誉。

实行了"获取分享制"，不再有大锅饭。因此经营单元必须保证盈利，才能保证能分到"蛋糕"。对于当年无法盈利的业务单元，可以向上级部门申请借未来的奖金，或者跟兄弟部门借奖金，来年再返还。既然是借，肯定就不能得到预想的激励水平，因此"获取分享制"让作战单元能更大限度地努力达成目标。

华为的高管曾跟任正非商量过，能不能保留一年的利润不分，因为只要有一年没分，华为马上就可以有一笔可观的流动资金。但是任正非则始终主张将绝大部分的利润分掉，因为这样能激励员工继续奋斗，继续为公司创造价值。

华为在早些年曾经采用股权激励的方式去激活团队，然而随着时间的推移，股东和资本的规模逐渐扩大，从而形成了股东（坐车人）和劳动者（拉车人）两个利益层次。如果拉车人永远没有坐车人拿得多，拉车人会想办法成为坐车人，而放弃拉车。这样一来，公司这辆"车"就会逐渐失去动力。而且，当股东收益过大的时候，"获取分享制"的实施也会出现困难。因此，华为加大在奖金上的利润投放，奖金包分配比例高于股东分红，保证劳动者比股东拿得多。

任正非说："公司赚到钱，交一点给大家来分享成果，赚不到钱就活该饿肚子。获取分享制一出现，大家的积极性和干劲也起来了，公司这两年利润增长很快。"华为通过推行获取分享制，贯彻华为"以客户为中心，以奋斗者为本"的核心价值观，营造多劳多得的氛围，激发员工的工作热情，从而使得公司始终保持强大战斗力。

7.4.2 给奋斗者"加满油",保持奋斗热情

华为的获取分享制,原则上照顾绝大部分华为人,鼓励人人成为奋斗者,但在实践中,仍然会向优秀奋斗者倾斜。正如任正非所说,这些做出卓越贡献的奋斗者才是华为的中流砥柱。

要让这些奋斗者拥有持续动力,不断为公司做贡献,就必须在各方面都给他们"加满油"。任正非表示,要理解做出大贡献的奋斗者,通过获取分享制,使他们比其他人拿到手的更多一些,甚至多得多。

于是,华为在奖金管理和分配上,就根据奋斗者的实际贡献来决定他们能得到的价值权重。通过倾斜式的奖金分配,充分激发优秀奋斗者的工作热情,使他们在已有的工作成果基础上,为公司创造更大的贡献。华为奖金管理机制如表 7-8 所示。

表 7-8 华为奖金管理机制

奖金管理机制目标	奖金包的生成	奖金包的分配
• 奖金管理机制应达到激活组织、激活员工、及时激励的目的 • 奖金的生成及管理机制应以作战单元为基础 • 奖金生成与管理机制不应承载过多的其他管理要求,非绩效因素的管理要求,应由其他激励要素予以合理解决	• 公司奖金包的确定,须以公司达到基准盈利水平为基础,并通过适当的激励力度来促进公司的有效增长和经营改善 • 针对不同 BG,考虑其发展阶段、业务特点等因素,分别制定各自的奖金包生成机制,对其奖金包进行独立预算和核算	• 奖金分配要打破平衡,向高绩效者倾斜,从而发挥奖金的激励和牵引作用 • 奖金分配过程应及时、简单和高效 • 分配应向一线作战部队倾斜,加强公司的价值创造和价值管理能力

【案例】华为无线搬迁项目组给奋斗者"加满油"

2014 年,华为无线搬迁项目组首城成功搬迁,但紧接着就是海量的交付。项目组被要求在 18 个月内完成 7000 多个站点的搬迁、扩容和改造,项目负责人王城(化名)十分头疼,不知道如何维持项目组成员的战斗力。

他决定结合公司的激励政策,改变过去依据员工职级和岗位来分配项目奖的模式,而是根据成员的实际贡献及时评定奖金,并在项目进行中就向全项目组公示并统一发放。王城将项目奖作为有效的激励手段之一,鼓励员工到项目中去挣奖金,营造了良好的工作氛围。

王城要求所有作业人员基于华为当时的 ISDP[①] 交付平台的激励模块，根据关键任务来制订 credit hour（有效工时），并且要求大家每完成一项任务就要上传交付件，依据任务完成情况计算个人的有效工时。每个月项目组都会规定作业人员的有效工作时间，并以此为基线，超过基线的部分按照规定的激励方式发放项目奖。每个季度，项目组还会对每个员工的实际贡献进行评议，公平公正地发放项目奖。

项目组中有一个对项目贡献极大的员工李杰（化名），他全年的项目激励奖金相当于 8 个月的基本工资，激励幅度高达普通贡献者的 10 倍。再加上他在年度绩效考评里拿了 A，所以公司根据他在项目中的实际贡献和得到的项目奖比例，在年终奖的评定中再次调整了他年终奖金额。但也有不少员工由于未能做出明显贡献没有拿到项目奖。

项目组使用了公平公正的激励手段，给成员"加满了油"，团队成员士气大增。在年度的任职评定里，绩效好的员工，职级都升了一级。

因为采取了有效的激励政策，该项目组的全体成员力往一处使，帮助客户的新网络在激烈的市场竞争中赢得了一席之地。客户在多个场合都极力肯定华为交付团队的作战能力，并给了华为一批新项目合作的机会。

通过运用短期激励方式，能够激发奋斗者的工作激情，从而顺利完成项目、赢得客户认同，同时还为公司带来了更多机会。中国人民大学教授、《华为基本法》起草人之一彭剑锋认为，华为通过建立高压力、高绩效、高薪酬的薪酬体系，将激励聚焦于奋斗者，进而驱动奋斗者不断向前，持续奋斗，助推华为持续发展。华为确实是这样做的，所以到今天依旧充满活力。

7.5　实行员工持股计划，共创共享

员工持股计划是股权激励中应用比较广泛的一种模式，最早由美国人路易斯·凯尔萨提出。员工持股计划的基本原则是"共担风险，共享成功"。员工持股计划在制度上协调了员工、经营者、所有者之间目标和利益不一致的问题，为企业的发展提供了强劲动力。

---

① ISDP 是华为旗下一款专注于现场作业管理、安全管理和项目管理的数字化现场作业平台。

7.5.1 员工持股计划：财聚人散，财散人聚

员工持股计划指的是由企业内部员工出资认购本企业部分或全部股权，委托员工持股工会（或委托第三方，一般为金融机构）作为法人托管运作，集中管理。在过去20年里，员工持股计划作为激励和留住关键人才的一种长期激励机制在企业里十分盛行。员工持股计划经过不断演变，衍生出了多种方式，包括员工股票购买计划、股票认购权、受限股、随意股、奖励股，目前员工持股计划已逐渐形成了一个体系，表7-9所示是员工持股计划的形式及使用范围。

表 7-9 员工持股计划的形式及适用范围

员工持股计划形式	适用范围
员工持股计划	一般企业
员工股票购买计划	高科技企业，体现普惠性
股票认购权	高科技企业的关键员工
受限股	赠送股形式，主要针对管理层
随意股	小企业中的特殊员工
奖励股	属于员工股票购买计划的一种，要限制使用

一个成功的员工持股计划不仅能为员工带来福利，对企业也有着重要的作用：

（1）吸引人才，留住人才。员工持股计划是企业吸引并留住人才的重要手段。相对于工资、奖金等短期激励，员工持股可以延长激励的时效，员工持有的企业股权价值会随着企业的成长变得越来越高，让员工不再只关注短期利益。

（2）形成利益共同体。员工直接或间接持有企业股权，可以将企业和员工的利益相结合，企业的发展与员工的自身利益紧密相关，实现企业和个人目标的统一，让员工从"薪酬的被动接受者"转变成"薪酬的主导者"，提高企业的凝聚力和战斗力。

（3）促进业绩增长。员工持股计划通常会设置一定的获取资格和持有条件，员工需达到相应的标准，如任职时间超过多少年、绩效考核为优秀等，以此来激发员工的积极性、主动性和创造性，为企业带来丰厚的业绩。

【案例】华为员工持股计划

华为是中国实行员工持股计划的优秀代表企业,任正非相信:"财聚人散,财散人聚。"华为正是秉持这样的理念,通过员工持股制把公司的利益分享给员工,让员工觉得自己就是华为大家庭中的一员,而不仅仅是一个普通员工,从而驱动员工坚持奋斗,使华为凝聚力得以不断增强,竞争力不断得到提升。

1990 年,华为首次提出员工持股的概念,任正非曾在《一江春水向东流》一文中表示:"我创建公司时设计了员工持股制度,通过利益分享,团结起员工。那时我还不懂期权制度,更不知道西方在这方面很发达……仅凭自己的人生挫折,感悟到大家一起分担责任,分享利益。创立之初我拿这种做法与父亲商议,结果得到他的大力支持。这种无意中插的花,竟然在今天开得如此鲜艳,成就了华为的大事业。"

华为自推出员工持股计划以来,持股人数连年上涨。根据企查查官网最新数据,截至 2022 年 6 月 20 日,华为创始人任正非仅持有公司约 0.7013% 的股份,其余 99.2987% 的股份由公司员工共同持有(如图 7-6 所示),华为已经成功将公司半数以上的员工发展成了公司的共同事业合伙人。根据华为 2021 年报数据,华为 2021 年实现净利润 1137 亿元,分红 614 亿元,分红比例高达 54%。

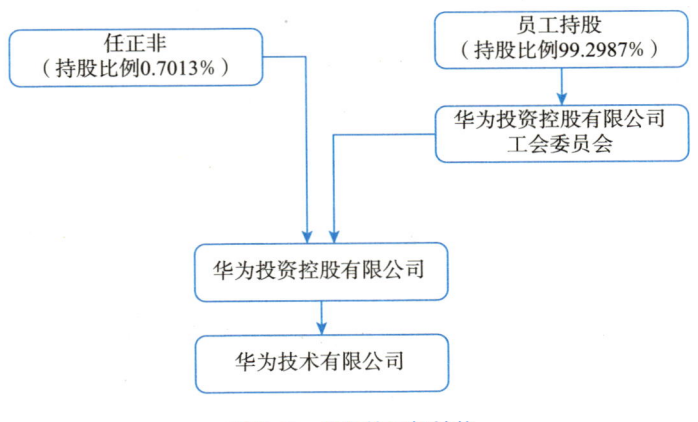

图 7-6 华为的股权结构

员工持股计划的目的是鼓励企业形成团队协作的企业文化,让每一个员工都积极主动地为企业贡献自己的力量,为企业创造价值,同时也让每一个员工从企业的成功中受益,最终实现企业和员工两者目标一致,互相成就。

7.5.2 华为员工持股计划的演变

任正非曾说:"我们内部吸收了竞争奋斗的合理动力,在外部获得了平衡的大环境。我们遵守国家的制度和法律,不断提升自己,使自己在这样的规则下获得胜利。"华为能在经过仅 30 多年的发展,就成长为全球领先的通信解决方案供应商,其中很关键的一点就是推行了独具华为特色的员工持股计划。通过推行员工持股计划,华为公司和员工结成了利益共同体,员工的工作动力持续被激发,助推公司的长远发展。

员工持股计划在不同历史阶段对公司所起到的作用不同,自初创之日起,华为的员工持股计划总共经历过四次规模较大的调整。具体演变如图 7-7 所示。

1990年开始股权激励计划 → 1997年股权改制 → 2001年推出虚拟受限股 → 2008年推出饱和配股 → 2012年推出TUP计划

图 7-7　华为员工持股计划的演变过程

1. 创业期股票激励

1990 年,初创期的华为第一次提出了员工持股计划,在公司推行全员持股的方案,以缓解公司融资困难的问题,同时增强员工的归属感。当时参股的价格为每股 10 元,以税后利润的 15% 作为股权分红。这就是员工持股计划的实践的开端。

华为当时有个内部政策:谁能够给公司借来一千万元,谁就可以一年不用上班,工资照发。有段时间开不出工资,任正非就给员工打欠条,后来干脆就直接写欠多少股份。这种股权分红方式,一方面减少了公司现金流风险,另一方面增强了员工的归属感,把所有人的利益投射在华为的发展上,稳住了创业团队。

2. 股权改制与虚拟受限股

1997 年,华为的注册资本增加到了 7005 万元,增量全来自员工股份。由于国家要求停止内部职工股的审批与发行,华为开始了股权改制。改制后，由华为公司和其子公司工会持有公司股份。同时所有员工所持股份分别由他们集中托管，并代行股东表决权。

2000年网络经济泡沫时期，IT行业受到毁灭性影响，华为迎来公司发展中的第一个"冬天"。为了保证充足的现金流，激励员工的工作热情，2001年华为开始实行虚拟受限股模式。华为的虚拟受限股指的是公司授予激励对象一种虚拟的股票，激励对象可以据此享受一定数量的分红权和股价增值权，但是没有所有权和表决权，不能转让和出售。在员工离开公司时，其虚拟受限股也会自动失效。

虚拟受限股操作办法：
①根据公司财务审计结果，确定年度新增发的虚拟受限股数量。
②根据部门绩效和个人绩效与个人饱和程度分配受限虚拟股。
③每个职级都确定配股的饱和度，每年调整额度（如2015年的17级总额144万元、18级225万元——按照购买股票的现金数量，而不是股票数量确定饱和度——同级别的老员工股票数量多于新进员工的股票数量）。
④个人缴纳现金购买股票（18级及以上公司不予借款）。

从固定股票分红向"虚拟受限股"的改革，是华为激励机制从"普惠"原则向"重点激励"的转变，体现了华为倡导的以奋斗者为本的价值观。其后华为的员工持股计划也是围绕奋斗者，并向奋斗者倾斜的。

3. 新一轮经济危机时期的饱和配股

2008年美国次贷危机爆发，引发了全球经济危机，给世界经济发展造成重大损失。为了应对挑战，华为推出了新一轮期权激励措施。2018年12月，华为发布了"配股"公告。公告指出，此次配股的股票价格为每股4.04元，涉及范围几乎包括了所有在华为工作时间一年以上的员工。

这次的配股方式是"饱和配股"，即每个职级都确定配股的饱和度，额度每年调整，这里的饱和度是指购买股票的现金数量，而不是股票数量。持股已达到其级别持股量的上限的员工，不再配股，除非员工能够晋升到更高一级的职位。通过配股与职级挂钩，驱动员工更加努力地工作。

4. 进一步完善的TUP计划

华为在历次的股权激励计划中，对于出资压力大的员工，公司为员工担保进行银行贷款。但是 2010 年银监会（现为国家金融监督管理总局）出台了相关政策，规定银行贷款不得用于固定资产、股权的投资，从而使得原有的机制受到一定的冲击。

为了进一步完善现有的股权激励制度，解决现有虚拟受限股的弊端，华为于 2012 年底对股权激励制度进行了再次调整，推出了新的激励工具——TUP（Time-based Unit Plan，时间单位计划），并于 2014 年实现全覆盖。TUP 是指公司每年根据不同员工的岗位、级别、绩效，分配一定比例的期权。这种期权不需要花钱购买，周期一般是 5 年。

从华为员工持股计划的演变历程可以看出，股权激励可以将员工的人力资本与企业的未来发展紧密联系起来，不仅解决了员工为谁工作的矛盾，还解决了"拉车人"和"坐车人"之间的利益纠缠，最终形成一个良性的循环体系，让组织持续充满活力。

7.5.3 动态调整员工持股计划，保障作战队伍

企业通过让员工持有股权，能够实现多方共赢。但是股权激励却并不是万能的，也是有弊端的。任正非曾说过："持股的高额回报可能会助长员工怠惰的思想。"因此，为了减少员工产生怠惰思想的可能，华为的员工持股制度自推出以来一直保持着动态调整，以确保股权激励始终保持对员工的激励作用，捍卫企业"以奋斗者为本"的价值理念。

随着华为的不断发展，公司内部一些老员工因长期坐享公司股票的丰厚分红，在工作上开始变得怠惰，缺乏动力与活力。华为通过 TUP 计划，不仅延长了员工物质激励的时间维度，还扩大了覆盖员工的范围，很好地起到了激活沉淀员工的效果，同时为企业留住了大量优秀的骨干人才，保障了作战队伍的活力。

华为推出的 TUP 是基于员工绩效的利润分享和奖金计划，其实质是一种根据员工历史贡献和未来发展前途来确定的长期但非永久的奖金分配权力。除了在分配额度上参照分红和股本增值确定，TUP 的其他方面与涉及所有权性质的股票没有任何关系，更接近于分期付款：先给你一个获取收益的权利，但收益需要在未来 N 年中逐步兑现，而且到期后要收回，进行重新分配。

华为的 TUP 基本周期是 5 年。具体操作方法为：

假如 2020 年，华为给员工甲配了 6000 个单位的 TUP，当期股票价值为 4.42 元，规定当年（第一年）没有分红权。

2021 年（第二年），员工甲可以获取 6000×1/3 分红权。

2022 年（第三年），员工甲可以获取 6000×2/3 分红权。

2023 年（第四年），员工甲可以获取 6000 单位的全部分红权。

2024 年（第五年），员工甲获取全部的分红权，并进行 TUP 结算，如果当年虚拟股价升值到 7.34 元，则第五年员工甲能获取的回报是：2024 年分红 +6000×（7.34-4.42），这 6000 个单位的 TUP 结算后清零。倘若员工甲想要让自己能够持续持有 TUP，那么，他便要在每一年都努力做出让公司认可的绩效成果，为自己不断的争取被授予 TUP 的权利。

华为根据公司的动态发展需求和外部环境变化，及时对员工持股计划做了调整和完善。但在调整过程中，始终强调以奋斗者为本，向高绩效员工倾斜，其股权激励政策导向如表 7-10 所示。

表 7-10 华为股权激励政策导向

导向	说明
绩效导向	新增配股要向高绩效者倾斜，以不断使得公司的长期利益分配在历史贡献者和当前贡献者和未来贡献者之间趋于均衡合理地分配
饱和配股	饱和配股的主要目的是强化绩效结果导向，让员工关注公司长期利益并努力作出贡献。股票分配根据绩效和职位贡献分配，要设定上限
奖励配股	奖励配股制度是对饱和配股制度的进一步优化，使得公司经营成果的分配更加合理与均衡。无论员工是否达到饱和配股的饱和线，均可以享受奖励配股，奖励配股不计入饱和配股的累计值
TUP 计划	TUP 计划用于牵引员工绩效持续提升，鼓励员工关注长期目标，促进骨干员工留用

动态化调整是绩效管理过程中企业与员工进行利益分享时必须存在的一个动作。无论是企业发展环境还是员工自身需求，都是一个动态变化的过程。因此，企业领导者和绩效管理者在奖励员工、激励员工的过程中，应该根据市场、员工、效益等客观变化做出相应调整，这样才能持续保障股权激励的效果。TUP 不会是华为股权变革的终点，华为会不断迭代激励机制，保障队伍活力，促进整体长久发展。

7.6 明确福利保障意图，控制福利成本

企业在构建福利保障体系时，要明确福利的保障意图，在让所有员工均能获得基础保障的基础上向奋斗者倾斜；同时还要控制福利成本，警惕高福利给企业带来的威胁。用福利提升激励效应，可以增强员工的归属感，调动员工的积极性。

7.6.1 构建多元的福利保障体系

企业福利是企业为保障和提高员工及其家属的生活水平而采取的各项措施的总称，是企业工资报酬的补充，通常包括法定福利和公司福利。所谓法定福利是根据国家和地方有关法律法规，企业必须向劳动者发放的津贴和补贴，例如五险一金、防暑降温费等；公司福利则是根据公司效益和公司相关指导意见来制定的福利措施。

企业福利对保障员工基本权益，增强公司的凝聚力，吸引和留住优秀人才起着关键作用。根据 Glassdoor 就业信心调查的数据显示，60% 的人认为福利和津贴是选择工作的主要因素，而 79% 的人更喜欢附加福利和津贴的上调而不是工资的增长。因此，在制定自己的福利保障体系，企业应该多站在员工的角度上来考量，而不是靠"拍脑袋"决定。同时，企业应以福利保障体系的管理理念为指引（如表 7-11 所示），制定多层次、多类别的多元化福利保障体系。

表 7-11 福利保障体系的管理理念

类型	管理理念	具体内容
保障性福利管理	属地化管理	遵循属地化管理原则
保障性福利管理	确保合法合规	遵从所在地区的社会保障和其他相关法律法规
保障性福利管理	提供基本保障	在养老、医疗、生命保障等方面为员工提供基本保障和合理补偿
保障性福利管理	福利水平管理	综合考虑保障性福利的定位水平，原则上应定位于所在地区同行业的中间水平
非保障性福利管理	尊重当地实践	充分尊重与参考当地的行业实践与业界做法
非保障性福利管理	个性化设计	计划设计要充分体现非保障福利的个性化和差异化
非保障性福利管理	注重福利成本管理	作为整体薪酬的重要组成部分，在符合当地整体薪酬竞争性定位的基础上，综合考虑非保障性福利的定位水平。非保障性福利的成本纳入工资性薪酬包，作为刚性工资成本的一部分

【案例】华为多元化福利保障体系

华为多次强调，华为要实现长久发展，必须依靠全体员工，他们是公司保持竞争力和行业领先的最重要因素。因此，只有为员工着想，真正在实际行动中做到关爱员工，尤其是一线员工，让员工有归属感，华为才能永葆活力，实现可持续发展。

华为在员工福利保障体系方面进行了系统的设计，以福利政策管理理念为指引，充分考虑公司的国际化发展情况，制定了独具华为特色的多元化福利保障体系，覆盖了公司员工的各种需求，如图7-8所示。

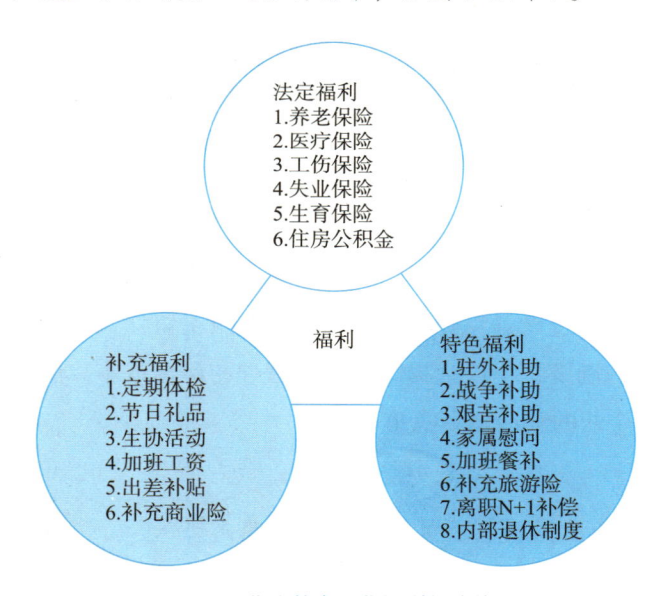

福利

法定福利
1. 养老保险
2. 医疗保险
3. 工伤保险
4. 失业保险
5. 生育保险
6. 住房公积金

补充福利
1. 定期体检
2. 节日礼品
3. 生协活动
4. 加班工资
5. 出差补贴
6. 补充商业险

特色福利
1. 驻外补助
2. 战争补助
3. 艰苦补助
4. 家属慰问
5. 加班餐补
6. 补充旅游险
7. 离职N+1补偿
8. 内部退休制度

图7-8　华为的多元化福利保障体系

【案例】阿里巴巴多元化福利保障体系

作为中国目前最大的电商集团，阿里集团为了保持员工持续的生产能力和个人成长潜力，与员工建立良好的关系，在福利待遇方面也是一直不遗余力。

阿里集团为员工提供了丰富多样的福利，形成了自己科学又颇具特色的福利保障体系。总结起来包括财富、生活、健康三大方面。比如iHome置业计划：凡在阿里巴巴集团服务期限满2年，工作地在大陆的正式员工，符合相关条件，且为购置员工工作地首套住房者(以家庭为单位)，可向公司申请"iHome"住房置业贷款。服务期限在两年以上(含)三年以下的员工，贷款额度上限为20万元人民币；服务期限为三年以上(含)的员工，贷款额度上限为 30 万元人民币；又比如蒲公英计划：秉着"我为人人、人人为我"的互助精神，设立阿里自己的公益基金，将在员工及家庭（配偶、子女）面临重疾、残疾或身故的时候给予最高 20 万元的经济援助；再比如彩虹计划：为了帮助那些遭遇重大自然灾害、突发事件或重大疾病等不幸，而导致有较大生活困难的阿里人，公司将给予一次最高 5 万元无偿援助金，与员工及家人一起共渡难关等。

当企业拥有多元化的福利保障体系，能让奋斗者获得及时的、合理的、全面的回报，让他们发自内心地被企业吸引，坚守在企业，为企业付出。随着企业的不断发展，企业应该不断完善福利保障体系，以确保所有员工都能踏踏实实工作。

7.6.2 警惕高福利对企业的威胁

企业不会只因为福利做得好而成功，也不会单单因为福利差而倒闭。然而，很多企业想通过设置良好的福利制度来把员工留住，让他们安心工作。像这种高福利的制度，不仅会提高公司的管理与运营成本，同时还会让员工变得怠惰，给企业的发展埋下隐患。

【案例】诺基亚高福利政策为企业埋下隐患

诺基亚成立于 1865 年，曾经的诺基亚是实行高福利的典型例子。在诺基亚，公司配备了 70 多条班车路线，按摩师、心理咨询师一应俱全。员工上班可以晚来，下班可以早走，甚至还可以有闲暇时间开网店。在诺基亚辉煌时期，这种高福利制度没有什么问题，然而诺基亚在走向没落阶段，依然没有改变这种高福利制度，从而让员工在公司即将倾倒之时，丝毫没有力挽狂澜的危机感。

曾经有一名小米公司员工在微博称：好几个诺基亚的朋友想来小米求职，我问他们为什么拖到被裁之后才想起来找新工作？他们的回答基本都是一样："诺基亚薪水高、假期多、工作少，基本不用干活，所以之前舍不得走。"

任正非在华为人力资源建设方面反复强调，要控制福利成本，防止高福利对企业带来的威胁。曾经有华为员工问道:"公司花很多钱支持希望工程、提供寒门学子助学基金,为什么不建华为大厦让员工免费居住?为什么不对员工实行食堂吃饭不要钱?"华为创始人任正非回复道:"不管经济上能否实现,但这反映了员工的太平意识,这种太平意识必须打击,不能把员工养成贪得无厌的群众,否则企业会走向没落。"

华为曾对美国和英国的福利制度进行过比较深入的研究:

英国是一个有高福利传统的国家。1601年英国引入世界首部《济贫法》,1948年7月,根据《贝弗里奇计划》,宣布建成了世界第一个福利国家,为公民提供"从摇篮到坟墓"的全方位福利保障。

在第二次世界大战以后,不管是工党还是保守党执政,都在大幅度增加社会福利,以获取公民支持。结果导致几乎没有公民愿意去努力工作,为社会创造价值,而英国也在世界经济的发展浪潮中,不断地失去创新机会。

相对比而言,美国没有照搬英国的福利制度,而是基于收入审查制度来确定公民的福利补助。它规定:公民的收入与财产在制定的标准以下才能享受国家的福利补助,其覆盖范围以及保障程度加起来还不到总人口的1/3,低于其他发达国家。

20世纪80年代,为了冲出长期的经济滞胀,美国政府就对公民的福利进行大幅缩减,以期用市场机制来推动经济繁荣与社会发展的恢复。同时,政府管理也从提供福利转变为提供服务给公民,同时政府还通过各种创新制度来不断提高自身的运行效率,通过发展创造能动的环境赋权给公民,因此美国的福利政策执行效果是优于英国等发达国家的。

鉴于此,华为一直强调,员工的幸福是需要自己奋斗、通过为公司创造价值挣得的。如果员工没有去奋斗、去创造价值,却得到了太多福利,就容易失去奋斗的动力。正如任正非在一次讲话中所说:"华为公司若想长存,有许多准则是适用于我们的。公司愿意给予员工高额的福利,为的是激励员工们为客户提供更有价值的服务。同时,自己期望的福利待遇,除了通过努力工作获得,别指望天上掉馅饼。要知道,如果公司实行短期的不理智的福利政策,实际上是饮鸩止渴。"

7.6.3 福利保障是向奋斗者倾斜的

国内管理专家段俊平曾说过："什么叫福利？让员工感到幸福并且从中获利，才是真正的福利。"在福利制度上，企业应当坚持向奋斗者尤其是一线员工倾斜，才能在企业内形成正向积极的奋斗者文化，让企业越来越强大。

华为的福利制度始终是向奋斗者倾斜的，很多人都认为华为待遇好，员工有高薪酬、高福利，但实际上只有那些真正努力奋斗的员工才能享受高薪酬、高福利待遇。例如，华为不提供免费的工作餐，只对加班的员工提供免费的夜宵；华为那些在工作环境好的地方工作的员工几乎没有额外的福利，但对于工作条件艰苦的员工华为会给予许多额外的补助。

可见，华为不以高福利吸引员工，福利只是作为一种基础保障手段。为了开拓更大的国际市场，华为外派大量的人才前往世界各地，而这当中大部分都是条件艰苦的地区。因此，华为综合参考国家发达程度、社会安定程度及生活环境的艰苦程度等对全球各国家进行分级，设计不同层级的福利体系。以中方外派员工的补助为例，主要包括三项：外派离家补助、艰苦地区补助和外派伙食补助。

华为中方外派员工的补助主要包括三项：外派离家补助、艰苦地区补助和外派伙食补助。

1. 外派离家补助

外派离家补助的额度按照职级划分：职级 13 级、14 级的员工离家补助 11250 元；职级 15 级、16 级的员工离家补助 12500 元；职级 17 级，离家补助 16000 元；职级 18 级的员工离家补助 20000 元；职级 19 级的员工离家补助 25000 元；职级 20 级的员工离家补助 30000 元……

2. 艰苦地区补助

艰苦地区补助主要分为 6 种情况：一类地区 0 美元；二类地区 8 美元；三类地区 16 美元；四类地区 24 美元；五类地区 32 美元；六类地区 40 美元。

3. 外派伙食补助

外派伙食补助基本按照员工外派地区的实际伙食的 50% 对员工进行补助。以艰苦地区每月大概 200 美元的实际伙食费计算，员工每月可以获得 100 美元的补助。（上限：除去个别高消费地区为 25 美元/餐，其余均为 15 美元/餐。公司公布的是上限，各地按实际当地的平均消费水平执行。）

除此之外，凡是去海外工作的员工，华为还会为他们提供战争补贴等福利补贴。在各种福利保障的综合刺激下，一批批华为人前仆后继地前往世界各地拼搏和奋斗，从而支撑华为不断向前发展。

总而言之，在华为，如果想要获得高薪酬、高福利，就必须努力奋斗，为公司创造价值。对于有"太平意识"的员工，华为会通过自动降薪等措施来打击员工，从而激发他们在压力下的生存意识，以确保在市场进入下一个"冬天"之时，员工能够共同努力确保华为活下去。华为能发展到今天如此大的规模，业务遍及全球170多个国家和地区，服务全球30多亿人口，得益于华为完善的价值分配体系和福利保障体系建设。

7.7　强化精神激励，提升员工凝聚力

任正非说："十九万华为人利出一孔，公司上下力出一孔，才能团结一致，所向披靡。"企业的发展与员工的关系是一荣俱荣的，强化精神激励，让更多为企业创造出价值的奋斗者获得激励，提升组织凝聚力，企业才能在这些奋斗者的付出中稳步前行。

7.7.1　精神激励是伟大组织的引擎

精神激励是指精神方面的无形激励，包括向员工授权、正向的工作评价、坦诚的批评指导、公平公开的晋升制度、对员工的关心关注、帮助员工明确责任及组织期望、提供学习和发展的机会等。精神激励往往能起到物质激励所无法达到的效果，它是管理者用思想教育的手段倡导企业精神，调动员工积极性、主动性和创造性的有效方式。

任正非说："光是物质激励，团队就是雇佣军，雇佣军作战，有时比正规军厉害得多。但是，如果没有使命感、责任感，没有强大的精神驱使，这样的能力就是短暂的。只有使命感和责任感，能驱使团队长期作战。"因此，华为十分注重对员工进行精神激励，以激发员工的责任感，继续艰苦奋斗，持续为公司创造价值，实现公司的持续发展。

【案例】华为使用精神激励的手段为英雄充电

华为盛产各种荣誉称号和奖励,做到了大面积激励。面对各种技术突破和发明创造,华为经常以发明人的名字命名,于是就有了"XXX算法""YYY工具"等。华为还举办了诸多隆重、氛围热烈的表彰大会,用精神激励的手段来为英雄"充电"。

2019年7月26日,华为在深圳总部举行颁奖典礼,向5G极化码(Polar码)的发现者土耳其毕尔肯大学Erdal Arikan教授颁发特别奖项,百余名标准与基础研究领域的华为科学家和工程师也获得了表彰。华为还邀请了国内外众多媒体一起参加见证。

典礼上,包括华为公司创始人任正非在内的华为最高管理层集体亮相,一起站立迎接Erdal Arikan教授以及为5G做出突出贡献的华为科学家和工程师。

华为轮值董事长徐直军在典礼上说:"在此,我要感谢李英涛在这次旅程中的出色领导。没有他,我们就不会成为今天的我们。我还要感谢我们的5G项目经理童文博士。在过去10年里,他在世界各地跋涉了数百万公里来完成工作。由于他的付出,我们实现了5G的目标:实现技术突破并帮助制定统一的全球标准。请允许我再次向Arikan教授、李英涛先生和童文博士表示衷心的感谢。还有Arikan教授在学术界的同行、科学家同伴以及所有为5G作出贡献的华为专家。"

这种盛大的精神认可能够极大地激励员工的荣誉感。任正非在华为内部多次呼吁:华为要"遍地英雄下夕烟,六亿神州尽舜尧",而不是"几个英雄下夕烟,十三亿神州几舜尧",华为要英雄"倍出",而不是"辈出"。华为认同每一位员工为公司做出的贡献,同时也重视每一位员工对公司的辛勤付出。也许,有时给他们发个纪念章,就能带给这些员工无穷的力量和动力。

【案例】华为重铸"2008年汶川地震救灾抢通英雄纪念章"

2008年5月12日,四川省汶川县发生8.0级地震。华为快速组织工作人员奔赴灾区抢修通信设备。当时灾区余震不断,所有去往灾区的华为人都时刻面临着极大的风险。但作为一家通信设备制造公司,华为必须在此时赶往灾区,以保证国家营救工作的顺利开展。

到达灾区后,由于物资缺乏,有员工就靠着一包压缩饼干支撑了二十四个小时；有员工因为任务紧急、专业人力缺乏，连续工作了四十多个小时，被医生强制休息；有员工每天接500通电话，奔波联络保证抢修工作顺利进行；有员工冒着坍塌危险，6次往返漏水隧道；有员工劳累虚脱，也要和客户讨论解决方案……

救灾通信通道抢通后，华为对所有在灾区最前线奋战的员工进行了奖励。任正非亲手在水晶砖上写下"让青春的生命放射光芒"的寄语并署名，作为这次灾区抢修工作的纪念奖章，赠予127名一线员工。但是当时条件有限，大部分员工收到的是一块木质的奖章。

七年之后，华为重铸"2008年汶川地震救灾抢通英雄纪念章"，这枚纪念章由奥地利铸币厂纯手工打造，纪念章的正面记录了汶川地震时山崩地裂、房屋塌陷的灾难现场，背面的记录则体现了华为人保障通信网络运行的责任。华为决心用奖章换回木牌，以鼓励华为的千军万马不畏艰难上战场。

时隔七年收到这枚代表着血汗和荣耀的奖章，许多员工都感慨道："七年过去了，感谢公司还没有忘记我们！"

精神激励不仅是对员工出色的工作表现给予肯定，更是用荣誉感来激发他们更大的责任感。精神激励是伟大组织的引擎，一家企业一定要有强大的精神激励，让员工觉得自己在这里可以成长，大家真的是奔着同一个愿景、使命，持有同样的价值观在做事，这样才能建出强大的企业。

7.7.2 设计多元的精神激励，让员工更有成就感

美国第一任总统乔治·华盛顿说："战斗必须有条不紊地进行，而想要做到这一点，必须要激发战士的荣誉感。"华为从认可、学习与发展、工作环境等方面，运用多元的精神激励方式，让员工更有成就感，从而为员工后续的工作注入更多的信心，牵引更多的员工持续奋斗。华为精神激励的方式如表7-12所示。

表7-12 华为精神激励的方式

类别	精神激励的方式
认可	·荣誉奖、荣誉证书、奖杯 ·嘉奖函、通报表扬 ·明星员工、杰出团队宣传 ·与总裁合影、共进晚餐

续表

类别	精神激励的方式
学习与发展	• 承担更大的责任 • 主管关心员工个人发展 • 绩效管理（沟通、辅导） • 轮岗机会 • 奖励性培训
工作环境	• 主管的关心和认可 • 主管与下属的单独深度沟通 • 关心员工健康 • 节日、生日时的祝福和问候

华为的荣誉激励体系分别由公司整体的激励和部门激励两大部分构成。公司整体的激励包括金牌奖、专项激励、个人荣誉奖；部门激励包括总裁奖、行业奖、即时激励、其他奖项。金牌奖是华为的最高荣誉，包含金牌个人与金牌团队，是从当年最优秀、最具贡献的个人和团队中选拔产生的。专项奖励里面包含很多，例如"天道酬勤"奖，目的是激励长期在外驻派工作的员工。

"天道酬勤奖"于2008年推出，授予对象是在海外累计工作10年以上或在艰苦地区连续工作6年以上的中方外派员工，以及全球流动累计10年或在艰苦地区连续6年的承担全球岗位的外籍员工。"天道酬勤奖"的奖牌是水晶做的，上面印有那双著名的芭蕾脚，并刻有罗曼·罗兰的名言："伟大的背后是苦难。"

获得"天道酬勤奖"的华为员工可以带上自己的家人上台领奖，一方面是对员工工作成绩的肯定，增强员工对公司的归属感，另一方面是让员工家属感受到员工努力工作的意义，更加坚定地支持员工的工作。

个人荣誉奖比较普遍，如明日之星、季度之星、进步之星等，每月度或者季度评选产生。其中，设立"明日之星"奖的目的是面向未来营造一种人人争当英雄的文化氛围。在华为，员工在不同时间段可以获得由不同级别、不同部门评选的不同种类的荣誉奖项，具体如图7-9所示。

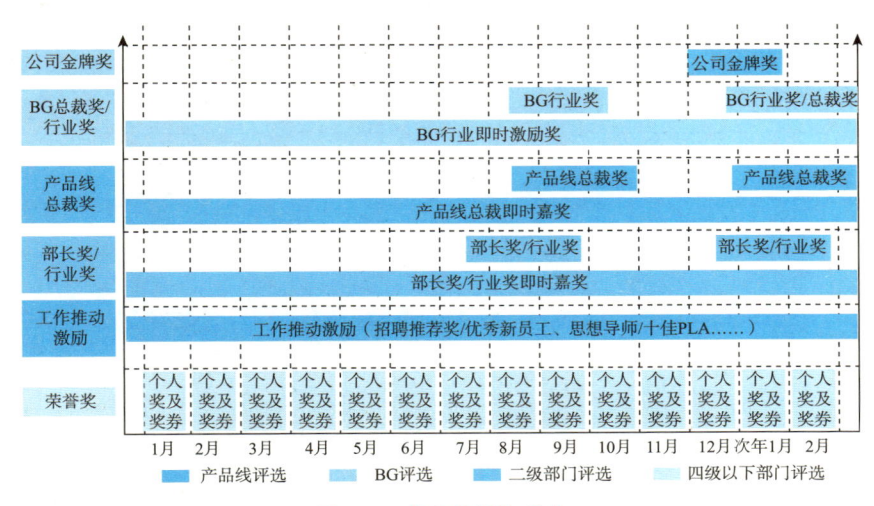

图 7-9 华为荣誉奖项表

【案例】华为给为公司做出突出贡献的团队和个人颁发金牌奖

2022年6月13日上午，深圳坂田基地A3图书馆，汇聚了35名获得2021年公司金牌个人奖及团队奖的代表。为了表彰他们过去一年所做出的贡献，任正非与他们亲切见面并合影，现场气氛十分热烈。

在金牌员工代表中，有提出编码计算思想、攻克难题的技术专家；有构建从0到1车云协同自动驾驶方案、为天津港自动驾驶项目做出突出贡献的系统工程师；还有实地进行矿山需求调研，完成公司第一个智能矿山项目的煤矿军团成员，等等。2021年华为共评选出2374名金牌个人，607个金牌团队，合计8440人获得表彰。

华为始终坚持"以奋斗者为本"，金牌奖是华为授予员工的最高荣誉，旨在奖励为公司持续商业成功做出突出贡献的个人和团队。获得金牌奖的员工不仅可以有机会见到华为创始人任正非，还能与他合照，而且获奖事迹会载入公司的荣誉殿堂，无疑是非常令人羡慕的。对于这个荣誉，用华为员工的话说就是"好像走上了人生巅峰，值得骄傲一辈子"。

华为将荣誉视为企业最重要的无形资产，在内部网站上设置"荣誉殿堂"，将历年受到荣誉表彰的优秀人物和事迹记录下来，供企业员工随时学习，并在企业内部网站、报刊、公告墙上，持续宣传优秀人物的事迹。受奖员工会因此充满成就感和自信心，深感自己为公司创造的价值得到了关注与认可，从而激励全体员工更加奋力进取。

阅读心得

第8章
薪酬体系设计

薪酬是员工价值创造的动力源泉。企业需要在战略目标的牵引下,设计"对内公平、对外有竞争力"的薪酬体系,充分发挥薪酬的激励和引导作用,激发员工的内驱力,从而为企业创造更大的价值。

8.1 以薪酬战略为导向，设计薪酬体系

薪酬战略是企业为了实现整体战略目标，有效进行薪酬管理、合理配置资源、激发员工积极性而制定的薪酬策略、薪酬计划以及具体行动的总和。企业应以薪酬战略为导向设计薪酬体系，以确保薪酬体系对企业战略的支撑作用。同时，牵引员工行为聚焦价值创造，助力企业战略规划的落地。

8.1.1 薪酬的定义、内涵与演变

薪酬是员工因雇佣关系，为所在组织从事劳动、履行工作职责并完成工作任务后，获得的各种形式的酬劳或回报的总和。薪酬作为企业和员工之间重要的链接纽带，其内涵一直在变迁。

"薪酬"一词最初起源于西方管理学，英文为"Remuneration"。在历史上的不同时期，不同国家的人们并不总用薪酬来表达它所代表的含义。

在美国，薪酬等同于辛勤付出或者工作所换来的工资与福利之和。日本称薪酬为"给料（Kyuyo）"，这个词来源于两个汉字（给和料），意思是"给予某种东西"，可是在日本历史上，薪酬却被认为是上级的施舍。在德国，工资是薪酬的最初表达。中国古代的薪俸、俸禄、军饷等可以看作是薪酬的最初表达形式：东汉以前，一般俸禄都发放实物（粮食、布帛）。唐以后一直到明清，主要是发放货币形式的俸禄给朝廷官员，以供官员解决柴米油盐这些日常开支。而在魏晋时，"薪水"一词除了指砍柴汲水外，也逐渐发展为日常开支费用的意思，如《魏书·卢昶传》中记载："如薪水少急，即可量计。"今天，薪酬不仅指员工因为自身的工作付出而获得的经济收入，还包括福利、工作津贴、职业发展机会等。

狭义的薪酬是指员工为组织提供劳动而得到的货币报酬和实物报酬的总和，包括工资、奖金、津贴、提成工资、劳动分红、福利等。广义的薪酬包括经济性薪酬和非经济性薪酬，其中，经济性薪酬分为直接经济性薪酬和间接经济性薪酬。

直接经济性薪酬是组织按照一定的标准以货币形式向员工支付的薪酬，比如固定工资、提成、奖金、补贴/津贴、股票及期权等；间接性经济薪酬

是指不直接以货币形式发放给员工，但是却能给员工带来生活上的便利，减少员工额外开支或者免除员工的后顾之忧。比如企业为员工办理的保险、向员工发放的住房补助或其他福利等。

非经济性薪酬是指无法用金钱衡量，但是能给员工带来心理愉悦效果的一些因素。它主要包括两个组成部分：一是工作特征，即工作本身具有的价值，主要包括培训机会、晋升机会、挑战性的工作机会、职业发展等；二是工作环境，即员工所处的工作氛围对员工的心态、情绪、工作热情等的激励作用，主要包括领导力、认可、成就感、个人成长等。表 8-1 是华为员工薪酬的部分组成。

表 8-1　华为员工的薪酬（部分）

经济性薪酬		非经济性薪酬
基本工资	目的：奖励履行岗位职责；解决劳动报酬的合理性和公平性问题	存在感/成就感
奖金（年终奖等）	目的：奖励目标达成；奖勤罚懒	价值观：以客户为中心，以奋斗者为本，长期艰苦奋斗
股票（虚拟受限股/TUP）	目的：奖励长期目标完成；解决企业所有权的问题	工作环境与工作氛围
福利（法定福利、养老金、海外补助人寿保险、带薪休假等）	目的：解决劳动关系存续期间的基本保障问题	挑战性工作机会/晋升机会/学习机会

薪酬的本质是人才价值的一种体现形式，其多少代表了人才在企业价值系统中地位的高低。企业要想吸引、留住优秀人才，就需要构建合理的薪酬体系，激发员工的工作积极性和创造性，增强企业的竞争优势，实现企业和员工的利益最大化。

8.1.2　薪酬体系要与企业战略目标相匹配

不少企业在设计薪酬体系时，虽然考虑了公平与透明原则，却忽略了战略导向原则。当薪酬体系与企业战略目标不匹配时，企业的发展就有可能和个人的利益不一致，甚至相冲突。如此一来，企业战略目标的实现就缺乏有力的保障。

【案例】华为早期薪酬体系与公司战略不匹配

在华为发生过这样一件事：1995年，分别负责上海和新疆办事处的两位主任销售同样的产品，但两人的业绩却是天差地别。当时，恰逢大力发展农村通信产品，再加上华为早期"农村包围城市"的策略为新疆区域打下了良好的市场基础，所以新疆办事处主任在短期内就能创造出业绩。而上海市场当时是被国际电信巨头所占据的，市场竞争激烈，华为的产品一时难以进入，这就导致上海办事处的主任在短时间内都没什么业绩。根据当时华为的薪酬体系，两个办事处主任在当年的薪酬可能会相差20万元。这种反差造成的结果是，上海市场是公司最想突破的市场，但承担战略责任的上海办事处主任却拿不到钱。这就反映出当时华为的薪酬体系、人力资源管理系统与公司战略之间存在着深层矛盾，是不匹配的。

可见，企业在设计薪酬体系时要匹配企业战略目标，确保薪酬体系为企业战略服务。一般来说，企业在设计或优化薪酬体系时，需要先理解企业战略与核心价值观，包括公司战略目标达成的关键成功因素、公司发展需要的核心能力以及承载这些核心能力的人才群体和相应的企业付薪理念等（如图8-1所示）。

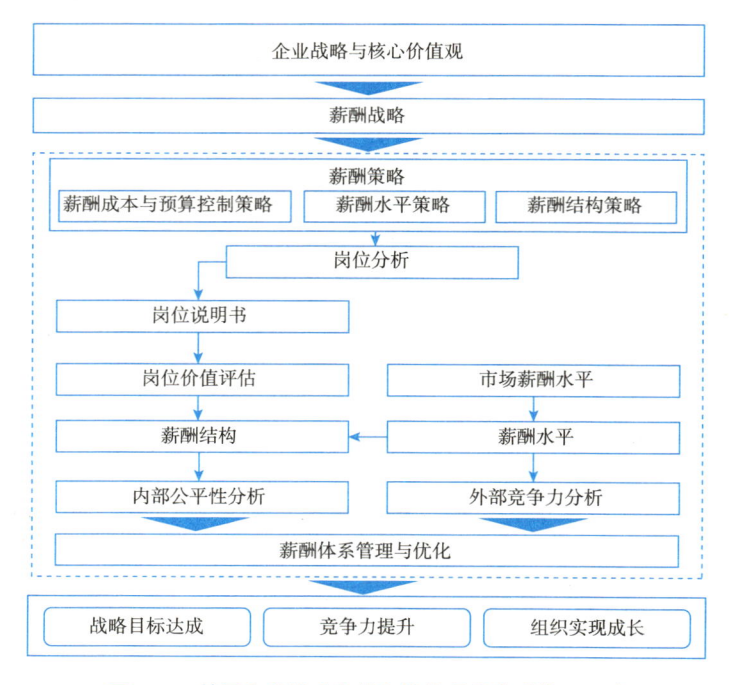

图8-1 基于企业战略与核心价值观的薪酬体系设计

【案例】华为基于企业战略设计薪酬体系

华为的愿景和使命是把数字世界带入每个人、每个家庭、每个组织，构建万物互联的智能世界。承接公司的愿景和使命，华为制定了可持续发展战略，并将可持续发展作为一项优先的准则，全面融入企业的整体发展战略当中。

1997年，在合益咨询公司（HayGroup）的帮助下，华为导入4P人力资源管理系统（Position evaluation system，职位评价系统；Pay administration system，薪酬管理系统；Professional training system，职业训练系统；Performance appraisal system，绩效评价系统），建立起以职能工资制为核心的薪酬体系。

随着企业的不断发展，华为在人力资源管理实践中持续改进完善薪酬体系。基于公司战略，华为将员工按照岗位工作内容划分为研发、生产、市场销售以及客户服务四大类别，其中研发部门和市场销售部门的薪酬水平明显高于生产和客户服务部门。同时，按照贡献和能力将员工的薪资级别分为10级，不同级别的员工的薪酬是不同的，员工干满一定时间就可持有企业股份，逐步形成了"以岗定级，以级定薪，人岗匹配，易岗易薪"的薪酬管理16字方针。华为不断提高薪酬的市场竞争力以不断吸引优秀人才的加入，支撑企业战略目标的实现。

企业在不同的发展阶段，面临的处境是不同的。为了支撑企业不同阶段的战略目标的落地，薪酬体系要随着企业战略进行动态调整。

【案例】可口可乐公司根据企业战略目标调整薪酬策略

20世纪80年代初，可口可乐公司进入中国市场。此时，中国刚开始改革开放，考虑到中国物质生活不丰富、员工收入水平不高，可口可乐（中国）公司便采用了高薪政策以吸引和激励人才。可口可乐（中国）公司发放给员工的薪酬，主要是由基本工资、奖金、津贴以及福利构成。基本工资是国内饮料行业平均薪酬水平的2~3倍，虽然可口可乐（中国）公司在此时尚在初创期，但是由于母公司资本雄厚，不存在流动资金紧张的情况，因而足以满足如此高的基本工资支出。奖金则是可口可乐（中国）公司根据员工绩效结果来发放的。

由于采取了行业内极具竞争力的薪酬政策，可口可乐（中国）公司在当时吸引了大批人才加盟，迅速打开了中国市场，并有力地支撑了公司战略目标的实现。

迈入快速成长时期后，可口可乐（中国）公司为了强化对人才资源的竞争优势，于1995年做出每年给员工多发3个半月基本工资的决定，以保持公司总体薪酬水平处于在华美企平均薪酬的前25%水准。同时，在福利方面，除了法定福利，增加了养老保险金，并向员工提供普通团体意外险和住房贷款计划等。另外，公司开始采用股票期权等长期激励手段。在这样的改变后，可口可乐（中国）公司员工的薪酬对外是更具竞争力，对内是更具激励性。

然而，从1999年开始，可口可乐（中国）公司在中国的扩张速度开始放缓，进入成熟稳定发展阶段。当时与可口可乐公司竞争的企业不仅有百事可乐公司，还有国内的健力宝、娃哈哈等企业。产品的市场竞争以及由此带来的人才市场竞争，加上内部不够完善的薪酬体系使得可口可乐（中国）公司出现了员工离职率上升、绩效下降的现象。

为了扭转这种局面，可口可乐（中国）公司在2000年进行了组织结构改革。对所有的岗位进行岗位分析与价值评价，并以此为基础对薪酬体系进行了调整，把薪酬范畴扩展到包括基本工资、绩效奖金、福利、股权、培训计划、职业生涯开发等方面，同时还为本地员工创造了参与国际人才交流的条件。

每个企业都有自己的战略目标，企业应该制定与自身战略相匹配的薪酬体系，通过影响员工的态度与行为，推动企业战略目标的实现。

8.1.3 不同导向的薪酬结构，反映企业不同的价值观

薪酬结构是一个组织中各种工作之间的报酬水平的比例关系。在确定薪酬结构时，可以以工作为导向、以技能为导向，或者以绩效为导向等。不同导向的薪酬结构，反映出的是企业不同的价值观，即企业会为什么样的行为、能力以及业绩付薪，具体有以下四种。

1. 以工作为导向

根据员工所担任的职务（或岗位）的重要程度、任职要求的高低、劳动环境对员工的影响等来决定员工的薪酬，也就是以该岗位为企业创造的价值大小来决定该岗位薪酬的高低。比如说，企业的营销经理岗位为企业创造的

价值应该高于客户经理岗位，因此营销经理的薪酬比客服经理高；同样，财务经理岗位为企业创造的价值高于行政经理岗位，因此财务经理岗位的薪酬比行政经理高。

2. 以能力为导向

根据员工所具备的工作能力与潜力来决定员工的薪酬。能力既包括学历、职业资质、经验以及工龄等，又包括专业技能、沟通能力和忠诚度等，这些直接决定了每个员工在实际工作中的工作质量与绩效表现。企业一般会在员工招聘、员工晋升等节点上，着重考察员工的能力。

与以工作为导向不同的是，以能力为导向更强调员工个人能力，是企业为员工所具备的能力为企业创造价值的可能性付薪。一般来说，企业为同样的岗位付薪越高，表明该员工通过自己的能力为企业创造更大价值的可能性越大。比如，企业通过设立年龄工资来体现员工在企业工作时间和经验的价值，设立学历职称工资来体现个人的知识、能力水平等的价值。以能力为导向能充分确保员工的能力提升的意愿以及达成目标后的正向激励。

3. 以绩效为导向

根据员工实际工作表现和作出贡献的大小确定员工的薪酬，也就是企业以员工为企业创造业绩的多少来决定员工薪酬的高低。比如，"拉开卓越绩效和一般绩效的差距，让优秀的人拿到更多的薪酬"，体现的就是以绩效为导向的理念。

4. 以市场为导向

根据市场薪酬水平来确定岗位的薪酬水平，即与劳动力市场上同类职位、同类人才的工资水平进行对比，并取合适的分位值来确定本企业的薪酬水平，以确保企业薪酬的市场竞争力。

不同导向的薪酬基本结构各有各的优点，也各有各的缺点，如表8-2所示：

表 8-2　不同导向的薪酬结构的优缺点

导向	优缺点	适用企业
以工作为导向	优点：①体现岗位的真正价值，每个岗位都明码标价，谁能做这项工作，就给谁这份工资；②真正实现了同工同酬，内部公平性比较强，能在一定程度上避免员工间攀比现象的发生	各岗位之间的权、责、利明确的企业
	缺点：①员工的能力差异在薪酬中得不到体现；②在选聘比较稀缺的人才时，很可能由于薪酬体系的内向性而满足不了稀缺人才的薪酬要求	
以能力为导向	优点：①薪酬与能力挂钩，激发员工不断提升自身潜能，以获取更高的薪酬水平；②有利于职位轮换与员工职业生涯发展，只要能力出色，无论在什么岗位可以拿到更高的薪酬。这样一来，就更加有利于员工的全方位发展	技术复杂程度高、劳动熟练程度差别大的企业；急需提高企业核心能力的企业
	缺点：①对企业的管理水平提出了更高的要求，因为界定和评价技能不是一件容易的事情，从而增加企业的管理成本；②员工着眼于提高自身技能，可能会忽视组织的整体需要和当前工作目标的完成	
以绩效为导向	优点：①员工薪酬直接与公司业绩、组织以及个人绩效直接挂钩，能让员工感觉到"干多干少干好干坏不一样"，激励效果最明显；②以绩效为导向对企业的薪酬成本最为节省。员工如果绩效表现比较差时，可能只能拿到较少的工资，从而为企业节省了人工成本	任务饱满、有超额工作需要的企业
	缺点：①可能会造成部门或者团队内部的不良竞争，为取得好的个人绩效，员工可能会减少协同配合；②绩效评估往往很难做到客观准确，会影响薪酬的激励作用	
以市场为导向	优点：①薪酬数据跟市场对标，便于企业采取或调整相应的薪酬战略；②有利于企业招聘员工。因为以市场为导向是根据市场的薪酬水平设计薪酬，因此在招聘员工时，企业就能根据市场薪酬变化给出有竞争力的薪酬水平	
	缺点：①要求企业具备良好的盈利水平，否则难以支付和市场接轨的薪酬水平；②对薪酬市场数据的客观性提出了很高的要求；③企业内部薪酬差距可能会很大，影响组织内部的公平性	

薪酬管理不仅仅是一门科学，也是一门哲学，如果单纯地以某一要素为导向向员工支付薪酬，可能会导致企业内部的不公平现象。比如，同岗位的员工可能有能力差别，同能力的员工可能有业绩差别，同业绩的员工可能有岗位差别，但这些差别却不能科学地反映在薪酬上。

因此，企业可以采取多元导向，将薪酬分解成几个组成部分，分别依据岗位、能力、绩效、价值观等因素来评定。将集中要素有效结合起来，融入同一个薪酬体系中，可以最大限度地满足员工对薪酬的合理要求，激活员工，让企业实现可持续发展。

8.2 薪酬水平：市场对标，定位薪酬水平

薪酬水平是指企业内部各类职位和人员平均薪酬的高低状况，是企业薪酬外部竞争力的直接体现，也是衡量企业薪酬体系有效性的重要指标之一。企业应该对照战略目标，明确薪酬水平的市场定位，并定期调整，以保持薪酬的外部竞争力，持续地吸引优秀人才，保持组织活力。

8.2.1 薪酬水平与企业经营战略及价值观相符

企业薪酬水平的高低会直接影响企业在劳动力市场上获取劳动力能力的强弱。企业需要根据总体战略目标，相较于劳动力市场行情来确定自身的薪酬水平策略。常见的薪酬水平策略主要有四种，分别是：

（1）领先型薪酬水平策略：企业薪酬水平与同行业、同地区企业的薪酬平均水平对比，处于领先地位，向市场 75 分位甚至 90 分位看齐。采用此策略能让企业在吸引和留住优秀人才上具有优势。当企业市场规模比较大、人才投资回报率高、薪酬成本在企业经营总成本中占比低以及属于处于新兴行业的情况下，人才保有量少且人才培养不易，可以采用该种策略。华为、谷歌、思科等企业采用的都是领先型薪酬水平策略。

（2）跟随型薪酬水平策略：企业薪酬水平与同行业、同地区企业的薪酬平均水平相差不大，处于市场 50 分位。通常来说，采取该策略的企业不具有比较强的薪酬竞争力，在吸引优秀人才方面不具备明显优势，但是经营风险小、用工成本低。

（3）滞后型薪酬水平策略：企业在制定薪酬水平时不考虑市场与竞争对手的薪酬水平，只考虑尽可能节约经营成本，其薪酬水平一般是低于市场平均水平的，大致向 25 分位看齐。采用该策略的企业，通常外部人力充足，较短时间就可以补充空缺岗位。且企业对人才技能要求不高，较短时间就能培养新人达到使用要求。不过，该策略不宜长期使用，否则会导致对员工的激励不足，消耗员工的主动性和积极性。

（4）混合型薪酬水平策略：企业根据职位类型或员工的类型，分别制定薪酬水平策略，而不是对所有的职位或员工均采用相同的薪酬水平策略。比如，有些企业会针对关键骨干采用领先型薪酬水平策略，而对基层员工实行

跟随型薪酬水平策略。

当企业希望快速占领市场，提升市场占有率时，就需要采取领先型薪酬水平策略，以吸引更多更优秀的人才；当企业想保持稳定发展时，通常要采用跟随型薪酬水平策略或混合型薪酬水平策略；当企业想收缩某个业务链、减少投资时，企业可能会采用滞后型薪酬水平策略。

【案例】华为快速发展期采用领先型薪酬水平策略

华为在1995年进入快速发展期，为了抓住市场机会，抢占市场份额，急需招聘大量电信专业人才来支撑公司业务的发展。此时，人才成为华为快速抢占市场的瓶颈。

然而，由于当时在国内，电信行业属于新兴行业，电信专业人才比较少，相关大学每年培养的相关专业的毕业生数量也是非常有限。再加上国内电信市场当时几乎被西门子等国际电信巨头垄断，比如日本的NEC（电气股份有限公司）和富士通、美国的AT&T（电话电报公司）、加拿大的Nortel（北电）、瑞典的爱立信、德国的西门子、比利时的贝尔以及法国的阿尔卡特，使得优秀学生在毕业后大部分首选进入外企。

为了解决人才瓶颈问题，招揽优秀的通信人才，1998年华为首次大规模进入高校招聘，当年招聘高校毕业生800人，2001年招聘6500人，据说有的高校通信专业毕业生被华为"包圆"。当时华为政策是：第一，通信专业的学生只要愿意来华为工作都录用，不用面试；第二，采用领先型薪酬水平策略，给应届毕业生制定的薪酬水平是其他电信企业的两倍——本科毕业生为5000元/月、硕士毕业生为6000元/月，年终另有奖金和股票分红。最终，吸引了大量专业人才的华为很快便在国内市场取得了成功，成为国内民企的标杆，并于2013年成为行业领先企业。

总的来说，企业所采取的薪酬水平策略应该与企业的经营战略与价值观相符，企业确定的薪酬水平要能吸引、激励、留住企业战略实现需要的合适人才，支撑企业战略和价值观的落地。

8.2.2 对标市场，让员工获得有竞争力的薪酬

薪酬水平的市场定位是指企业确定薪酬水平在劳动力市场中相对位置的决策过程。也就是，企业准备给员工怎样的薪酬水平。当企业的薪酬水平定

位过高时，企业的人工成本支出过高，就会使企业不堪重负；当薪酬水平的定位过低时，就会导致企业出现员工满意度下降、员工离职率偏高等现象。因此，合理的薪酬水平市场定位，对企业的健康发展和保持外部竞争力是非常重要的。

企业在确定自身的薪酬水平前，需要先进行市场对标，即明确自身现有薪酬水平在市场中处于什么位置。企业可以采用薪酬偏离度来分析公司现有薪酬水平相对外部市场薪酬水平的偏离程度，以检验企业薪酬的外部竞争力（如表8-3所示）。薪酬偏离度计算公式为：

$$薪酬偏离度 = 公司现有薪酬水平 / 不同市场分位的薪酬水平$$

表8-3　P企业不同层级薪酬水平的市场定位（示例）　　　（单位：元）

职级	岗位	企业现有薪酬水平均值	P10	P25	P50	P75	P90	所处市场分位	与P50的偏离度
1	A	91593	67170	88686	112818	145831	168146	P25～P50	81.19%
2	B	108765	76581	101753	134321	168375	194580	P25～P50	80.97%
3	C	102964	87259	118050	149951	192675	226342	P10～P25	68.67%
4	D	192365	99311	130626	162275	211823	264124	P50～P75	118.54%
5	E	187543	113127	154675	197921	258835	303976	P25～P50	94.76%
6	F	182974	128849	174831	227386	297785	354358	P25～P50	80.47%
7	G	232455	146926	197831	261237	344725	408275	P25～P50	88.98%
8	H	346104	168345	228231	300127	396891	473315	P50～P75	115.32%
9	I	359778	191446	262134	345709	459489	548736	P50～P75	104.07%
10	J	506100	227859	296598	396345	529492	637235	P50～P75	127.69%

注：Pn即n分位值，表示被调查群体中有n%的数据小于此数值。

从表8-3中可以看出：A、B、C、E、F、G岗位的薪酬与市场薪酬水平相比较低，说明这些岗位薪酬的外部竞争力较差。尤其是C岗位的薪酬水平处于P10～P25，外部竞争力最差；D、H、I、J岗位的薪酬比市场薪酬水平高，且偏离度也较高，表明这些岗位薪酬的外部竞争力较强。其中，J岗位的薪酬是最具外部市场竞争力的。

通过企业现有薪酬水平与市场薪酬水平进行对比分析，可以明确企业不同层级现有薪酬的外部竞争力情况，为企业薪酬设计与调整提供依据。企业在定位薪酬水平时，应该综合考量劳动力市场的供给、企业的支付能力以及竞争对手的薪酬水平等因素。目前市场上大部分的企业会将薪酬水平定位在 P50 以上，还有一部分会将薪酬定位在 P50～P75，这是企业用来吸引和留住员工的比较好操作的方法。

【案例】华为的薪酬定位

华为一直秉承着"重金聘用"的原则。《华为基本法》中有明确规定："华为公司保证在经济景气时期和事业发展良好的阶段，员工的人均收入高于区域行业相应的最高水平。"基于这样一种刚性策略，华为员工的薪酬水平一直以来在全国，甚至是全球所有同行业的企业中都是排在前列的。近五年华为的平均薪酬水平已经是世界级水准，甚至可以与苹果、谷歌、Facebook 等企业的薪酬相媲美。在国内，一个应届毕业生在华为的薪酬也比一些公司的经理工资还要高，华为一直被视为"别人家的公司"。表 8-4 是华为不同层级的薪酬水平在同行业、同级别中的定位。

表 8-4　华为不同层级员工的薪酬水平定位

层级	低于 25 分位	25～50 分位	中位值	50～75 分位	高于 75 分位
最高管理层	0.0%	0.5%	32.2%	53.5%	13.1%
高级管理层	0.0%	0.0%	36.1%	53.8%	10.1%
中级管理层/技术专家	0.4%	0.8%	45.9%	46.7%	6.3%
初级经理/高级技术人员	0.4%	4.7%	55.0%	36.0%	3.9%
专业技术人员	0.0%	8.9%	63.6%	25.2%	2.3%
操作人员	1.6%	13.4%	60.4%	20.9%	3.7%

由此可见，企业需要进行市场对标，做好自身薪酬水平的市场与行业定位，才能确保自身的薪酬是富有竞争力的。这样一来，不仅能让员工有充分的发展空间，充满成就感地工作，更能让优秀的人才慕名前来，提升企业的核心竞争力。

8.2.3 定期审视市场薪酬水平，强化薪酬竞争力

在多变的市场环境下，企业间的竞争也是在不断发展变化的，因此企业应当定期跟踪市场薪酬水平来更新和调整员工薪酬，以培养并提升员工的忠诚度与自豪感，从而确保企业薪酬外部竞争力，让企业更容易吸引优秀人才。

国内外很多企业通常会定期开展薪酬调查来了解竞争对手的薪酬变化情况，从而有针对性地制定自身企业的薪酬调整政策，避免在人力资源市场的竞争中处于不利的地位。

薪酬调查是指企业通过各种标准、规范和专业的方法，来搜集区域劳动力市场（相关企业，如竞争对手、同行等）的薪酬水平及相关信息，并通过对薪酬调查结果的统计和分析，为企业合理定位及调整薪酬水平提供科学依据，以确保企业薪酬具备良好的外部竞争力。获取外部薪酬数据信息的常见薪酬调查方法有：

（1）外部公开信息查询。查看人力资源和社会保障部及有关人力资源机构定期发布的人力资源相关数据，包括岗位供求信息、岗位薪酬水平、毕业生薪酬、行业薪酬、区域薪酬数据等。也可以查看上市公司高管薪酬数据，这些数据对企业薪酬水平的定位有参考意义。这是一个很便捷的行业薪酬信息获取渠道，但是一般来说，通过公共渠道获取的信息会有一定水分，需要企业具备较强的甄选与分析能力。

（2）企业合作式相互调查。与行业企业之间建立合作关系，共享彼此的薪酬数据信息，这样既获得同行业企业的薪酬水平，也向对方提供一些本企业的薪酬信息，实现共赢。这种调查可以是一种正式的调查，比如座谈会、问卷调查等形式，也可以是非正式的调查，比如电话沟通、私下面谈等形式。不过，通过这种调查方式，获取的信息通常真假参半，需要用其他渠道的信息来印证。

（3）委托第三方专业机构调查。目前有很多提供薪酬调查的专业机构。通过专业机构调查获取薪酬信息，不仅可以节省时间，还能减少一定的协调成本。同时，获得的信息也相对比较全面、客观，可信度比较高，但是需要支付较高服务费用。中小企业没必要通过这种方法来获取薪酬数据。并且，使用该调查方法时，要注意选择令人信任的专业机构来做，以免得到的是过时的、编造的数据。

（4）购买外部数据。很多市场调查公司、咨询公司都有自己的薪酬数据库，薪酬数据往往按区域、行业、岗位、时间编排，方便查询。不过，通过该方法获取的数据可能不能完全满足企业自身的需要。

（5）新媒体调查。新媒体调查渠道主要有招聘网站、面试交流、社交媒体、社交圈等。其中，通过招聘渠道获取同行薪酬是一个很直观且最常用的做法。在网上发布招聘信息，然后大批量地约面试。面试中要求对方提供原岗位薪资状况。该调查办法要注意需要足够多的样本支撑，不能在面试了几个人后就得出结论，而且须选取在行业内的代表性企业任职过的样本。

针对企业薪酬维护的频率，一般建议每年对本地区同等岗位或类似的岗位进行薪酬调查，进而通过对薪酬调查报告进行详细分析，确定本企业相关岗位的薪酬水平。

【案例】Cisco通过定期更新薪酬水平，强化薪酬竞争力

在业界流传着这样一个说法："Cisco（思科）由于其薪水太具有鼓励性，所以担心大家实现了个人资产目标，提早退休。"这表明，Cisco选择的是领先型薪酬水平策略。

Cisco的薪酬结构主要有三部分：一部分为固定薪酬，另一部分是奖金，还有一部分是股票。固定薪酬比奖金多，股票部分是最具诱惑的一部分。Cisco的整体薪酬水平就像Cisco的成长速度一样处于业界的前列。为保持企业薪酬的领先地位，确保薪酬的外部竞争力，Cisco每年至少会做两次薪酬调查，之后Cisco会就薪酬调查结果与员工进行充分、有效的沟通，不断更新薪酬政策。Cisco的薪酬水平是业界中间偏上水平，奖金是上上，股票价值是上上，综合起来在业界水平是上上。

在华为，为了使公司在市场竞争中立于不败之地，华为的人力资源部与Hay（合益）、Mercer（美世）等咨询公司长期合作，每年都会对岗位工资标准进行审视，基于公司付薪能力及外部竞争环境对工资框架进行调整，以强化薪酬竞争力，确保自身能持续拥有强大的市场竞争优势。

企业在维护薪酬水平时，应遵循两个基本原则是：一、保障员工基本生活的薪酬构成部分应该根据市场水平而定，薪酬中的浮动部分应该结合企业效益来确定；二、关键岗位或核心骨干的薪酬收入一定要有竞争力。企业通过定期追踪和审视市场薪酬水平，强化薪酬竞争力，激发员工的工作动力，使组织充满活力。

8.3 薪酬结构：分类分级，规划薪酬结构

薪酬结构指的是企业中各岗位的薪酬构成与比例。为了更好地发挥薪酬的激励作用，企业需要明确并统一整体薪酬结构标准，同时基于岗位要求，分类分级设计薪酬结构，并定期进行调整优化，以有效激发员工的工作积极性。

8.3.1 明确薪酬总体结构，导向企业经营目标

当企业定位好薪酬水平后，接下来需要做的就是明确薪酬总体结构，即薪酬应该包括哪些薪酬构成要素。薪酬作为企业给员工的劳动回报的一部分，通常是基本工资、福利、津贴、短期激励、中长期激励等多种薪酬构成要素的组合。不同的薪酬构成要素在整体薪酬中扮演的角色是不一样的，对企业和员工的价值和作用也是不同的。

（1）基本工资：对于员工来说，基本工资是体现其价值、保障其基本生活、数量固定且定期拿到的薪酬构成要素。对于企业来说，基本工资不仅是员工队伍稳定的基础，也是员工安全感的保障。

（2）福利：是一种企业内所有员工都能享有的、强调对员工未来的保障性、体现企业对员工的关怀的薪酬构成要素。大多情况下，福利是以非现金的形式发放的。

（3）津贴：类似员工福利，是企业针对员工的特殊情况或者额外的劳动消耗而设立的补充薪酬形式。

（4）短期激励：一般可以理解为各种奖励和奖金，比如绩效奖金、项目奖金、年终奖等，是员工在达到某个目标或业绩水准后所获得的薪酬收入，是企业用来激励员工提高工作效率，持续为企业创造价值的重要手段，同时还体现着企业的价值导向。

（5）中长期激励：是企业与部分或全体员工分享企业长期收益的一种薪酬形式，是企业为了确保公司绩效，用来留住高绩效员工和关键人才的重要

手段。比如万科的事业合伙人制。

在确定某类型的薪酬构成要素是否必需时，可以从合规要求、对企业的价值与作用、对员工的价值与作用等维度来考量：第一，当薪酬构成要素属于合规要求时，即国家、地区法律法规的强制要求，那么它则是必需的薪酬构成，如五险一金；第二，当企业设置某一薪酬构成要素后，不仅能达成企业的预期效果，还能对员工产生积极作用，那么它也是薪酬结构中必要的构成要素；第三，所设置的薪酬构成要素仅对企业或员工的一方有积极作用，而对另一方无积极作用，那么企业则要结合自身的实际情况，进一步考虑该薪酬构成的存续问题。

无论薪酬总体结构中包含哪些薪酬构成要素，都应该能够支撑企业经营目标的达成，并且能体现按劳分配原则，全面调动劳动者的积极性，促进企业效益的增加。也就是说，无论企业如何发展，它的薪酬总体结构都应该始终导向企业的经营目标。

【案例】华为不同阶段的薪酬总体结构始终导向经营目标

从1987年到1994年，华为正处于创业阶段，当时国内通信设备市场几乎被国际电信巨头垄断，市场竞争压力很大。华为作为一家无资金、无技术、无资源、无背景的民营企业，当时的战略目标是存活下来。

为了能够在残酷的市场竞争中存活下来，华为不得不想办法招揽大批优秀人才，但企业当时又没有足够资金来支付高额工资，产品知名度也比较低。于是，华为推出了内部员工融资持股计划。当员工拥有了大量股权的时候，为了拿到更多的分红，他们一定会全力以赴地投入到研发与生产当中去。此时，华为员工的薪酬主要是工资和股票分红。

到了高速发展阶段，华为已经成长为国内最具竞争力的通信设备制造商，而且开始进军国际市场，瞄准国际巨头。为了赶超它们，华为对优秀人才的需求更加巨大。除了工资，华为还给予员工股票分红以及年终奖，这三类薪酬的构成比例大概是1∶1∶1。

后来，因为高速扩张导致管理滞后的问题开始凸显：2002年，华为维持多年的高速发展势头被打断，业绩出现了下滑。为了解决这些问题，华为开始了管理变革。在该阶段，华为的战略重点是培养和开发内部人才，提升组织的管理效率，因此华为给员工的薪酬主要包括工资＋奖金＋TUP＋虚拟股，但是提出要加大劳动分配（工资和奖金）的占比，减少非劳动分配的占比，要从原来的 2∶1 逐步调整为 3∶1。

由此可见，企业应该围绕企业的经营管理导向，明确薪酬构成要素，以确保薪酬结构能始终导向企业经营目标并支撑其达成。同时还要适时调整优化薪酬结构，以积极适应内外部环境的变化，从而激活组织，为企业发展注入源源不断的动力。

8.3.2　配合人才全面管理，分类分级设计薪酬结构

不同岗位、不同层级的薪酬结构通常是有差异的，这种差异不仅仅体现在相同岗位的薪酬数额差别上，还体现在不同层级岗位的薪酬构成差异上。这种差异也直接反映了企业内不同岗位、不同技能以及不同业绩的重要性。

对于什么是合理的薪酬结构，它应该包含以下特点：一是与企业战略、组织结构、业务流程以及员工从事的工作相匹配；二是能引导员工为组织目标服务，建立和保障员工间的分配公平感，从而助力组织目标的达成；三是能够平衡外部竞争力和内部公平性；四是薪酬结构必须符合组织的人力资源战略的需要。

部分企业对不同员工多采用的是单一的薪酬结构，没有在职类和层级上体现不同岗位对企业的不同价值。这样的薪酬结构虽然能有效降低人力资源管理的风险，但无法达到对不同员工的激励效果。在确定企业的薪酬结构时，应该结合企业自身的历史薪酬数据，通过对标同行业竞争对手，来设计不同层级、不同职类员工的薪酬结构。

表 8-5 是 H 公司设计的不同职类岗位的薪酬结构。H 公司将岗位分为销售类、技术类、管理类、辅助类四大类。其中销售类、技术类、管理类岗位的薪酬结构是一样的，均是由岗位工资、保密工资、学历加项、职称加项、工龄工资、地域工资、绩效奖金、阶段性激励、评奖评优构成。辅助类岗位的薪酬结构由岗位工资、保密工资、加班工资、工龄工资、计件工资、评奖评优构成。

表 8-5　H 公司不同职类的岗位薪酬结构

岗位类别	基本工资			福利				激励			
	岗位工资	保密工资	加班工资	学历加项	职称加项	工龄工资	地域工资	绩效奖金	阶段性激励	计件工资	评奖评优
销售类	√	√	—	√	√	√	√	√	√	—	√
技术类	√	√	—	√	√	√	√	√	√	—	√
管理类	√	√	—	√	√	√	√	√	√	—	√
辅助类	√	√	√	—	—	√	—	—	—	√	√

注："√"表示在该类岗位的薪酬中有这部分薪酬；"—"表示该岗位没有这部分薪酬。

【案例】海底捞分层级设计薪酬结构

海底捞的总体薪酬结构包括基本工资、级别工资、工龄工资、奖金、分红、加班工资、其他以及员工基金。

基本工资用来鼓励员工全勤工作；级别工资用来牵引员工提升技能水平，去做更多或更高难度的工作；工龄工资是每月 40 元，逐年递增，用来鼓励员工持续留在企业工作，以保障队伍的稳定性；奖金直接与员工的绩效表现联系在一起，有着出色的绩效表现的员工会被评为先进员工、标兵员工、劳模员工、功勋员工等，获得相应的奖金：先进员工和标兵员工获得 80 元的奖励，劳模员工获得 280 元的奖励，功勋员工获得 500 元的奖励，并且这些荣誉会成为员工今后职业发展的重要依据；分红是用来保留和激励核心骨干队伍的，分红金额为当月分店纯利润的 3.5%；员工基金是在每月工资中扣除 20 元，扣满一年为止；其他包括父母补贴、话费补贴：父母补贴是为了让员工的父母鼓励自己的子女好好在海底捞工作，通常是由公司替员工寄回父母处。父母补贴的标准是每个月 200 元、400 元、600 元、800 元不等，子女做得越好，父母补贴越多。设置话费补贴是为了鼓励员工与客户多沟通交流，话费补贴的标准是 10～500 元 / 月。

基于员工能力的不同，海底捞将员工划分为新员工、二级员工、一级员工和劳模员工；将管理层员工划分为大堂经理、店经理、店长以及区域经理。员工层级不同，其薪酬结构也是不同的，如表 8-6 所示。

表 8-6　海底捞不同层级的薪酬结构

层级	基本工资	薪酬结构
员工层	新员工	基本工资＋加班工资＋奖金＋员工基金
	二级员工	基本工资＋级别工资＋工龄工资＋加班工资＋奖金＋员工基金
	一级员工	基本工资＋级别工资＋工龄工资＋加班工资＋奖金＋员工基金＋分红
	劳模员工	基本工资＋级别工资＋工龄工资＋加班工资＋奖金＋员工基金＋分红＋荣誉奖金
管理层	大堂经理	基本工资＋级别工资＋工龄工资＋加班工资＋奖金＋员工基金＋分红＋荣誉奖金
	店经理	基本工资＋级别工资＋工龄工资＋加班工资＋奖金＋员工基金＋分红＋荣誉奖金
	店长	基本工资＋级别工资＋工龄工资＋加班工资＋奖金＋员工基金＋分红＋荣誉奖金＋父母补贴
	区域经理	基本工资＋级别工资＋工龄工资＋加班工资＋奖金＋员工基金＋分红＋荣誉奖金＋父母补贴

从表中可以看出，在员工层，新员工的薪酬是由基本工资、加班工资、奖金、员工基金构成；除了新员工的薪酬构成部分，二级员工的薪酬构成中还有级别工资和工龄工资；一级员工的薪酬构成是在二级员工薪酬的基础上增加了分红；劳模员工的薪酬构成中，除了一级员工的薪酬构成部分，还有荣誉奖金。

在管理层，大堂经理、店经理的薪酬构成与劳模员工的薪酬构成是一样的，不过大堂经理的话费补贴比劳模员工每个月多450元；店长和区域经理的薪酬构成是在店经理的基础上增加了父母补贴。

由此可以看出，针对不同职类、不同层级的员工，企业应该差异化地设计他们的薪酬结构，提升薪酬体系的适应性与激励性，从而牵引员工更好地进行价值创造。

8.3.3　确定合理薪酬固浮比，反映员工不同贡献

在员工的薪酬构成中，基本工资和津贴补贴等是相对固定的部分，被称为固定薪酬。固定薪酬承担着适应外部劳动力市场的功能，具有保障作用。

相对于固定薪酬，绩效工资和奖金等的获得通常是非固定的和不可预知的，被称为浮动薪酬，浮动薪酬主要是根据员工的工作业绩确定，具有激励作用。

华为高级咨询顾问彭剑锋说："薪酬激励既要关注员工的获得感，也要关注企业的人工成本可控性。要做好固定薪酬和浮动薪酬的搭配，确保'劳有所得，绩有所得'。"根据固定薪酬与浮动薪酬的比例（简称为固浮比）的不同，薪酬构成策略可以划分为三种不同的类型：

（1）高绩效模式。在该模式下，浮动薪酬是薪酬结构的主要组成部分，比例比较高（通常大于60%）；固定薪酬处于次要地位，比例比较低（通常小于40%）。这种模式是一种强激励性的薪酬构成模式，即员工能获得多少薪酬完全依赖于员工工作绩效的好坏。虽然在该模式下，薪酬激励效果好，但是由于薪酬中很大一部分是由员工的业绩决定，所以收入波动很大，这使员工的压力比较大，同时员工也会缺乏安全感。高激励模式主要适用于互联网、金融、科技型企业。

（2）高稳定模式。指的是固定薪酬比例较高（通常高于60%）、浮动薪酬比例较低（通常低于40%）的薪酬构成模式。在这种模式下，员工的薪酬主要取决于工龄和企业的经营状况，与个人绩效关系不大，员工收入相对稳定，几乎不用额外就能获得稳定的薪酬。在该模式下，员工虽然有较强的安全感，对企业的忠诚度高，但是薪酬激励效果差，员工容易失去工作主动性和积极性，而且企业的人工成本负担会很大。高稳定模式主要适用于政府、国有企事业单位。

（3）多元激励模式。在该模式下，固定薪酬比例和浮动薪酬比例比较均衡，相差不大，员工的薪酬主要根据经营目标和收益状况进行合理搭配。这是一种兼顾激励性和稳定性的薪酬构成模式，既能不断地激励员工提高绩效，又具有稳定性，给员工安全感，让员工关注长远目标。多元激励模式通常适用于经营状况较稳定的企业，以及公司业绩的关联度和岗位人员的能力素质要求并重的岗位。

薪酬固浮比是薪酬结构设计的关键问题之一，因为它不仅会对企业薪酬资源的规划产生一定影响，还影响着员工对薪酬的感受，企业应该基于员工层级和岗位特点来设定合理的薪酬固浮比。

1. 员工层级不同，薪酬固浮比不同

较高层级员工的浮动薪酬比例要高于较低层级员工的浮动薪酬比例，即高层浮动薪酬比例要高于中层，中层浮动薪酬占比要高于基层。一般来说，基层的浮动薪酬比例最小，与公司整体结果关联度最小，比例为10%～20%，一般不高于30%；中层的浮动薪酬比例在20%～30%，一般不高于40%；高层的浮动薪酬比例40%～50%，根据其负责的业务而定。

基层员工作为企业持续发展的基础，主要职责在于执行，即在管理者的要求或指导下完成自己的工作，对企业整体业绩结果的影响比较小，所以员工只要完成自己的工作内容，就应该获得大部分的薪酬；再者，如果基层员工的固定薪酬比较低，那么企业在人才招聘上肯定会出现问题。因此，基层员工的固定薪酬比例应该较高。

作为连接高层和基层的桥梁，中层在向下级传达高层政策的同时，需要兼顾工作职责、当下目标和长远利益。因此，对于他们，固定薪酬和浮动薪酬应该均衡分配或者比例相差不大。

相较而言，高层的主要职责是领导公司的整体运作和制定公司的长期发展目标。他们需要做出对企业发展会产生重大影响的经营决策并需要对经营管理结果负责，即他们与公司整体业绩结果关联度最大；再者，如果高层的固定薪酬比例偏高，那么企业很可能会出现"躺赢"阶层，从而不利于企业的发展。因此，对于高层，他们的薪酬应该以激励为主，浮动薪酬比例要高于中基层员工。

【案例】美的不同层级员工的薪酬固浮比

从图8-2中可以看出，在美的，级别越高的管理者，其薪酬中浮动薪酬的比例越高：从基层的10%，到总经理的90%。通过这样设置薪酬固浮比，美的获得以下好处：第一，让有能力的员工在薪酬上看不到天花板，给予他们无限的奋斗空间；第二，浮动薪酬是通过事后利润来支付，这在一定程度上降低了企业的经营风险。比如说，美的给一个经理的年薪是500万元，但是美的给他的固定薪酬只有50万元，其余的450万元需要该经理在年度经营结束后，用其业绩来兑现。

SDBE 企业活力机制

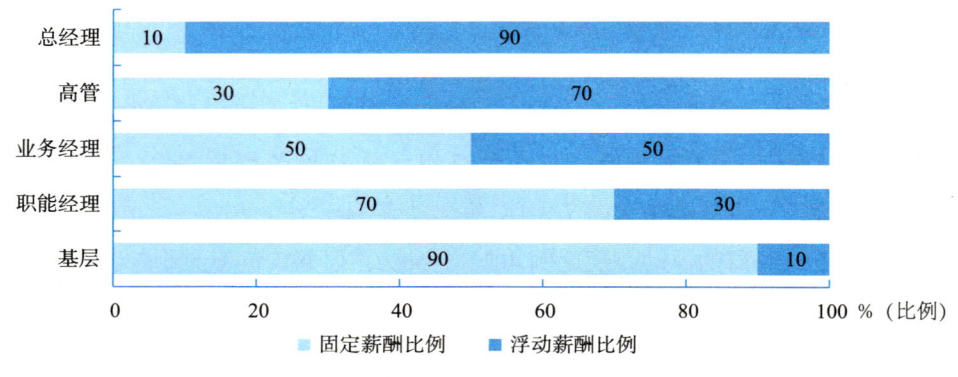

层级	固定薪酬比例	浮动薪酬比例
总经理	10	90
高管	30	70
业务经理	50	50
职能经理	70	30
基层	90	10

图 8-2 美的不同层级员工的薪酬固浮比

2. 岗位特点不同，薪酬固浮比不同

企业通常从两个维度来分析岗位特点：一是岗位绩效对组织绩效的影响程度，岗位绩效对组织绩效影响越大，该岗位的浮动薪酬比例应该越高；二是岗位弹性对岗位绩效的影响程度，岗位弹性指的是任职者的能力、能动性等，岗位弹性越小，该岗位的固定薪酬比例就应该越高。基于此，企业可以建立一个薪酬固浮比选择矩阵，结合岗位特点分析，选定薪酬结构模式如图 8-3 所示。

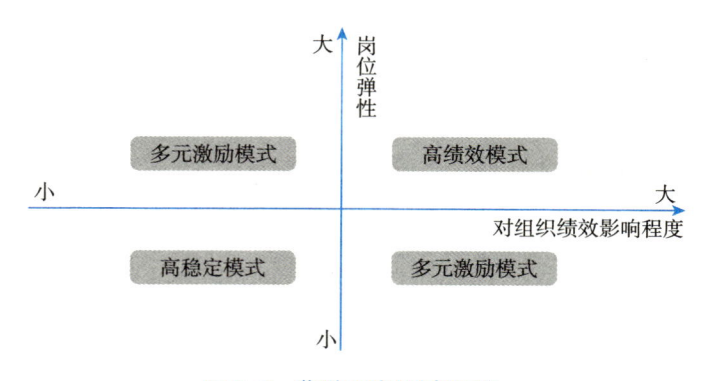

薪酬固浮比选择矩阵：
- 岗位弹性大、对组织绩效影响小：多元激励模式
- 岗位弹性大、对组织绩效影响大：高绩效模式
- 岗位弹性小、对组织绩效影响小：高稳定模式
- 岗位弹性小、对组织绩效影响大：多元激励模式

图 8-3 薪酬固浮比选择矩阵

从图 8-3 中可以看出：

① 当岗位绩效对组织绩效影响程度大，同时岗位弹性也比较大时，该岗位的薪酬固浮比应该选择第一象限的高绩效模式，比如营销类岗位。比如，阿里巴巴对销售员工采用的就是高绩效模式，薪酬固浮比为 15∶85。

② 当岗位绩效对组织绩效的影响程度大，但岗位弹性小时，该类岗位的

薪酬固浮比应该选择第二象限的多元激励模式，比如技术研发岗。

③岗位绩效对组织绩效影响程度小，同时岗位弹性也小，那么该类岗位的薪酬固浮比应该选择第三象限的高稳定模式，比如职能部门的岗位。

④岗位绩效对组织绩效影响程度小，而岗位弹性大，该类岗位的薪酬固浮比应该放入第四选择的多元激励模式，比如质检岗位。

由此可见，企业应该在考量员工层级的基础上，结合所在岗位的特点，合理确定薪酬固浮比，使之反映出不同岗位的不同贡献，在保障员工基本生活的基础上，提升薪酬的激励作用，确保企业始终保持强大的核心竞争力。

8.4 公平定薪：人岗匹配，定级定薪

亚当斯的公平理论认为："人们存在一种在自己感知到的贡献和得到的报酬之间保持平衡的动机。"薪酬过高会使员工产生"愧疚感"，而过低则影响员工的工作效率。企业应该在岗位分析的基础上，采用统一的岗位价值评估方法，确定岗位的相对价值，从而实现对岗位公平合理的定薪，达到人岗匹配的目标。

8.4.1 岗位职责分析，完善并输出岗位说明书

岗位分析是岗位评价和薪酬管理的基础。岗位分析（又称为职位分析、工作分析），指的是从企业的战略目标、组织结构以及业务流程出发，通过一系列技术手段，全面分析与了解某一岗位的工作职责、工作权限、工作关系以及任职资格等相关信息，并运用统一且规范的格式将这些职位信息描述出来的过程。

岗位分析是一项复杂的系统工程，需要统筹规划并分阶段实施。首先，需要明确岗位分析需要收集的信息。岗位分析中所收集的信息是否全面，决定着岗位分析质量的高低。岗位分析需要收集的信息主要有以下几个方面（如表8-7所示）。

表 8-7　岗位分析收集的主要信息

（1）岗位基本信息	（2）工作活动	（3）工作条件	（4）任职资格
岗位名称 部门名称 直属上下级 岗位定员 ……	工作范围 工作内容 具体岗位职责 与其他岗位的关系 工作进度安排 ……	工作地点与环境 社会背景 ……	教育背景 工作经验 工作技能 职业素养 ……

在收集岗位信息时，需要灵活运用不同方法。常见岗位分析信息收集的方法有观察法、问卷调查法、访谈法、关键事件法、工作日志法、资料分析法等（如表 8-8 所示）。

表 8-8　岗位分析常见的信息收集方法

序号	信息收集方法	具体说明
1	观察法	通过独立的第三方观察和记录员工的工作过程、行为、内容、工具等，并对记录的信息进行归纳总结与分析
2	问卷调查法	把要收集的岗位信息制作成问卷，让员工填写，然后从中提取相关信息，最后再加以归纳分析
3	访谈法	就某一个岗位，面对面地与员工、主管以及专家等进行面谈，收集他们对该岗位的意见与看法
4	关键事件法	由岗位分析人员、管理者以及本岗位员工分别记录工作过程中对该岗位工作成败有显著影响的事件，然后加以归纳总结
5	工作日志法	由岗位员工按照时间顺序，详细记录一段时间内的工作内容与工作过程，形成工作日志，然后对此进行归纳、分析
6	资料分析法	当有大量的书面资料，比如组织结构图、流程图、以前的岗位说明书等时，岗位分析人员可以通过分析这些现有资料来完成岗位分析

通过岗位分析，企业就能完善岗位说明书，明确岗位的基本职责、任职资格等关键付薪要素。岗位说明书又称职位说明书、工作说明书，是记录岗位分析结果的文件，把所分析岗位的职责、权限、工作内容、任职资格等信息以文字形式记录下来，以便管理人员使用。在编写岗位说明书时，应包含以下内容：

（1）岗位基本信息：主要包括岗位名称、岗位等级、所属部门、直属上级、直接下级、岗位编号以及岗位编制等。

（2）岗位目的：是指岗位设置的目的、工作内容与工作范围等的概述性描述，一般包括工作目标、限制条件、做什么三部分内容。

（3）岗位职责：是岗位说明书的重要组成部分，主要是具体描述该岗位的职责范围、主要工作内容等。如 HR 的主要职责包括：人才培训、绩效评估、员工招聘、薪酬激励政策制定、部门管理与建设等。

（4）岗位任职要求：是指胜任该岗位所需的最低要求，包括基本要求（如年龄、性别等）、知识要求（如学历）、工作经验要求、技能要求、职业素养要求以及其他要求（如心理素质、性格特点、兴趣爱好）等。

（5）岗位发展方向：在部分企业的岗位说明书中还会加上岗位发展方向方面的内容，以明确企业内部不同岗位间的相互关系，有利于员工明确个人发展目标，将自己的职业生涯规划与企业发展结合在一起。

岗位说明书的编写应该清晰明白，让任职员工对自己的工作职责和权限可以一目了然，并督促自己做应该做的事情，完成应该完成的任务。编写岗位说明书时，应注意以下几点（如表 8-9 所示）。

表 8-9　编写岗位说明书的注意事项

序号	注意事项	具体说明
1	部门职责描述要充分、完全	要对部门所有职位职责进行汇总合并，与总的部门职责进行对比，对缺失的职责进行填充；同一部门职责，不同层级的岗位可能担任的责任不同，必须分级进行详细描述，分别编写岗位说明书，做到充分完整
2	工作领域划分要合理	准确理解岗位的主要职责，参考部门工作领域对该岗位进行划分。如该岗位是负责部门工作领域中的多个领域，则根据具体的职责用合并属性同类项的形式进行领域划分
3	岗位说明书要规范、准确、全面	岗位说明书需要按照"动词+内容+目的"的方式进行规范、准确、全面的描述，做到不重复、无交叉，体现岗位价值，并从中提取绩效衡量标准
4	岗位说明书要保持更新	一旦环境、技术、岗位要求发生变化，岗位说明书要做及时调整更新，方能起到实时有效的指导作用

岗位的职责与职能是通过岗位说明书来呈现的，做好岗位分析，完善岗位说明书，能够为确定每个岗位的相对价值，进而建立先进合理的薪酬体系提供

重要依据。

8.4.2 岗位价值评估，导出职位等级体系

在岗位分析的基础上，企业就可以基于岗位说明书来对岗位进行价值评估。岗位价值评估指的是企业依据合理的、统一的规则与标准，通过对比影响岗位付薪的关键因素，比如岗位职责、岗位任职要求、岗位贡献等，对选取的岗位进行评价，确定其在企业中的相对价值。简单说来，岗位价值评估就是基于岗位对企业发展的"相对重要性"，来确定各岗位在企业中所处的位置。岗位价值评估的管理原则为：

（1）岗位价值评估对岗不对人。也就是说，它针对的是岗位而不是该岗位的任职者，岗位价值是根据岗位在企业中的位置和它所承担的职责来确定的，而且企业可以对空缺岗位进行岗位价值评估。

（2）岗位价值评估要使用相同的评估工具，采用相同的标准。也就是说，对于同一个公司，对所有岗位的价值评估要采取同一个规则。

（3）岗位价值评估是一种相对评估，而不是绝对评估。比如，D公司用岗位价值评估的方法，衡量出人力资源专员岗位的价值分数是480分，财务专员岗位的价值分数是420分。这说明，在D公司，人力资源专员岗位比财务专员岗位对公司来说更有价值。而这一对比在其他公司很有可能就有不一样的结果。

（4）岗位价值评估要层次分明。岗位价值评估是基于企业的组织结构进行的，一定是按照从上到下、从高到低的层级按序进行评估。在实际操作时，评估者必须对所有岗位进行排序，体现出岗位之间的差异。

要做好岗位价值评估，就需要选用科学、合适的岗位价值评估方法。常用的岗位价值评估方法主要有排序法、分类法、要素比较法和因素评分法，如表8-10所示。

表8-10 岗位价值评估方法

方法	定义	特点	适用企业
排序法	根据岗位对组织的贡献度，对所有岗位的相对价值进行比较，从而将岗位按照相对价值大小排序	简单、操作容易	规模较小、岗位数量较少的企业

续表

方法	定义	特点	适用企业
分类法	根据岗位的工作内容、职责等因素对岗位分类，在分类的基础上形成职位等级	灵活性高	对整体职位进行大规模的岗位序列和职位等级划分的企业
要素比较法	使用已定义好的要素及其程度来评估岗位价值。其中，要素通常指企业为岗位设定的付薪要素，来源于岗位说明书	准确性较高	岗位类型较多的企业
因素评分法	对岗位的各要素打分，用分数评估岗位相对价值	可靠性强易于接受	

下面以排序法为例，讲解一下岗位价值评估的操作（如表 8-11 所示）。在运用排序法对比所有岗位价值时，先把所有岗位在表格中的首行和首列中同步列出，然后进行比较。当行中所列岗位价值比列中所列岗位价值高时，则在相应的交叉格中标记"+"；反之则标记"-"，岗位价值相同时则标记"\"。

表 8-11 用排序法评估岗位价值（示例）

岗位	市场拓展部部长	财务部部长	产品研发技术员	人力资源总监	人力资源专员	"+"个数	排序
市场拓展部部长	\	+	+	+	+	4	1
财务部部长	-	\	+	+	+	3	2
产品研发技术员	-	-	\	-	+	1	4
人力资源总监	-	-	+	\	+	2	3
人力资源专员	-	-	-	-	\	0	5

如表 8-11 所示，第一行中的市场拓展部部长与财务部部长相比，市场拓展部部长岗位的价值高于财务部部长岗位的价值，于是就在市场拓展部部长与财务部部长的交叉格中标记"+"；同理，产品研发技术员岗位的价值小于人力资源总监岗位的价值，就在对应交叉格中标记"-"。

最后，对该行对应岗位的所有"+"进行个数统计："+"的个数越多，岗位价值越高。表 8-11 中岗位价值从高到低的排序是市场拓展部部长、财务部部长、人力资源总监、产品研发技术员、人力资源专员。

基于岗位价值评估结果，企业就能对岗位层级进行梳理，进而导出职位等级体系。职位等级体系是将企业内部所有性质相同、价值相近的岗位归入同一个管理层级的体系。

那么如何从岗位价值评估结果，导出职位等级体系呢？企业可以用岗位价值评估分数除以一个基数，按照所得的倍数来划分岗位等级。表 8-12 是 L 企业以 100 为基数，得出的岗位等级划分结果。

表 8-12　L 企业岗位等级划分结果

等级	岗位价值评估分数范围	倍数区间
1	55～99	倍数＜1
2	100～199	1≤倍数＜2
3	200～299	2≤倍数＜3
4	300～499	3≤倍数＜5
5	500～699	5≤倍数＜7
6	700～899	7≤倍数＜9
7	900～1199	9≤倍数＜12
8	1200～2000	12 倍以上

企业可以将 1～3 个岗位等级归纳为一个职位等级，归纳后一般会形成助理、专员、主管、经理、总监等级别，如表 8-13 所示。

表 8-13　L 企业职位等级体系（示例）

等级	职级	销售序列（S）	技术序列（T）	管理序列（M）	辅助序列（A）
18 级	经营层			董事长 总经理	
17 级				副总经理	
16 级			产品总监	总经理助理	

续表

等级	职级	销售序列（S）	技术序列（T）	管理序列（M）	辅助序列（A）
15级	总监	高级销售总监	技术总监	人力资源部部长 财务部部长	
14级	经理	市场销售部副部长 高级客户经理	产品经理 主任工程师	人力资源部副部长 财务部副部长	物业经理
13级	主管	客户经理 项目经理	品牌策划专员 IT工程师 网络工程师	审计专干	物业主管
12级	专员	项目助理	硬件维护工程师	招投标专员 综合专干 人力专员 出纳	物业领班
11级	助理				物业员工

在职位等级体系中，每个岗位会有不同职级。职位等级体系可以用于确定员工级别，为企业制定薪酬体系与福利待遇提供重要依据。职位等级体系是企业薪酬实现内部公平的基础之一，实现职位等级体系与薪酬体系的完美契合，能够有效牵引员工聚焦个人能力的进阶提升，从而激活组织。

8.4.3 配合岗位要求与个人能力，设计宽带薪酬体系

随着企业对员工技能增长和能力提升的重视，以及组织扁平化趋势的发展，许多企业开始思考如何实现"当员工的能力和业绩有所提升时，即使企业无法予以晋升，也能让员工获得相应的加薪"。为了解决这个问题，国内有不少企业开始采用宽带薪酬体系。

宽带薪酬始于20世纪90年代，是作为一种与企业组织扁平化、流程再造等新的管理战略与理念相配套的新型薪酬结构而出现的。宽带薪酬是指将多个薪酬等级以及薪酬变动范围进行重新组合，转变为薪级等级相对较少、各等级对应的薪酬浮动范围较大的薪酬体系（如图8-4所示）。

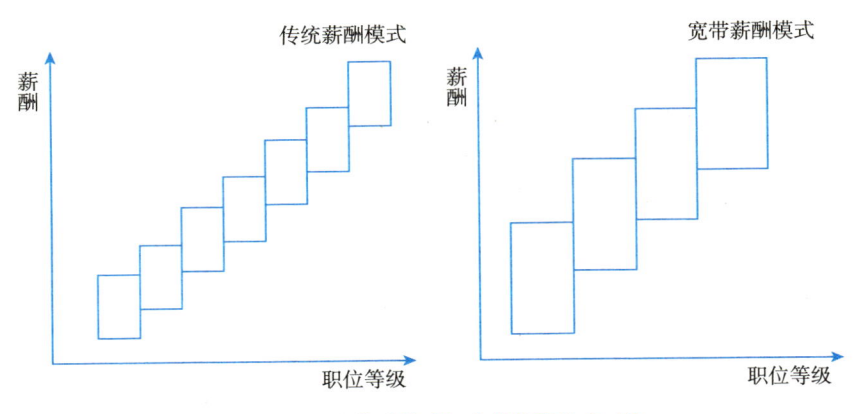

图 8-4 传统薪酬模式与宽带薪酬模式对比

从图 8-4 中可以看出，宽带薪酬模式的主要特点是将原来十几个甚至二十几个薪酬等级压缩成几个级别，并将每个级别对应的薪酬范围拉大，从而形成一个新的薪酬管理体系，以便适应新的竞争环境和业务发展需要。

与传统薪酬模式相比，宽带薪酬模式有利于员工个人技能的增长和能力的提高。在传统薪酬模式下，员工想要实现薪酬增长，必须要提升自身在企业中的身份（地位），而不是注重于能力提升。即使员工的能力达到了较高的水平，如果企业中没有出现高一级职位的空缺，那么员工难以获得相应高级的薪酬。而在宽带薪酬模式下，同一个薪酬宽带内，企业为员工所提供的薪酬变动范围比传统薪酬模式更大。这样一来，员工只要注意提升企业所需要的那些技术和能力，即使不升级也能实现薪酬的增长。这有利于引导员工在一个岗位上做实、做深、做久，有助于岗位的稳定性。

要做好宽带薪酬体系设计，就需要确定具有市场竞争力的中位值，设计合理的薪酬等级数、带宽、薪酬档数。

（1）薪酬等级数：根据岗位价值评估结果和公司薪酬水平策略，将各岗位的薪酬水平以不同的等级来呈现，体现的是岗位内的相对价值差异。薪级数决定着某个职位等级下薪酬调整空间的大小。通常，为了更好地体现岗位体系与薪酬体系的联动关系，企业会把薪酬等级设置为与职位等级一一对应，即薪酬等级数等于职位等级数。一般来说，企业规模越大，薪酬等级数越多；反之，则薪酬等级数越少。比如，处于初创阶段的企业或者员工人数不足 50 人的企业，岗位薪酬等级数不宜超过 8 级；企业员工人数为

50～200人时，岗位薪酬等级数一般在9到12级之间；企业员工人数为200～500人之间，岗位薪酬等级可以划分为13到15级；当企业员工人数超过1000人时，薪酬等级可划分为16到18级。

（2）中位值：是搭建宽带薪酬体系的核心点，指的是对应薪酬等级中处于中间位置的薪酬数值，通常代表着该薪酬等级中的岗位在外部劳动力市场上的平均薪酬水平。薪级越高，薪级的中位值应该越高，这样才能有力保证薪酬对优秀人才的激励性。企业在确定薪级中位值时，需要紧紧把握这一原则。

（3）带宽：又被称为级幅度或级宽，是指在每个薪酬等级里，薪酬最大值和最小值之间的差距。带宽反映了在同一薪酬等级下任职者的薪酬变化范围，体现的是因该岗位任职者对企业的贡献度不同而在薪酬上的差异。带宽通常用百分比来表示，计算公式为：带宽=[（薪酬最大值/薪酬最小值）-1]×100%。企业设计的带宽应该能牵引员工关注能力的提升，实现个人薪酬的合理增长。一般来说，职位层级越高，薪酬等级的带宽越大。也就是说，工作复杂度较高、专业差异性较大、对企业贡献较大的高职级岗位，可设置较大的带宽；反之，设置较小的带宽。因此，带宽应该随着职级的上升，不断加大，如表8-14所示。

表8-14　不同职位类型的带宽（参考）

带宽	职位类型
20%～25%	生产、维修、服务等职位
30%～40%	办公室文员、技术工人、专家助理
40%～50%	专家、中层管理人员
50%以上	高层管理人员、高级专家

（4）薪酬档数：是指每一薪酬等级的横向级别，即每一个薪酬等级划分为多少档，薪档体现的是在同一薪酬等级的不同人员的能力差异。在同一薪酬等级里，根据员工的工作能力、工作经验以及工作业绩等因素，将员工的薪酬匹配到对应的薪档中。在设置薪档数量时，企业最好将薪酬档位数量设为奇数个，因为薪酬宽带是以中位值为起点上下浮动得来的。同时，根据韦伯定律（人们对于变化的敏感体现在变化的比例），设置的薪档数量，需要确保每提升一个薪档，薪酬的增长要有较可观的幅度，如15%左右。

在设定好薪酬等级数、各薪酬等级的中位值以及薪档数量后，就可以计算出各薪档的薪酬水平，导出薪级薪档表。如表 8-15 所示是 M 企业的宽带薪酬薪级薪档表。

表 8-15　M 企业的宽带薪酬薪级薪档表（示例）　　　　（单位：元）

职级	中位值	带宽	最小值	最大值	1档	2档	3档	4档	5档	6档	7档
1	8000	29%	7000	9000	7000	7333	7667	8000	8333	8667	9000
2	9000	25%	8000	10000	8000	8333	8667	9000	9333	9667	10000
3	11250	25%	10000	12500	10000	10417	10833	11250	11667	12083	12500
4	13500	25%	12000	15000	12000	12500	13000	13500	14000	14500	15000
5	16500	36%	14000	19000	14000	14833	15667	16500	17333	18167	19000
6	21000	33%	18000	24000	18000	19000	20000	21000	22000	23000	24000
7	25500	43%	21000	30000	21000	22500	24000	25500	27000	28500	30000

宽带薪酬不仅能保持薪酬管理的灵活性，还能让员工找到新的"波段"。适当调整员工薪酬浮动"振幅"，更能牵引员工自主提升工作能力，激发员工的工作积极性，达成提升薪酬激励作用的目的。但是宽带薪酬体系并不适用所有企业，当前只是在研发创新型或创业企业中有良好的应用，其他中小企业要结合自身实际情况来考量。

8.4.4　以岗定级，以级定薪

设计完成薪酬体系后，需要对薪酬体系进行套改与测算分析。所谓薪酬套改是指将员工的薪酬套入新的薪酬体系，确定员工薪级薪档的过程。对于如何将新的薪酬体系应用到所有员工身上，可以分为两步：

第一步是定级。每个岗位都有对应的薪级，定级的方式主要有两种：

（1）根据岗位价值评估后的岗位级别确定，即岗位职级与薪酬级别一一对应。当员工身兼多岗时，其薪酬应该按照其所兼岗位的最高等级确定薪级。当企业采用这种方式定岗位薪级的，说明企业的内部环境相对稳定，重视内部公平。

（2）根据外部薪酬数据确定。比如，薪酬调查显示，行业中客服主管的薪酬范围是 4200 ～ 7500 元，中位值为 6600 元，薪级是 6 级。此时如果不进行岗位价值评估，企业可以直接对标市场中的薪酬数据，将该岗位的薪级定为6级。这种方法适用于那些面临激烈竞争的企业或创业期的企业。

第二步是定档。在确定薪级后，还需要确定员工的薪档，定档的方式主要有：

（1）依据员工的任职资格标准，来确定员工的薪档。企业可以基于员工的学历、能力、工作业绩等因素，对员工进行人岗匹配度评价；再根据评估分数合理确定员工的薪档。其中，对于刚进入公司的新员工（包括社会招聘人员与应届毕业生），由于缺乏业绩表现数据，可以用其历史绩效等数据来代替工作业绩。

表8-16是B企业对新员工如何定薪档制定的任职资格评估表。

表8-16　B企业新员工的任职资格评估表

因素	权重	等级分				
		1	2	3	4	5
学历	15%	中专及以下	大专	本科	硕士	博士及以上
专业/管理经验	25%	1年及以下	1～3年（含3年）	3～5年（含5年）	5～8年（含8年）	8年以上
技能等级	35%	准备级	提高级	应用级	拓展级	专家级
历史绩效	25%	有待改进	合格	良好	优秀	卓越

其中，技能等级评定根据岗位说明书的任职要求，由任职者的直接主管来评定。不同技能等级解读如下。

①准备级：具备基本的工作技能，仍需努力学习，以提高工作技能。

②提高级：经验和工作业绩与职位要求基本匹配，能够在指导下较好地完成本职位工作。

③应用级：经验和工作业绩与职位要求完全匹配，能够胜任本职位工作。

④拓展级：工作业绩持续超出期望水平，能够在完成本职位工作的基础上有所创造。

⑤专家级：工作业绩表现卓越，远超出期望要求，通常已具备随时晋升的资格。

总得分＝学历×15%＋专业/管理经验×25%＋技能等级×35%＋历史绩效×25%。

B 企业的薪级薪档表由 11 个薪级和 11 个薪档构成，根据上面的任职资格评估表核算出总得分后，可以将员工对应到相应的薪档，具体如表 8-17 所示。

表 8-17 评估分数与薪档对应表

评估分数	1	(1,2]	(2,3]	(3,4]	(4,5]
薪档	1	2～4	5～7	8～10	11

（2）根据"就近就高"原则定薪档。对于在职员工的薪酬定档，企业可以根据其现在的薪酬水平，在相应的薪酬等级下找到不小于当前薪酬水平的最低档位，将之定为该员工的薪档。采用该定档方式，能保证员工的收入不降，提升他们对新薪酬体系的接受度。

表 8-18 是 C 企业的薪级薪档表，由 11 个薪级和 7 个薪档构成。假如 C 企业员工甲当前的薪酬水平是 9600 元/月。根据岗位价值评估结果，确定他的薪酬等级是 4 级。根据表 8-18，员工甲当前的薪酬水平是处于第 5 档 9500 元/月与第 6 档 10200 元/月之间。根据就近就高原则，员工甲的薪档定为第 6 档，这样就可以确定甲的薪酬水平为 10200 元/月。

表 8-18 C 企业的薪级薪档表（月薪） （单位：元）

薪级	薪档 1	2	3	4	5	6	7
11	40000	50000	60000	70000	80000	90000	100000
10	25400	28600	31800	35000	38200	41400	44600
9	17500	20000	22500	25000	27500	30000	32500
8	9600	11400	13200	15000	16800	18600	20400
7	8500	10000	11500	13000	14500	16000	17500
6	8200	9300	10400	11500	12600	13700	14800
5	6800	7700	8600	9500	10400	11300	12200
4	6700	7400	8100	8800	9500	10200	10900
3	6000	6500	7000	7500	8000	8500	9000
2	4800	5200	5600	6000	6400	6800	7200
1	3600	3900	4200	4500	4800	5100	5400

企业通过"以岗定级,以级定薪"的薪酬管理模式,实现企业的岗位序列、职位等级以及薪酬体系的统一,保障内部公平性,发挥薪酬的激励作用。

8.5 薪酬调整:动态调整,强化激励作用

为了让薪酬一直保持市场竞争力,强化激励作用,吸引和留住企业需要的人才,企业应该让员工的薪酬水平随着外部的薪酬水平、员工的职位、能力以及绩效的变化,实现动态调整,进而推动企业战略目标更好地落地。

8.5.1 薪酬调整要小步快跑,年年都有

调薪既是一门科学,也是一门艺术。对企业来说,调薪是一把双刃剑,用得好可以激发员工的斗志,用得不好可能会伤了员工的士气。薪酬调整作为人力资源管理重要的激励手段,实际上并不是简单地确定员工薪酬涨与不涨的问题,而是要实现对员工的持续性激励。为此企业在开展薪酬调整时,应考虑如何利用好有限的资源达到最佳的调薪效果,以提升企业的竞争优势。

任正非说:"基层员工加工资,主要看价值贡献,不要把等级过于绝对化。基于价值贡献,小步快跑,多劳多得。"薪酬调整要小步快跑,年年都有,才能给员工带来更为持久的激励。

例如,W公司在2021年实现了利润增长1000万,公司老板决定在2021年年底拿出200万元给员工进行调薪。为此,HR制定了两种薪酬调整方案,分别如下。

方案一:到年终时,将200万作为年终奖分给所有员工。

方案二:从200万中拿出100万作为年终奖金。剩下的100万折算到每个月,作为明年的涨薪额度。

最终,W公司的老板选择了第二个方案,原因就是第二种方案把眼前激励和未来激励结合起来:每年少涨一点,但年年给员工涨,使薪酬的激励效果持续性更强。

有咨询公司在2018年做过一次薪酬调查,调查结果显示,在433家被调查的企业中,有61%的企业每年都会调薪一次。表8-19是国内知名企业的

调薪频率与调薪幅度。

表 8-19　国内知名企业的调薪频率与调薪幅度

企业名称	调薪时间	调薪频率	调薪幅度
华为	每年 4 月	1 次 / 年	10%～20%
腾讯	每年 4 月	1 次 / 年	不低于 5%，在 10% 左右
阿里巴巴	每年 4 月	1 次 / 年	10% 左右
百度	每年 4 月	1 次 / 年	15% 左右
小米	每年 10 月	1 次 / 年	5%
京东	每年 1 月	1 次 / 年	不低于 10%

薪酬调整是影响员工之间、员工和管理层之间以及员工和企业之间关系的一个重要因素。企业在进行薪酬调整时，需要遵循以下原则：

（1）战略导向原则。企业在公司整体薪酬战略、付薪理念的指导下，开展薪酬调整工作。

（2）价值导向原则。薪酬调整要向价值创造大的员工倾斜，反映员工对企业贡献的差异。

（3）总额控制原则。薪酬调整必须在薪酬总额调整的幅度范围之内。

（4）内部公平原则。不患寡而患不均，企业在进行薪酬调整的时候需要做到足够公平公正。在对员工进行薪酬调整后，应该继续保持岗位等级之间薪酬的差异性。

总体而言，薪酬调整就是让薪酬动起来，确保薪酬与业界相比能够具有竞争力，吸引和保留优秀人才。同时，实现薪酬体系的内部公平和个体公平，达成强化调薪激励作用的目的。

8.5.2　差异化调整，打破平均主义

每个员工对组织的贡献是不同的，是"不平均"的，这就意味着企业在价值分配上要"打破平均"。同样地，企业在薪酬调整上也要打破平均主义。有些企业在薪酬调整时采取"齐步走"的策略——所有员工同比例普调。表面上每个人得到的都一样，很公平，但实际上这种调薪方式忽视了员工个人

的价值付出差异，抹杀了优秀员工的贡献，纵容了滥竽充数者，进而会挫伤优秀员工的积极性，甚至很可能逼走优秀员工。

身为企业管理者，一定要认识到员工价值的差异性。员工的工作态度、工作能力以及工作业绩等，决定着他们应该得到的薪酬的多少。企业的薪酬激励资源是有限的，企业应该根据员工的能力、业绩等，实施差异化薪酬调整，打破平均主义。

中智咨询于 2020 年和 2021 年开展主题为"你会如何选择调薪"的调研，约有 3000 家企业参与。结果显示，2021 年约有 70% 的企业在调薪时，会根据员工的绩效结果，实行差异化薪酬调整，比 2020 年增长了约 20%；同时，2021 年有 42% 的受访企业在薪酬调整中会向核心骨干倾斜（如图 8-5 所示）。由此表明，差异化薪酬调整正逐步成为企业调薪时的首选。

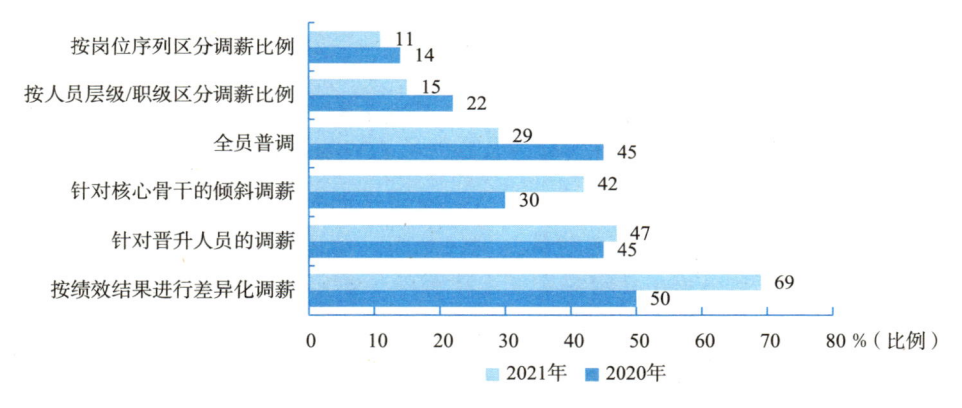

调薪方式	2021年	2020年
按岗位序列区分调薪比例	11	14
按人员层级/职级区分调薪比例	15	22
全员普调	29	45
针对核心骨干的倾斜调薪	42	30
针对晋升人员的调薪	47	45
按绩效结果进行差异化调薪	69	50

图 8-5　2020 年和 2021 年不同企业的调薪方式对比

【案例】华为薪酬调整导向绩优员工

华为为了确保绩优人才的稳定，激发员工持续产出高绩效，一直强调在薪酬调整方面要导向绩效表现优秀的员工，让他们分享到企业发展的"糖果"。

华为结合员工的绩效等级和薪酬水平率，构建了调薪激励矩阵，如图 8-6 所示。

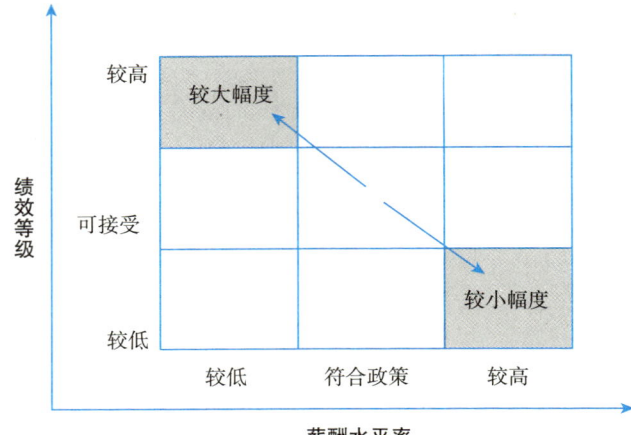

图 8-6 华为调薪激励矩阵

其中,薪酬水平率＝员工实际工资/员工所在职级的平均工资。该调薪激励矩阵生动体现了华为薪酬调整的两个主要思路:

(1) 在充分考虑员工的贡献和绩效结果的情况下来调整员工薪酬。确切地说,在相同薪酬水平下,绩效结果越好,薪酬调整幅度越高。

(2) 充分考虑员工现有的薪酬水平。确切地说,在相同的贡献和绩效结果前提下,员工薪酬水平比率越低,调幅越高。意味着,当员工的现有薪酬水平与其所在级别的平均薪酬相差水平越多时,员工越能获得更高的调幅。

华为将员工的绩效结果等级分为 A、B+、B、C、D 五个等级。当员工的绩效结果等级为 A 时,到年终就可以加薪 30%～50%,而且还能获得配股;绩效结果等级为 B+ 的员工,到年终可以加薪 20%,配股要视情况而定;绩效结果等级为 B 的员工,基本不加薪,配股也要视情况而定。

对于采用宽带薪酬体系的企业或岗位,管理者只需提前设定好不同绩效表现下薪酬调整的档数,每年年中或年末据此调整即可。为了让优秀员工跑得更快,企业在采用该方法进行绩效调薪时,可以参考以下三个原则:

(1) 将薪酬总额增量的部分更多地倾向绩效优秀员工的薪酬调整。一般来说,在原有薪酬等级不变的情况下,绩效优秀员工的调薪幅度大约是绩差员工的 2～4 倍。

(2) 考虑和明确企业重点激励对象。若想重点激励新进员工的成长,则在宽带薪酬体系前端设计较大档差；若想重点为激活中坚力量，则在中端设计较大档差。档差体现的是同一价值等级的岗位上不同人员的能力差异，同时也反映了薪酬调整的幅度。

（3）绩效调薪预算最好不要一次性用完。绩效调薪预算作为年度调薪预算中的一部分，不仅仅是用于对全员进行普调的。从本次绩效调薪到下次调薪之间，企业还可能发生各种各样常规调薪以外的情况，比如员工挽留、重点人员薪酬调整等，为此企业应该尽量留出一小部分绩效调薪预算，用于二次薪酬调整。比如，企业当年整体调薪预算比例为 8%，则可以做如下分配：5.5% 用于年初全员绩效调薪；1% 用于全年员工晋升调薪；1.5% 用于半年后重点人员的绩效调薪。

薪酬体系的公平性是相对的，而薪酬的差异化是绝对的。企业通过差异化薪酬调整，打破平均主义，在企业内部营造一种压力差，激励员工为了做好所在岗位的工作付出更多的努力。

8.5.3 易岗易薪，能升能降

易岗易薪指的是员工岗位发生调整时，薪酬将同步进行调整。不同岗位的工作职责、工作难度以及对企业的贡献度等都是不一样的。当员工的岗位发生变动时，其主要工作职责也会发生相应的变化。因此，企业应该根据任职者的岗位变化去调整匹配的薪酬，以维护薪酬的内部公平性，做到"权责利"的对等。

【案例】华为推行人岗匹配，易岗易薪

在华为，当员工岗位发生变动，需要进行薪酬调整时，会按照薪酬管理"十六字"理念中的"人岗匹配，易岗易薪"来进行调整。

人岗匹配是指对员工与岗位所要求的责任进行匹配，确定员工的个人职级及岗位符合度。人岗匹配最核心的是看员工的绩效是不是达到岗位的要求、行为是不是符合岗位职责的要求，还包括一些基本条件，比如知识、技能、素质、经验等。当员工出现岗位调动，华为会在员工到新工作岗位上工作三个月或半年后进行人岗匹配的认证，根据员工在新岗位工作的适应情况，确定员工职级与岗位符合度，进行相应的薪酬调整。

SDBE 企业活力机制

认证人岗匹配之后，华为会根据易岗易薪原则来开展薪酬调整。如表8-20所示的岗位变动调薪表，当员工由原来的职级晋升到另一个较高的职级，担当起更大的责任时进行的薪酬调整，被称为晋升调薪。晋升调薪的比例通常是依据企业制定的相关规定来确定。

表8-20 岗位变动调薪表（示例）

姓名		性别		入职时间	
调薪类别		□岗位调动　　□晋升调薪			
原岗	部门	调岗		部门	
	岗位			岗位	
	薪级薪档			薪级薪档	
	薪酬水平			薪酬水平	
调薪理由					
调入部门意见	□同意调整，工资由　　　元/月调至　　　元/月，从　月　日起执行。 □不同意调整，薪资不变。 部门负责人： 日期：				
副总经理 意见	副总经理： 日期：				
总经理意见	副总经理： 日期：				

华为推行易岗易薪，最主要的目的还是激活人才的创造力，让员工在新的岗位上做出积极的贡献。因此，除了对岗位晋升的员工进行涨薪，对职位降级的员工同样要进行降薪处理，做到能升能降。

当员工晋升时，如果员工的薪酬已经达到或超过了新职级薪酬区间的最低值，那么其薪酬可以不变，也可以提升，主要看其绩效表现；如果尚未达到新职级薪酬区间的下限，一般至少可以调整到新职级的薪酬区间的最低值，也可以调整到区间内，具体数额也取决于员工的绩效表现。

当员工被降级时，也要根据员工的绩效情况，在新职级对应的薪酬区间内确定调整后的薪酬，如果降级前薪酬高于降级后的职级薪酬上限，需要马上降到降级后对应的职级薪酬上限或者以下。

在华为，很多主管、项目经理经常易岗，使其走出安逸区，去冲锋陷阵；骨干、普通员工为了保住现有的职级、绩效或获得更高的职级、绩效也要坚持努力奋斗。易岗易薪政策既激发出了员工的危机意识，又调动了员工的积极性，从而使公司始终充满活力。

当员工的岗位发生变动时，企业可以借鉴与参考华为的做法，按照员工新岗位的工作责任进行相应的薪酬调整：当员工的岗位等级高于原岗位等级，那么员工的薪酬水平应不低于原有薪酬；如果员工的岗位等级低于原岗位等级，则员工的薪酬水平应不高于原有薪酬。易岗易薪，能升能降，这样才能真正激励奋斗者，让他们保持活力，持续为企业作出贡献。

阅读心得

第 9 章
组织充满活力

活力体现着组织的氛围和状态，保持组织活力是企业开拓创新、及时纠偏、持续发展的关键。在经营与管理的实践中，只有那些不断自我升级、始终充满活力的企业才能持续领先。

9.1　华为的最高和最低纲领都是"活下去"

任正非说："'活下去'是华为的最低纲领，也是最高纲领。华为没有成功，只有成长。"从企业终极发展的角度来看，"活得久"与"活得好"是任何企业经营都要遵循的两大宗旨。

9.1.1　不骄傲不自满，从管理层到员工时刻保持危机感

生于忧患，死于安乐。危机感是不断进取的动力源泉，企业从管理层到员工都要做到不骄傲、不自满，时刻保持危机感，做好应对各种挑战的准备，才能让企业始终保持活力，实现基业长青。

华为一向以危机意识强著称。早年任正非的《华为的冬天》，就体现了华为面对瞬息万变的市场环境时那份如履薄冰的精神。任正非在《华为的冬天》中提到："十年来我天天思考的都是失败，对成功视而不见。也没有什么荣誉感、自豪感，只有危机感。也许是这样（华为）才存活了十年。我们大家要一起来想怎样活下去，也许才能活得久一些。失败这一天是一定会到来的，大家要做好准备迎接。这是我从不动摇的看法，这是历史规律。"

行业在发展过程中由于受到政策、市场、监管等各种因素的影响，不可避免地会面临各种危机，遭遇"行业的寒冬"。比如，奶粉行业在 2008 年因三聚氰胺事件陷入寒冬，此后的十年中国产奶粉企业只能在不被消费者信任的恶劣市场环境中谋求生存；再比如，2012 年，方便面行业多次曝出质量安全事件，企业之间进行价格战比拼，使得方便面行业遭遇寒冬，许多方便面生产企业市场销量连续多年下跌；又比如，2018 年，中国电影行业遭遇了市场和资本双双的遇冷，出现"阴阳合同""明星偷税漏税"等各大舆论风波，部分上市影视公司股价大跌，市值蒸发，电影项目、公司经营均出现融资困难。

华为 30 多年的发展历程，可以说是一个危机接一个危机的苦难叠加史。华为在 2005 年、2008 年、2017 年、2019 年等多次，遭遇或大或小的企业危机。在任正非的带领下，华为的危机管理持续多年，并在对抗严寒的过程中不断成长。1997 年的"市场部集体大辞职"事件，以及 2007 年"7000 名干部集体大辞职"事件，都是任正非在向中层干部的"太平意识"宣战，营造

从管理层到员工层的危机意识。

2022年，任正非关于"活下去"的呼声再次在互联网上霸屏，引发了网络上此起彼伏的讨论。起因是2022年8月22日，华为在公司内部论坛发布了一篇题为《整个公司的经营方针要从追求规模转向追求利润和现金流》的文章。华为创始人任正非在文内强调，"把活下来作为最主要纲领，收缩或关闭边缘业务，把寒气传递给每个人。"文章主要观点如下：

（1）生存基点要调整到以现金流和真实利润为中心，不能再仅以销售收入为目标。我们要看到公司面的困难以及未来的困难，未来十年应该是一个非常痛苦的历史时期，全球经济会持续衰退。在这样的情况下，华为对未来过于乐观的预期情绪要降下来。每个口都不要再讲故事，一定要讲实现，首先要活下来，活下来就有未来。

（2）2023年预算要保持合理节奏，盲目扩张、盲目投资的业务要收缩或关闭，把边缘业务从战略核心中抽出来。除了为生存下来的连续性投资以及能够盈利的主要目标，未来几年内不能产生价值和利润的业务应该缩减或关闭，把人力物力集中到主航道中来。全公司都要有效使用预算，把节约出来的人力压到前线去，继续优化机关业务，合理编制人员。

（3）坚持实事求是，对市场的收缩要坚决。我们要在市场结构上调整：第一，聚焦价值市场价值客户，把主要力量用于正态分布曲线中间的一段；第二，对于艰苦国家和地区，作为将来要提拔的新生干部的考核锻炼基地，"雪山顶是考验人的"；第三，海外回国的员工要优先获得技能培训和上岗机会。财务要做好现金流的规划，危难时期主要是要"造血"，既要增强内部的信心和凝聚力，也要增强社会对我们的信任度。

（4）夯实责任，奖金升职升级与经营结果挂钩，将寒气传递到每个人。各个业务的奖金要拉开差距，绝不允许逼迫大家平均抢粮食的短期目标。年底利润和现金流多的业务，奖金就多发一些，不能创造价值的业务就是很低的奖金，甚至没有奖金，逼这个业务"自杀"。

（5）建立反向考核机制，一线反向考核不仅要考核机关服务组织，也要延伸到产品线。坐在办公室还做不好质量，那就要收缩战线，提高竞争力。质量是生产力的体现，我们要坚持这样的路线，研发要对产品的质量和性能负责，并承诺服务专家要具有综合性能力。

任何企业都会面临危机。能够在鼎盛之时，仍时刻保持危机感，做到预判危机、未雨绸缪，并制定切实可行的应对战略，企业才能持续发展。

9.1.2 不养"肥猪"，从制度上让员工充满"饥饿感"

俗话说，人各有志，并不是每个员工都想成为优秀的高层。对于组织金字塔底部的大量基层员工来说，"按劳取酬，多劳多得"是最现实的工作动机。企业在价值设计上需充分考虑这一点，让基层员工有"饥饿感"。

任正非曾说过这样一段话："猪养得太肥了，就连哼哼声都没了。科技企业是靠人才推动的，公司过早上市，就会有一批人变成百万富翁、千万富翁，他们的工作激情就会衰退，这对公司不是好事，员工年纪轻轻太有钱了，会变得懒惰，对他们个人的成长也不会有好处。"

基层的饥饿感来自对基本生活的改善，基层员工的核心目标是通过拼搏奋斗，实现"个人收入令自己满意、让别人羡慕、获家人支持"。华为是"饥饿感管理"的典范，一直提倡要让基层员工有饥饿感，也就是让员工有企图心，进一步说就是让基层员工有对奖金的渴望、对股份的渴望、对晋升的渴望、对成功的渴望。

华为公司在招聘新员工的时候，非常关注员工的成长背景，特别喜欢招聘一些寒门出身的人才，而很少招聘在大城市长大、家境富裕、养尊处优的毕业生。任正非曾明确要求人力资源部门多招聘经济不发达省份的学生，他认为家庭困难的学生对改善自己的生存现状有强烈的渴望，这种渴望将会激发其在工作岗位上艰苦奋斗的精神。而那些家境优越的学生往往吃不了苦，顶不住压力，即使加入了华为，也并不一定能深刻理解、接受和践行华为艰苦奋斗的文化。

除了在招聘方面有倾向性，华为还始终坚持多劳多得的分配原则，让基层员工知道，在华为只要创造价值，就能获得自己想要的报酬。因此在华为，即便是条件非常艰苦的海外岗位，也还是有很多员工愿意去，就是因为华为给出了年薪百万的报酬。对于一个普通员工来说，年薪百万的吸引力是非常大的。

由此可见，企业要从制度上让基层员工充满饥饿感，成为战力超强的虎狼之师，将员工的干劲都激发出来，建立起"努力干、好好拿、更努力"的良性循环。

9.2 方向大致正确，组织充满活力

任正非提出："一个公司取得成功有两个关键：方向要大致正确，组织要充满活力。"在方向大致正确的前提下，组织充满活力非常重要，而良好的组织氛围能在公司内部形成良性竞争，不断激发员工的动力，让组织充满活力。

9.2.1 组织氛围对组织的影响

组织氛围是人们在某个环境中工作时的感受，是"工作环境的氛围"。组织氛围是一个复杂的综合体，包括影响个人及群体行为方式的标准、价值观、期望、政策和流程等。

组织氛围对企业来说是非常重要的，如果从管理的视角，把企业看作一个人，那么组织氛围之于企业，就像精神面貌之于个人。组织氛围通常可以从明确性、标准性、责任性、奖励性、灵活性、凝聚性六个维度来进行描述，如表9-1所示。

表9-1 描述组织氛围的六个维度

维度	说明
明确性	员工对工作小组或组织的程序、目标和计划的清楚程度；员工了解组织使命、方向和组织架构的程度
标准性	员工对管理层确定的高标准和挑战性目标的领悟程度；管理层鼓励员工不断改进绩效、追求卓越的程度
责任性	工作单位或组织里的员工不用请示上司就可做出工作决定的程度；鼓励员工承担一定风险的程度
奖励性	分配报酬以业绩优异为基础指标的程度；管理层认同与表扬多于威胁和批评的程度
灵活性	不必要的程序、政策和手续等可调整或优化的程度；鼓励员工发展新观念和新方法的程度
凝聚性	员工感觉同事间相互喜欢、信任、合作，共享信息和资源，互相帮助以完成工作的程度；员工在需要时会愿意付出额外努力的程度；员工对身为组织一员而感到自豪的程度

组织氛围的形成是一个复杂的过程，这里面包括机制的因素、人的因素、组织的因素、管理方法的因素等。组织氛围的好坏直接影响员工士气及工作质量，是组织健康状况的集中体现。通常来说，从组织氛围对组织的影响可以将企业的组织氛围分为以下四种类型。

（1）高效型：高效型的组织氛围能够促使员工发挥最大的潜力。
（2）激发型：激发型的组织氛围能够促进（帮助）员工全力投入并且尽最大努力完成组织交给的任务。
（3）中立型：中立型组织氛围的特征是在上文的六个描述组织氛围维度中，有几个维度之间的差异很大或有几个维度的分值很低。在中立型组织氛围中，员工并非尽全力完成工作任务，通过改善组织氛围可以提高组织绩效。
（4）消极型：消极型组织氛围的特点是多数或所有的维度之间的差异都很显著。消极型的组织氛围可能会导致较高的员工离职率和缺勤率，并且会限制员工的积极性，以致员工不能以很好的状态进行工作。

企业在经营管理的过程中，要重视组织氛围建设，让员工作为集体的一分子，自愿为组织的成长而努力。任正非在为《华为基本法》写的序言中谈道："我们要用十年的时间使各项工作与国际市场接轨。特点是淡化企业家的个人色彩，强化职业化管理。把人格魅力、牵引精神、个人推动力变成一种氛围，使其成为一个场，以推动和引导企业的正确发展。"那些真正厉害的企业，留下了生生不息的企业文化，即使创始人离开了领导岗位，继任者可以继续为事业添砖加瓦，使组织持续保持活力。

9.2.2　有计划地打造高绩效团队

哈佛大学一份研究报告中指出：伟大的领导者能够获得其员工20%～30%的额外付出，因为他们创造了积极的组织氛围，这意味着能使员工更忠诚、更专注、更有创造性。由此可见，组织氛围是组织行为的根本，是打造高绩效团队的基础。

组织氛围调查是用来了解组织氛围是如何产生，又是怎样对组织中的成员产生影响的。组织氛围问卷调查是一项非常便捷而有效的工具，它不仅便于员工理解和指出问题，也便于企业管理层能更直观地了解基层组织的内部状况，帮助管理者发现工作中的不足，促进各级管理者的改进，从而提升组织绩效。

【案例】组织氛围问卷调查是华为组织文化建设的长效机制

华为公司组织氛围问卷调查由华为公司道德遵从委员会统一发起，每年调查一次，所有调查数据将汇总到系统进行分析。调查结束后，所有被调查的员工和团队都将获得整体分析报告（当部门反馈人数少于5人时，不生成报告；当各个维度下的反馈人数小于5人时，不显示该维度的数据），供本部门/团队管理者参考以改进，不应用于个人及团队绩效考评。该问卷调查采取匿名的调查方式，对员工的原始反馈信息也将严格保密，任何组织、个人无权查看。

华为的组织氛围调查问卷通常分为两个部分，第一部分针对被调查员工所在部门的组织氛围进行调查，对象包括该员工的上级和同事。上级不单单指直接上级，而是包括下列四种情况：①直线汇报关系；②非直接汇报关系，一些情况下，员工可能被要求向非直线领导、但是组织结构中虚线或矩阵关系的一些人汇报，在考虑产生组织氛围时可认为该类非直接汇报的对象也是该员工的领导；③正式的团队领导；④事实领导。第二部分针对整个公司的组织氛围，包括任何影响被调查员工的与其有工作交流的人员及部门的公司政策、程序等进行调查。

目前，组织氛围问卷调查已经成为华为组织文化建设的长效机制，有效地推动了组织文化建设，解决了许多内部问题，一些不称职的干部得到了处理。组织氛围问卷调查也得到了广大员工的支持与肯定，认为对改善内部工作氛围大有裨益。

基于组织氛围调查的结果，企业可以采用IMPACT模式（如表9-2所示）对组织氛围进行闭环改进。IMPACT模式提倡团队主管带领员工一起分析组织氛围调查结果，群策群力讨论改进措施，达成共同承诺并跟踪执行，优化组织氛围。

表 9-2　组织氛围闭环改进的 IMPACT 模式

步骤	说明
第一步	介绍（Introduction）：我们为什么做调查 测量（Measurement）：数据告诉我们什么
第二步	重点（Priorities）：我们应注重什么方面 行动（Action）：我们如何行动改善工作环境 承诺（Commitment）：我们如何达成共同承诺
第三步	跟踪（Tracking）：我们已经取得的进步

第一步：与员工一起阅读和分析组织氛围调查结果，在理念上达成一致。

第二步：重点回答几个问题："在组织建设方面，应重点关注哪些方面""我们如何开展行动来改善组织氛围""团队成员之间如何达成共同承诺"。

第三步：最后阶段，针对集体决定的行动，跟踪进度。

组织氛围由企业员工共同构建并在企业与员工之间产生互相影响。组织氛围通过影响员工的自我效能感、满意度和组织承诺来影响员工的绩效。因此，企业需要营造积极的组织氛围，对员工的动机、绩效、潜能和文化融入产生正向引导，从而打造高绩效团队，提高企业在市场中的竞争力。

9.2.3　狭路相逢勇者胜

做企业的过程就是在不断寻找机会的过程，不论是发现商业机会、验证商业机会，还是把握商业机会，企业想要成长就要不断寻找新的机会。

在 2020 年 3 月 31 日华为发布 2019 年财报时，徐直军说道："对华为来讲，美国政府的遏制是一次很好的自我激励、强身健体的机会，使我们更团结、更有战斗力，能够更好地应对未来的挑战。狭路相逢勇者胜，只要华为全体员工团结一致，在全球客户、伙伴和消费者的支持下，扎扎实实为客户、为社会创造价值，任何艰难困苦都阻挡不了我们前进的步伐。"

虽然芯片问题还没有解决，美国对华为的打压也一直存在，但是华为一直着力思考未来该往何处去，并在这几年里不断寻求战略突破。目前华为仍在超过 170 个国家正常运营，使用华为的产品和服务的人口在全球范围内共计超过 30 亿，其全球品牌影响力仍然很强。

2022年3月，英国著名品牌管理和评估顾问公司 Brand Finance 发布的全球电信行业报告 *Telecoms 150 2022* 显示（如表9-3所示），华为在全球通信基础设施品牌榜单中，继续占据主导地位，位于十强首位！其品牌价值为712.33亿美元，品牌实力指数为82.0。据该榜单过往资料，2015年华为首次进入十强，位列第二，2016年荣登榜首，此后持续霸榜至今。

表9-3　Brand Finance：2022年全球十大通信基础设施品牌

2021年排名	2022年排名	品牌	国家	2022年品牌价值（美元）
1	1	华为（Huawei）	中国	712.33亿
2	2	思科（Cisco）	美国	265.99亿
3	3	诺基亚（Nokia）	芬兰	89.69亿
4	4	高通（Qualcomm）	美国	77.74亿
5	5	中兴（ZTE）	中国	36.75亿
6	6	爱立信（Ericsson）	瑞典	30.37亿
7	7	康宁（Corning）	美国	21.94亿
8	8	瞻博网络（Juniper Networks）	美国	10.74亿
9	9	亨通（Heng tong）	中国	8.58亿
10	10	中天科技（ZTT）	中国	7.25亿

人道主义作家罗曼·罗兰曾说："伟大的背后都是苦难。"自古英雄多磨难，没有伤痕累累，哪来皮糙肉厚。商业世界更是风起云涌，想要持续地做下去、做大做好，奋斗的艰难程度会因为负重前行不减反增。狭路相逢勇者胜，面对各种挑战，企业求胜之法只有不断寻求突破，不畏艰难，敢于亮剑。

9.3　战略领先模型下的熵减机制

熵减机制就是指一个系统对外获取物质、能量和信息的组织结构和运行规范。企业熵减的核心是通过开放合作，引入负熵，从而打破平衡静止，产生行动张力。

9.3.1 熵增让组织失去活力，走向混乱

德国物理学家和数学家鲁道夫·克劳修斯在1854年首次提出了熵增定律的概念。他认为，"在一个封闭的系统内，热量总是从高温物体流向低温物体，从有序走向无序。如果没有外界向这个系统输入能量的话，那么熵增的过程是不可逆的，最终熵会达到最大状态，使系统陷入混沌无序。"

也就是说，在一个孤立系统里，如果没有外力做功，其总混乱度（熵）会不断增大，这就是熵增定律。任正非曾说："自然科学与社会科学遵循着类似的规律，企业进程的自然法则也是熵由低到高，逐步混乱并失去发展动力的过程。"

企业管理的政策、制度、文化等因素在运营过程中，都会伴随有效功率逐渐减少、无效功率逐渐增加的情况而逐步呈现出混乱。企业熵增在企业层面和个人层面的具体表现如表9-4所示。

表 9-4 企业熵增的具体表现

层面	具体表现
企业层面	企业熵增体现在企业发展不同阶段的各个方面： 小公司因人才、产品、技术跟不上市场需要，抗风险能力差而死亡； 中型企业因行业空间、创始人格局、管理能力的局限性，导致企业无法突破瓶颈，慢慢消亡； 大公司由于企业经营规模扩大，管理复杂度提高，边际效益递减，出现组织懈怠、流程僵化、技术创新乏力、决策效率低下、协同困难等各种问题，导致组织活力和创造力不断下降，难以适应外部市场变化而出现危机，逐步消亡
个人层面	贪婪懒惰、安逸享乐； 缺乏使命感、责任感； 压力与动力不足，不愿持续艰苦奋斗

熵增是宇宙中的不可逆定律。国家熵增，导致兴衰更替；企业熵增，导致难现基业长青。据美国《财富》杂志数据，世界五百强企业的平均寿命约为40～42年，绝大多数公司的黄金发展期只有几年或十几年，再之后都会逐步走向熵增，竞争力越来越差。

1886年，柯达的创始人乔治·伊斯曼研制出第一架自动照相机，并给它取名为"柯达"，柯达公司从此诞生，之后迅速占据了行业75%的市场份额，

获取了90%的行业利润。但从1997年开始，整个产业发生了翻天覆地的变化，而柯达始终认为传统胶卷最后的尾声还没有到来，在数码影像转型上一直步履蹒跚，导致后来柯达的市值一路下滑，蒸发了90%以上。2011年，柯达对外宣布预计出售的10%专利总值超过了20亿美元，而这个时候柯达的市值仅仅为7.5亿美元。2012年，柯达不得已宣布进行破产重组。

柯达一直迷失在传统胶卷行业带来的巨大利润中，没有对传统业务下滑做出准确预期。2000年时，胶片市场迅速萎缩，柯达已经逐步陷入亏损，但由于既有的利益格局和组织人事繁杂，导致变革无力。这些成功大企业的通病，使得企业最终彻底没落。

柯达失败的根因是患上了"变革无力症"，丧失了自我批判能力。柯达的工程师在1975年就发明了全世界第一台数码相机，而当工程师把原型机拿给公司高管看时，高管小声给了他一个建议："这是个有趣的发明，但还是把它藏起来，别告诉其他人。"柯达的管理层大多数出身于传统行业，知识技能陈旧，缺乏战略转型决断力，没有预料到数字技术能够带来的变化，反而大量重复投资传统的胶片技术和产业链，而忽视了对数码技术市场的投资。柯达高层对数码相机一直的态度都是："精明的商人认为不应急着转型，因为投入1美元在胶片上就能产生70美分的利润，而投入到数码影像上的利润则最多5美分。"

当柯达因为内部的封闭、僵化等因素难以转型时，数码相机技术却飞速发展，当时很多新起的数码相机公司如富士、索尼、佳能、尼康等纷纷崛起，数码技术日新月异，行业竞争激烈。而数码技术却并未出现在柯达公司的发展规划中，因此柯达与这些新起公司的差距越来越大，后来被全面反超，最终造成了柯达传统行业颓丧、数码业务低迷的双输境况。

历史上创新小公司往往能够把传统大公司打败，就是因为对于新业务的转型，大公司内部有各种阻碍因素，而创新小公司里面没有。不过，大公司有规模，还能后发制人，如果愿意主动及时地拥抱变化，就不用担心新公司的挑战。但成功大公司往往将过往的成功路径固化为一种庞大的保守惯性，为了捍卫既有利益和习惯，阻挠自身的变革之路，最终走向衰败。

熵增使企业逐渐向无效、无序的方向运行，逐渐失去活力。管理学大师彼得·德鲁克说："管理要做的只有一件事，就是对抗熵增。只有这样，企业才会增加生命力，而不是默默走向死亡。"

9.3.2 战略领先模型下熵减机制的关键内容

从宏观层面，可以把企业视为一个生命整体，企业必须通过改革、创新等手段，从整体运作的战略高度对抗熵增，实现熵减，使组织持续保持活力。

华为利用宏观活力引擎模型（如图 9-1 所示），通过开放合作与厚积薄发，实现逆向做功，对抗企业熵增。开放合作和厚积薄发的战略相辅相成，又各有侧重，一方面消耗多余的物质财富，打破平衡静止，把财富的厚度转化为发展的高度；另一方面又积累起新的发展势能，为企业长远发展积聚能量。这里所说的势能指的是企业通过技术研发、组织管理能力、人才资源、思想战略、品牌声誉等的储备，构筑世界级竞争力的综合能力。

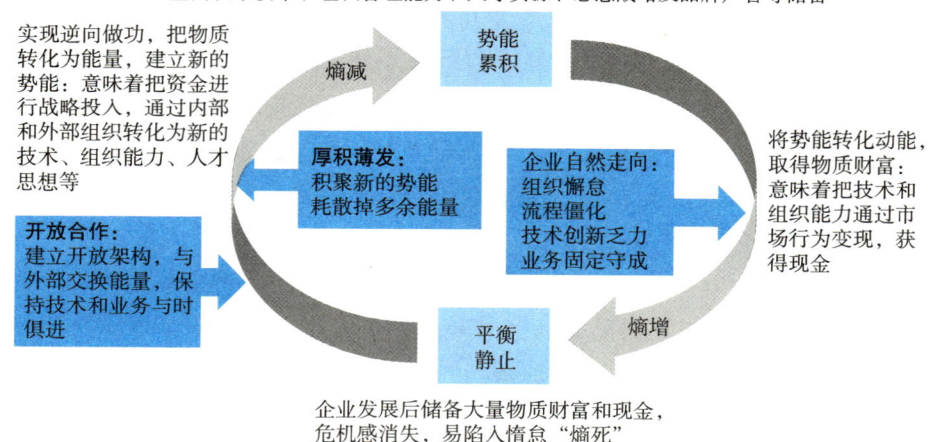

图 9-1 华为宏观活力引擎模型

厚积薄发

华为的厚积薄发战略一方面表现在把物质财富密集投入到科技研发领域，用"范弗里特弹药量"进攻，即大规模、密集型、压强式地进行技术研发。另一方面是不断引进外部先进管理经验，推动管理变革，积累组织能力方面的势能。从 1997 年开始，华为持续引进外部管理经验，在集成产品开发（IPD）、集成财经服务（IFS）等多方面进行持续变革，使华为在管理创新、组织结构创新、流程变革等方面不断进步。

华为通过厚积薄发战略，把企业物质财富最大化地转化为企业发展势能，避免企业过度积累财富而失去危机感；同时也能积累能力进入更大的业务作战空间，获得更多物质财富，强化企业内生动力，进而推动企业积累更大的势能，形成良性循环。

开放合作

开放合作是指组织能够建立开放架构，与外部交换能量，保持技术和业务与时俱进，促进组织成长。华为的开放合作体现在开放的企业文化、积极与业界开展战略合作和与时俱进的业务空间等方面。

> 热力学讲（系统）不开放就要死亡，因为封闭系统内部的热量一定是从高温流到低温，就像水一定从高处流到低处，如果这个系统封闭起来，没有任何外在力量进出，就不可能再重新产生温差，也就不会有能量流动。并且，水流到低处不能再回流，那么这个系统最后全部是超级沙漠，就会死亡，这就是热力学提到的"熵死"。企业也是一样，需要开放，需要加强能量的交换，吸收外来的优秀要素，推动内部的改革开放，增强势能。外来能量是什么呢？外部的先进技术和经营管理方法、先进的思想意识等。
>
> ——引自《任正非与杨林的花园谈话》（2015）

（1）企业文化方面：文化是企业生生不息的土壤。开放的文化会孕育开放的思想，开放的思想会孕育出多样性和更多发展路径的企业分支，企业的分支选择权只有在开放、非平衡的环境中才能诞生。一杯咖啡吸收宇宙能量，已成为华为开放文化的思维符号，华为提倡通过咖啡这一媒介，与外界进行思想和智慧的碰撞，吸取外部的正能量，消除懈怠，保持工作的热情，促进新陈代谢，保持力量，让华为在面临未来不确定性和黑天鹅事件时拥有充分选择权，实现公司的长久发展。

（2）企业战略方面：华为积极与业界合作，构建日益高效的产业链和繁荣的生态系统，不断扩大产业规模。任正非为大管道战略定义了开放的属性："我们把主航道修得宽到你不可想象，主航道里面走的是各种各样的船。要开放合作，才可能实现这个目标。"在科技研发的势能积累上，华为不鼓励自主创新，而是更愿意在具有可选择性的领域，采用合作伙伴的解决方案，并对其持续优胜劣汰、吐故纳新，从而长期保持与业界最优秀的伙伴进行合作。

（3）业务作战空间方面：华为通过不断积累核心能力，力求在核心领域深入无人区，构建独特竞争优势；同时也根据行业价值转移的趋势，不断扩大业务作战空间。一个企业如果一直固守在原有的业务领域，不能跟随价值转移趋势而与时俱进，那么即使内部有再多的能量也不能得到发挥，最终只能导致企业的"熵死"。

任正非曾明确提出："我们要建立开放的架构，促使数万家公司一同服务信息社会，以公正的秩序引领世界前进。"华为通过厚积薄发和开发合作的熵减机制，消耗掉企业多余的能量，打破平衡静止的企业超稳态，积累新的发展势能，锻造开放发展、与时俱进的技术和业务平台，使组织朝着熵减的方向发展，不断激发组织的活力。

9.3.3　打好熵减持久战，让组织具有长久生命力

美国著名作家 M. 斯科特·派克在《少有人走的路》一书中说："因为所有的事物都在向着无规律、无序和混乱的方向发展，如果你要变得自律，你就得逆着熵增做功，这个过程会非常痛苦。"企业必须在战略、组织、流程等方面不断改善，用熵减思维逆向做功，促使企业往好的方向发展。

不同于一般企业，华为长久以来就有一套自己的激发组织活力的方法，即"熵减管理"。任正非认为，激发组织的活力，就是将一个独立的个体（或系统）中"不可使用"的能量转化为"可使用"的能量，用一个通俗易懂的词来概括逆向做功进行熵减的过程，那就是"折腾"。

人的天性都是趋向于平衡、稳定等舒服状态的，只有当个体感受到被施加外部压力时，才会产生内在的驱动力。华为要的就是远离"舒服"，不断折腾。对此，华为有很多"折腾"的方法：

1. 个体层面——"坚持长期艰苦奋斗"

一般公司对于一个在某个销售岗位上工作三年、绩效不错的员工，往往是安排该员工在这个岗位继续留用，而华为则是将这名员工调到一个新的地区或是新的岗位，让其面对新的环境、新的产品，建立新的客户关系，时刻处在必须加班加点、努力提升业绩的压力之下，从而不断激发其个体效能，避免怠惰。

2. 团队层面——"全营一杆枪"

"全营一杆枪"，是任正非对团队活力形象且直观的描述。一个组织发展

到一定程度，往往陷入内卷，丧失活力。为了激发团队团结奋斗的势能，华为在系统部和项目组引入"铁三角"制。例如，项目铁三角由客户经理、解决方案经理和交付经理组成，分别负责商务谈判、方案制定以及项目交付，各自工作重点虽然不同，但是他们的协同运作能够提升项目销售的成功率。

3. 组织层面——"多打粮食，增加土地肥力"

为了避免组织板结、激发组织势能，每年的4月到10月，华为各一级部门、各地区部、各代表处都要进行一次战略规划，而每次战略规划汇报会都要对组织结构进行变动。每一次组织结构变化，可能是从上往下变，可能是从下往上变；有的变化控制在本业务单元，有的则横跨几个业务单元。因此华为的员工们对于公司的流程结构经常是好不容易搞懂了又要重新熟悉。

与此同时，华为还通过不断优化流程，持续对抗熵增。一条流程无论多么优秀，只要它在经过标准化环节之后一动不动，那么它就会逐渐僵化。企业需要从持续经营与高效运作的角度，对组织流程进行持续优化，以此规避熵增现象。

1998年IBM进驻华为启动IPD变革，2003年华为已经成功实现了IPD变革。随着IPD流程的成功实施，华为研发在产品开发周期、产品质量、成本、响应客户需求、产品综合竞争力上都有了根本性的改善。自2011年开始，随着华为的业务逐渐从运营商业务逐渐扩展到专业服务、消费者业务、企业业务、云等领域，华为每年都会讨论IPD如何优化和改进。在核心思想和框架不变的前提下，华为会根据业务发展需要对角色、活动、模板、支撑流程、工具等坚持不懈地进行优化。比如，针对服务产品，华为摸索出了IPD-S流程，S代表Service。通过IPD-S设计的服务产品收入约占运营商总收入的1/3。

在持续优化流程的过程中，会产生诸多的流程文件。2016年11月30日，华为EMT会议正式讨论通过了《关于"1130日落法"暂行规定》，其中提出："在IPD、MFIN（管理财经）、LTC（Leads To Cash，从线索到回款）、DSTE（Develop Strategy to Execute，开发战略到执行）等成熟流程领域，每增加一个流程节点，要减少两个流程节点，或每增加一个评审点，要减少两个评审点。随着其他流程领域走向成熟，'日落法'要逐步覆盖到所有流程领域，并由各GPO（全球流程责任人）负责落实。"华为针对流程简化倡导日落法，这对企业来说就是一种负熵。

随着内外部环境的变化，企业在不同阶段会面临各种活力丧失问题，引发企业生存危机。企业需要打好熵减的持久战，对抗消极变化的趋势，获得更健康的发展状态，让组织具有长久的生命力。

阅读心得

参考文献

[1] 杨爱国. 华为奋斗密码 [M]. 北京：机械工业出版社，2019.

[2] 吴春波. 华为没有秘密 3[M]. 北京：中信出版社，2020.

[3] 邓斌. 华为成长之路：影响华为的 22 个关键事件 [M]. 北京：人民邮电出版社，2020.

[4] 余胜海. 用好人，分好钱：华为知识型员工管理之道 [M]. 北京：电子工业出版社，2019.

[5] 华为大学编著. 熵减：华为活力之源 [M]. 北京：中信出版社，2019.

[6] 陈春花. 激活组织：从个体价值到集合智慧 [M]. 北京：机械工业出版社，2017.

[7] 陈春花. 激活个体：互联网时代的组织管理新范式 [M]. 北京：机械工业出版社，2016.

[8] 陈春花，朱丽. 协同：数字化时代组织效率的本质 [M]. 北京：机械工业出版社，2019.

[9] 黄志伟. 华为人力资源管理 [M]. 苏州：古吴轩出版社，2017.

[10] 白睿著. 改写人力资源管理：组织发展的七项全能 [M]. 北京：中国法制出版社，2019.

[11] 黄卫伟，殷志峰，吕克，胡赛雄，童国栋，龚宏斌，吴春波. 以奋斗者为本：华为公司人力资源管理纲要 [M]. 北京：中信出版社，2014.

[12] 赵国军. 薪酬设计与绩效考核全案（第三版）[M].3 版. 北京：化学工业出版社，2020.

[13] 胡劲松. 绩效管理：从入门到精通 [M]. 北京：清华大学出版社，2017.

[14] 任康磊. 绩效管理与量化考核从入门到精通 [M]. 北京：人民邮电出版社，2020.

[15] 况阳. 绩效使能：超越 OKR[M]. 北京：机械工业出版社，2019.

[16] 姚琼. OKR 使用手册 [M]. 北京：中信出版集团，2019.

[17] [美] 保罗 R. 尼文，本·拉莫尔特. OKR：源于英特尔 谷歌的目标管理利器 [M]. 况阳译. 北京：机械工业出版社，2017.

[18] 全怀周. 走出薪酬管理误区：中国企业薪酬激励系统化解决之道 [M]. 北京：企业管理出版社，2013.

[19] 任康磊. 薪酬管理实操从入门到精通（第 2 版）[M].2 版. 北京：人民邮电出版社，2020.

[20] 白睿. 全面薪酬体系设计新实战 [M]. 北京：人民邮电出版社，2021.